上海市建筑业行业发展报告 2024年

上海市住房和城乡建设管理委员会
上海建科集团股份有限公司　◎编

上海人民出版社

第四章　上海市建筑业发展展望

第五章　重点专题

附录

后记

2023 年是全面贯彻落实党的二十大精神的开局之年，是实施"十四五"规划承上启下的关键一年。我国经济回升向好，建筑业高质量发展扎实推进。全国建筑业实现总产值 31.59 万亿元，比上年增长 5.77%。全社会建筑业实现增加值 8.57 万亿元，比上年增长 7.10%，增速高于国内生产总值同比增速 1.9 个百分点，拉动经济增长 0.5 个百分点。建筑业增加值占国内生产总值的比重为 6.8%，建筑业作为国民经济支柱产业的地位稳固。另外，截至 2024 年前三季度，全国建筑业增加值比上年同期增长 4.10%，在同期国内生产总值中的比重达到 6.4%。

2023 年，上海市建筑业完成建筑业总产值 10 045.79 亿元，比上年增长 8.90%。实现建筑业增加值 882.25 亿元，比上年增长 16.80%，增速高于全市生产总值同比增速 11.8 个百分点，在全市生产总值中的比重为 1.9%。按建筑业总产值计算，上海市建筑业劳动生产率达 68.6 万元 / 人，比上年下降 5.10%，位居全国第二，比全国平均水平高出 47.56%。上海市建筑业外向度为 55.28%，位居全国第三。此外，截至 2024 年前三季度，上海市建筑业增加值比上年同期增长 2.40%，占同期上海市生产总值的 1.8%，比重保持稳定。

上海市勘察设计行业及建设工程咨询行业在 2023 年中继续保持营业收入的增长。工程勘察业务及工程设计业务营业收入分别比上年增长 9.79% 和 9.06%。建设工程咨询行业中，工程监理、工程造价、工程招标代理业务的营收分别比上年增长 8.55%、3.60% 和 4.23%。

顺应数字化、智能化、绿色化发展新趋势，上海市建筑业以科技创新为引领，持续推动建筑业转型升级加快高质量发展。扎实推进数字化转型，试点房建工程使用 BIM 技术辅助施工图设计文件审查，开展市属保障房竣工验收交付 BIM 模型。深化建设工程招投标综合改革，推进招投标全流程电子化和分散评标模式，长三角生态绿色一体化发展示范区成功开展远程异地评标。发布智慧工地建设指引，推动工地现场管理能效提升。进一步优化营商环境，实施工程建设项目审批制度改革 6.0 版，制订世界银行新一轮营商环境评价对标改革工作方案。不断完善工程建设项目审批系统，已涵盖市区管理部门 557 家、办理企业超过 5 万家、系统用户超过 9 万人。扩大建筑师负责制试点，出台建筑师负责制工作指引，完善适应建筑师负责制的招投标制度。建筑领域绿色低碳发展取得新成效。全年推进绿色建筑建筑面积 4 743 万平方米，累计达到 3.76 亿平方米。全年落实超低能耗项目 280 万平方米，近零能耗建筑 88 万平方米，提前超额完成市政府重点工作目标任务。深入推进绿色生态城区建设，累计创建绿色生态城区 26 个，占地 72.6 平方公里。推动落实 530 万平方米既有公共建筑节能改造。全市建筑施工安全质量形势平稳，重点实施重大事故隐患排查整治和房屋市政工程安全生产等专项行动，开展住宅工程品质提升、重要建筑构件材料、基坑工程等专项检查，持续开展"三类人员"培训、特种作业人员培训、一线作业人员工伤预防安全培训。

截至 2024 年，《上海市建筑业行业发展报告》已进入连续编写的第十年。在编制过程中，我们借鉴了世界银行《全球经济展望》和《中华人民共和国 2023 年国民经济和社会发展统计公报》《2023 年上海市国民经济和社会发展统计公报》《上海经济年鉴 2024》《上海投资建设统计年鉴 2024》《2023 年建筑业发展统计分析》，以及住房和城乡建设部、上海市发展和改革委员会、上海市统计局等部门的数据，汇总了 2023—2024 年度上海市建筑建材业管理部门和 20 家建筑领域行业协会的统计数据，从上海市建筑领域的勘察设计、建筑施工、建设工程咨询（工程监理、工程造价、工程招标代理）、工程检测、建材使用、行业监管、科技创新等产业链各部分的实际情况出发，分析上海市建筑业行业发展现状和特点。

　　本报告内容还涵盖了行业主管部门的总体管理思路、专业行业分析及典型企业发展情况等，全面反映了 2023 年上海市建筑业的行业面貌，对下一年度上海市建筑业行业发展，尤其是行业管理的思路进行了展望。同时，以专题的形式，对上海市推进建筑师负责制、城市体检、建筑建材领域绿色低碳发展、新时代城市建设者管理者之家等工作情况作了概述，并对上海市上市建筑企业的经营业绩进行了分析。此外，本报告在吸收部分行业协会报告的观点和数据的基础上，也对 2023 年及 2024 年上半年建筑业相关重要政策的文件加以解读。希望本报告对业内同仁有所启发和帮助，为上海市建筑行业的高质量发展提供策略支持和路径参考。

第一章　上海市建筑业发展背景

2023 年是新冠疫情防控转段后经济恢复发展的一年，国际环境复杂严峻，国内改革发展稳定任务艰巨繁重。全球经济温和增长，中国社会经济发展稳步回升。全国固定资产投资（不含农户）比上年增长 3%。高技术产业投资实现两位数增长，基础设施建设投资保持增长，增速有所放缓，房地产开发投资连续两年下降。上海市经济运行呈现稳步恢复态势，高质量发展有效推进。上海市全年全社会固定资产投资增速加快，工业、城市基础设施建设、房地产开发等主要投资领域均保持增长。

一、宏观经济形势

全球经济呈温和增长态势。据 2024 年 1 月世界银行发布的《全球经济展望》，2023 年，全球经济比上年增长 2.6%，比上年下降 0.3 个百分点。发达国家经济体经济增长 1.5%，其中，美国、欧元区和日本分别比上年增长 2.5%、0.4% 和 1.8%。新兴市场和发展中经济体增长 4.0%，其中，东亚太平洋地区经济增长 5.1%，南亚地区增长 5.7%，欧洲中亚地区增长 2.7%，拉美加勒比地区增长 2.2%，中东北非地区增长 1.9%，撒哈拉以南非洲地区增长 2.9%。

中国经济发展回升向好。2023 年，国内生产总值 126.06 万亿元，比上年增长 5.2%。全年人均国内生产总值 89 358 元，比上年增长 5.4%。年末，常住人口城镇化率为 66.16%，比上年末提高 0.94 个百分点。

上海市经济运行稳步恢复。2023 年，上海市经济社会发展稳中有进、稳中向好。上海市实现地区生产总值 47 218.66 亿元，比上年增长 5.0%，经济总量继续保持全国经济中心城市首位。第三产业增加值 35 509.60 亿元，比上年增长 6.0%。第三产业增加值占地区生产总值的比重为 75.2%。全年战略性新兴产业增加值 11 692.50 亿元，比上年增长 6.9%。战略性新兴产业增加值占上海市生产总值的比重为 24.8%。全社会研究与试验发展（R&D）经费支出相当于地区生产总值的比例为 4.4% 左右，科技创新能力稳步增强。上海口岸货物贸易额再创新高，保持世界城市首位，贸易中心集聚能级提升。上海港集装箱吞吐量连续 14 年位列全球第一，航运中心枢纽地位凸显。

二、行业市场环境

（一）2023 年国家固定资产投资及国家建设计划

1. 国民经济与社会发展计划要点

根据国务院 2023 年《政府工作报告》，2023 年是全面贯彻落实党的二十大精神的开局之年，是实施"十四五"规划承上启下的关键一年。以习近平新时代中国特色社会主义思想为指导，全面贯彻落实党的二十大精神，按照中央经济工作会议部署，扎实推进中国式现代化，加快构建新发展格局，着力推动高质量发展，实现质的有效提升和量的合理增长，持续改善民生，保持社会大局稳定，为全面建设社会主义现代化国家开好局起好步。当年与建筑业发展较为相关的政府主要工作任务包括：

一是着力扩大国内需求。 把恢复和扩大消费摆在优先位置。政府投资和政策激励要有效带动全社会投资，全年拟安排地方政府专项债券3.8万亿元，加快实施"十四五"重大工程，实施城市更新行动，继续加大对受疫情冲击较严重地区经济社会发展的支持力度，鼓励和吸引更多民间资本参与国家重大工程和补短板项目建设，激发民间投资活力。

二是加快建设现代化产业体系。 强化科技创新对产业发展的支撑。持续开展产业强链补链行动，围绕制造业重点产业链，集中优质资源合力推进关键核心技术攻关，充分激发创新活力。加强重要能源、矿产资源国内勘探开发和增储上产。加快传统产业和中小企业数字化转型，着力提升高端化、智能化、绿色化水平。加快前沿技术研发和应用推广，促进科技成果转化。建设高效顺畅的物流体系。大力发展数字经济，提升常态化监管水平，支持平台经济发展。

三是切实落实"两个毫不动摇"。 深化国资国企改革，提高国企核心竞争力。坚持分类改革方向，处理好国企经济责任和社会责任关系，完善中国特色国有企业现代公司治理。依法保护民营企业产权和企业家权益，完善相关政策，鼓励支持民营经济和民营企业发展壮大，支持中小微企业和个体工商户发展，构建亲清政商关系，为各类所有制企业创造公平竞争、竞相发展的环境，稳定市场预期和提振市场信心。

四是更大力度吸引和利用外资。 扩大市场准入，加大现代服务业领域开放力度。落实好外资企业国民待遇。积极推动加入全面与进步跨太平洋伙伴关系协定（CPTPP）等高标准经贸协议，稳步扩大制度型开放。优化区域开放布局，实施自由贸易试验区提升战略，发挥好海南自由贸易港、各类开发区等开放平台的先行先试作用。继续发挥进出口对经济的支撑作用。做好外资企业服务工作，推动外资标志性项目落地建设。

五是有效防范化解重大经济金融风险。深化金融体制改革，完善金融监管，压实各方责任，防止形成区域性、系统性金融风险。有效防范化解优质头部房企风险，改善资产负债状况，防止无序扩张，促进房地产业平稳发展。防范化解地方政府债务风险，优化债务期限结构，降低利息负担，遏制增量、化解存量。

六是稳定粮食生产和推进乡村振兴。一体推进农业现代化和农村现代化。稳定粮食播种面积，实施新一轮千亿斤粮食产能提升行动。完善农资保供稳价应对机制。加强耕地保护，加强农田水利和高标准农田等基础设施建设。强化农业科技和装备支撑，健全种粮农民收益保障机制和主产区利益补偿机制，构建多元化食物供给体系，推进乡村建设行动。

七是推动发展方式绿色转型。深入推进环境污染防治。加强流域综合治理，加强城乡环境基础设施建设，持续实施重要生态系统保护和修复重大工程。推进能源清洁高效利用和技术研发，加快建设新型能源体系，提升可再生能源占比。完善支持绿色发展的政策和金融工具，发展循环经济，推进资源节约集约利用，推动重点领域节能降碳减污，持续打好蓝天、碧水、净土保卫战。

八是保障基本民生和发展社会事业。加强住房保障体系建设，支持刚性和改善性住房需求，解决好新市民、青年人等住房问题，加快推进老旧小区和危旧房改造。加快建设高质量教育体系，推进义务教育优质均衡发展和城乡一体化。深化医药卫生体制改革。推动优质医疗资源扩容下沉和区域均衡布局。实施积极应对人口老龄化国家战略，加强养老服务保障，完善生育支持政策体系。提升社会治理效能，强化安全生产监管和防灾减灾救灾，全面贯彻总体国家安全观，建设更高水平的平安中国。

2. 全国全社会固定资产投资

根据国家统计局《中华人民共和国 2023 年国民经济和社会发展统计公报》《2023 全国房地产开发投资和销售情况》等数据资料，2023 年全国全社会固定资产投资主要情况如下：

2023 年，全年完成固定资产投资（不含农户）50.30 万亿元，比上年增长 3.0%（按可比口径计算）。

房地产开发投资下降。全国房地产企业完成开发投资 11.09 万亿元，下降 9.6%（按可比口径计算）。其中：住宅开发投资额 83 820 亿元，比上年下降 9.3%；办公楼投资额 4 531 亿元，下降 9.4%；商业营业用房投资额 8 055 亿元，下降 16.9%。从地区来看，东部地区投资额 66 705 亿元，比上年下降 5.3%；中部地区投资额 21 423 亿元，下降 9.5%；西部地区投资额 19 760 亿元，下降 19.6%；东北地区投资额 3 026 亿元，下降 24.5%。

制造业投资持续向好。2023 年，制造业投资比上年增长 6.5%，比全部固定资产投资高 3.5 个百分点。其中，电气机械和器材制造业投资增长 32.2%，汽车制造业投资增长 19.4%，仪器仪表制造业投资增长 14.4%。

高技术产业投资占比稳步提高。2023 年，高技术产业投资比上年增长 10.3%，增速比全部固定资产投资高 7.3 个百分点；占全部投资的比重比上年提高 0.7 个百分点，以科技创新推动产业创新、以产业升级构筑新竞争优势的现代化产业体系建设取得重要成果。其中：高技术制造业投资比上年增长 9.9%，增速比制造业投资高 3.4 个百分点；高技术服务业投资比上年增长 11.4%，增速比服务业投资高 11.0 个百分点。

基础设施投资增速放缓。2023 年，基础设施投资比上年增长 5.9%，增速比上年放缓 3.5 个百分点。电力、热力的生产和供应业投资比上年增长 27.3%，燃气生产和供应业投资增长 16.7%，铁路运输业投资比上年增长 25.2%，水上运输业投资增长 22.0%。

3. 全国建设规模

根据国家统计局《中华人民共和国 2023 年国民经济和社会发展统计公报》、住房和城乡建设部《2023 年建筑业发展统计分析》等数据资料，2023 年，全国国有建设用地供应总量 74.9 万公顷，比上年下降 2.1%。其中：工矿仓储用地 17.5 万公顷，比上年下降 11.9%；房地产用地 8.4 万公顷，下降 23.3%；基础设施用地 49.0 万公顷，增长 7.2%。同时，全国建设规模主要情况如下：

全国房屋施工竣工面积下降。全国建筑业企业[①]的房屋建筑施工面积 151.34 亿平方米，比上年下降 1.48%；房屋建筑竣工面积 38.56 亿平方面，比上年下降 2.72%。

房地产开发新开工规模下降。2023 年，房地产开发企业房屋施工面积 83.84 亿平方米，比上年下降 7.2%。其中：住宅施工面积 58.99 亿平方米，下降 7.7%；办公楼施工面积 3.31 亿平方米，下降 5.1%；商业营业用房施工面积 7.22 亿平方米，下降 9.6%。

---

① 指具有资质等级的总承包和专业承包建筑业企业，不含劳务分包建筑业企业。

房屋新开工面积 9.54 亿平方米，比上年下降 20.4%。其中：住宅新开工面积 6.93 亿平方米，下降 20.9%；办公楼新开工面积 2 589 万平方米，下降 18.5%；商业营业用房新开工面积 6 459 万平方米，下降 20.4%。

房屋竣工面积 9.98 亿平方米，比上年增长 17.0%。其中：住宅竣工面积 7.24 亿平方米，增长 17.2%；办公楼竣工面积 2 890 万平方米，增长 10.8%；商业营业用房竣工面积 7 023 万平方米，增长 4.6%。

交通基础设施网络建设稳步推进。新建铁路投产里程 3 637 公里，比上年下降 11.29%，其中，高速铁路为 2 776 公里，增长 33.33%。增、新建铁路复线投产里程 3 351 公里，增长 26.07%。电气化铁路投产里程 4 463 公里，增长 29.29%。新改建高速公路 7 498 公里，下降 14.51%。新增民用运输机场 5 个。年末全国拥有城市轨道交通运营线路 306 条，增加 16 条，城市轨道交通运营里程达 10 165.7 公里，比上年增长 6.07%。

对外承包工程加快增长。全年对外承包工程完成营业额 1.13 万亿元，比上年增长 8.8%（折合 1 609 亿美元，增长 3.8%）。其中，对共建"一带一路"国家完成营业额 1 321 亿美元，增长 4.8%，占对外承包工程完成营业额比重为 82.1%。新签合同额 1.86 万亿元人民币，增长 9.5%（折合 2 645.1 亿美元，增长 4.5%）。其中，在"一带一路"共建国家和地区新签合同额 2 271.6 亿美元，同比增长 5.7%，占同期总额的 86%。

（二）2023 年上海市固定资产投资及上海市建设计划

1. 上海市国民经济与社会发展计划要点

（1）上海市人民政府 2023 年《政府工作报告》摘要

2023 年，上海市坚持深入贯彻落实中央经济工作会议精神和市委全会精神，坚持稳字当头、稳中求进，着力推动高质量发展，更好统筹疫情防控和经济社会发展，更好统筹发展和安全，全面深化改革开放，大力提振市场信心，把实施扩大内需战略同深化供给侧结构性改革有机结合起来，突出做好稳增长、稳就业、稳物价工作，有效防范化解重大风险，努力实现经济运行整体好转和社会大局稳定。当年，与建筑业发展较为相关的本市政府主要工作任务包括：

一是着力实施国家重大战略任务，勇当推进中国式现代化的开路先锋。 坚持对标最高标准、最好水平，深化建设"五个中心"，着力强化"四大功能"，持续做强"五型经济"，更好发挥全国改革开放试验田作用。全力推进浦东引领区建设。全面完成长三角一体化发展第二轮三年行动计划，推动科创产业、基础设施、生态环境、公共服务等方面的重点合作事项和重大项目落实落地，全力推进水乡客厅、西岑科创中心等一批重大项目建设，推进上海大都市圈建设。强化国际航运中心枢纽地位，加快推进小洋山北侧开发、罗泾港区改造一期、大芦线航道东延伸、浦东国际机场四期等重大项目，启动建设东方综合交通枢纽上海东站。

二是着力扩内需稳外需，促进经济平稳健康发展。 顺应国内外市场需求新变化，深入实施扩大内需战略，促进内外需协调发展，保持经济运行在合理区间。增强投资对优化供给结构的关键作用。持续推进重大工程建设，全年完成投资 2 150 亿元。加快高端制造业和现代服务业扩投资、提产能、增效益，推动一批引领性强、带动性大、示范性好的高能级产业项目落地。开工建设 13 号线东延伸、21 号线东延伸等轨道交通线，加快建设上海示范区线、崇明线、机场联络线等轨道交通线，推进沪苏湖铁路上海段、沪渝蓉铁路上海段、北横通道东段等重要基础设施建设。启动建设原水西环线，推进杨树浦、长桥等水厂深度处理改造。低效建设用地减量 15 平方公里。

三是着力推动城市数字化转型，加快建设具有世界影响力的国际数字之都。牢牢把握数字化、网络化、智能化方向，加快数字技术应用步伐，持续驱动生产方式、生活方式和治理方式变革。深化经济数字化转型。系统化构建城市数字底座，推动空间信息数据应用，推进数字孪生城市建设，加快建设国家级数据交易所、国际数据港和一批数据中心、算力平台等新型基础设施。深化治理数字化转型。推进"一网通办"，推动"随申办"为民为企服务迭代升级，深化拓展"高效办成一件事"，打造线上线下"泛在可及"全方位服务体系。推进"一网统管"，推出一批实战中管用、基层干部爱用、群众感到受用的应用场景。

四是着力推动绿色低碳转型，高水平建设人与自然和谐共生的现代化。坚持绿水青山就是金山银山的理念，统筹产业结构调整、污染治理、生态保护、应对气候变化，坚定不移走生态优先、绿色低碳发展道路。积极稳妥推进碳达峰碳中和。推进 LNG 站线扩建、分布式光伏建设，规划建设深远海海上风电示范、外电入沪等重大项目，推动电动汽车充换电设施建设，加快构建新型电力系统。实施超低能耗建筑项目 200 万平方米、公共建筑节能改造 400 万平方米。深入打好污染防治攻坚战。开工建设 52 座雨水调蓄池，加快建设白龙港污水厂扩建三期，建成竹园污水厂四期。加快苏州河环境综合整治四期、吴淞江工程建设，全面开展入河入海排污口排查整治。推进固体废物减量化、资源化，加快生物能源再利用三期等一批湿垃圾处置设施建设。建设绿色生态空间。持续推进"一江一河一带"建设，推动黄浦江共青森林公园段等滨水公共空间贯通开放，加快建设环城生态公园带，营造宜业宜居宜乐宜游的良好环境。着力打造公园城市，加快建设世博文化公园南区、三林楔形绿地，新建公园120座，新增森林4万亩、绿地1000公顷、绿道200公里、立体绿化40万平方米。全面实施崇明世界级生态岛第五轮三年行动计划。

五是着力优化城市空间格局，打造城市发展新的增长极。围绕增强城市核心功能，统筹生产、生活、生态需要，促进资源要素科学配置，加快形成多点支撑、多极发力的发展态势。强化主城区中心辐射功能。加强中央活动区功能复合，加快外滩、北外滩、世博前滩等高端商务载体建设，推动徐汇滨江、杨浦滨江、苏河湾等打造世界级滨水区。加快桃浦智创城、虹桥智谷、大零号湾等重点区域建设，构筑创新发展新空间。全面推进五个新城建设。加快构建松江枢纽等"一城一枢纽"，推进12号线西延伸、嘉闵线等轨道交通线建设，提高中运量等骨干公交网络密度。持续提升公共服务能级和水平，新建15所中小学、幼儿园，推进新城绿环、体育公园、文化新空间建设。加快推进南北转型发展。全力推动空间转型，加强内外交通衔接，加快宝山吴淞和南大地区、金山滨海地区等重点区域开发建设。全力推动治理转型，增加教育、医疗等优质公共服务资源供给。

六是着力实施乡村振兴战略，深入推进农业农村现代化。实施乡村建设行动。推进24个乡村振兴示范村建设，加强特色风貌建构和乡村产业培育。继续推动农民相对集中居住，试点建设高品质农民平移集中居住区。持续优化提升农村人居环境，推进200公里农村公路提档升级改造，打造10万户"美丽庭院"。

七是着力弘扬城市精神品格，提升国际文化大都市软实力。围绕举旗帜、聚民心、育新人、兴文化、展形象，推进文化自信自强，持续提升城市文化创造力、传播力、影响力。繁荣发展文化事业和文化产业。加快建设公共文化服务高质量发展先行区，建成上海博物馆东馆、世界技能博物馆等重大文化设施，规划建设上海工业博物馆，促进基层公共文化设施更新与功能提升，升级打造一批家门口的演艺新空间、人文新景观、休闲好去处。推进文化和旅游深度融合发展。新增一批国家级旅游度假区和 5A 级景区，推进长江国家文化公园上海段建设，推动国际旅游度假区核心区功能提升。

八是着力提高城市治理现代化水平，建设安全韧性城市。树立全周期管理意识，以"时时放心不下"的责任感，不断提升对各类风险预警防范化解的能力，筑牢城市安全屏障。深化城市精细化管理。全面推进"15 分钟社区生活圈"建设。完成 100 公里架空线入地和杆箱整治，设置优化 5 000 处公共空间休憩座椅，完成徐家汇等商圈景观灯光提升改造，建成 100 个"美丽街区"。改造 22 个易积水小区、11 条道路积水点。健全城市管理标准体系。

九是着力实施民心工程办好民生实事，持续增进民生福祉。坚持在发展中保障和改善民生，把最好的资源留给人民，用优质的供给服务人民，提高人民生活品质。强化养老托幼服务和社会保障。适应"一老一小"人口分布和结构变化，坚持普惠安全、方便可及，新增养老床位 5 000 张、居家环境适老化改造 5 000 户、社区长者食堂 40 个、社区托育托额 3 200 个。进一步健全残疾人社会保障制度和关爱服务体系，营造无障碍友好环境。深入推进健康上海建设。深化公立医院高质量发展试点，推动国家医学中心建设，加快高水平医院"一院多区"建设。进一步改善市民居住条件。实施城市更新行动，全面推进"两旧一村"改造，完成 12 万平方米中心城区零星二级旧里以下房屋改造、28 万平方米小梁薄板房屋等不成套旧住房改造，启动 10 个城中村改造项目，完成既有多层住宅加装电梯 3 000 台，建设筹措 7.5 万套（间）保障性租赁住房。

（2）2023年上海市规划建设工作要点

2023年，上海市规划资源管理工作聚焦深化"五个中心"建设、强化"四大功能"，锚定"上海2035"总规一张蓝图，优化城市空间布局，持续提升国土空间治理能力和治理水平，助力加快建成具有世界影响力的社会主义现代化国际大都市。

一是助推长三角一体化发展。会同苏浙皖三省自然资源部门签署《推进长三角区域国土空间规划协同工作合作备忘录》，成立长三角区域空间协同专题合作组，建立规划协同工作机制。推动《长三角生态绿色一体化发展示范区国土空间总体规划》获批，成为国务院批准的全国首部跨省域法定国土空间规划。发布《长三角生态绿色一体化发展示范区水乡客厅国土空间详细规划（2021—2035年）》，这也是全国首个跨省域的国土空间详细规划。编制示范区先行启动区总规，获两省一市政府共同批复，发布"水乡客厅"控规，加快"一厅三片"等项目建设。

二是推进上海大都市圈规划建设。开展上海大都市圈国土空间总体规划编制。汇集三省一市自然资源部门、本市相关委办局和21支技术团队开展联创工作营，深化大都市圈空间格局研究，形成规划概念方案初稿。推动本市轨道交通线网规划实施深化工作，形成初步方案。编制虹桥国际中央商务区及周边地区专项规划，完善商务区控详规划和城市更新政策。完成自贸试验区临港新片区滴水湖核心片区等5个片区单元规划编制批复，实现新片区先行启动区单元规划全覆盖。全面完成南汇支线各站点TOD控详规划。

三是加快南北转型，推动重点战略地区发展。完成金山滨海国际文化旅游度假区新片区控规批复，保障金山二工区等地的产业项目发展。编制吴淞创新城及周边地区专项规划，划示更新单元，推进TOD周边、蕰藻浜沿岸等核心地区更新转型，完成半岛 1919、宝武特钢自主转型项目规划编制。编制东方枢纽及周边地区专项规划，形成专项规划方案。编制黄浦江—大治河—金汇港湾区及周边地区专项规划，开展设计概念方案国际征集。

四是深入推进新城规划建设。推动"一城一中心"出形象出功能，加快第二批 30 个重大功能事项导入，印发年度重大事项实施推进清单，新开工 96 项，总投资约 1 054 亿元。提速"一城一枢纽"建设，深入推进松江枢纽、青浦新城枢纽、嘉定东枢纽建设；稳定奉贤新城枢纽建设方案，完成轨交 15 号线南延伸、南枫线专项规划批复。提升"一城一名园"能级和影响力，深化产城融合，推动创新要素集聚与职住功能混合，完善配套设施体系建设。推进"一城一绿环"高品质实施，批复新城绿环专项规划，强化林水复合试点，开展大师园和云桥驿站众创设计，加快先行启动段建设。

五是深入实施城市更新行动。探索城市更新高质量发展模式，聚焦城市更新"两旧一村"难点，完成约 30 万户旧改区块、3 039 片地块落位上图，形成总量、结构、模式"三本账"测算成果，梳理汇编城市更新成功案例。研究形成新模式下以"一张蓝图"贯通城市更新项目全周期的 5 阶段 9 环节流程规程，形成规划资源"1+3"组合政策包。创新"三师"责任制。引入国内外多家专业团队开展责任规划师、责任建筑师、责任评估师"三师联创"，推进外滩"第二立面"、徐汇衡复与枫林地区等 10 个城市更新单元试点。积极推动"两旧一村"改造。高品质推进虹口区音乐谷、黄浦区余庆里等旧改地块规划工作。完成杨浦区凤南一村、宝山区泗塘二村、徐汇区漕溪二村等旧住房拆除重建项目规划审批。配合认定 10 个城中村，完成嘉定新成路、闵行诸翟、金山亭林东新村等项目规划审批。

六是创新规划和土地资源弹性管理。印发《关于促进城市功能融合发

展　创新规划土地弹性管理的实施意见》，创新"零类融合用地"管理要求（M0、R0、C0、G0、W0），支持产业高效落地、提升公共服务能级。在张江科学城开展促进科技创新和产业融合发展的规划土地管理试点。支持产业区块规划完善，完成周浦智慧产业园、临港新片区综合产业片区等区块控规编制。配合制定"工业上楼"政策，推动张江创新药基地、闵行科创园等企业"上楼"需求落地。

2. 上海市全社会固定资产投资

根据《2023年上海市国民经济和社会发展统计公报》及《上海投资建设统计年鉴2024》等资料数据，上海市全年全社会固定资产投资总额比上年增长13.8%。其中，第一产业投资比上年增长13.2%；第二产业投资比上年增长5.4%，增速比上年加快4.8个百分点；第三产业投资比上年增长15.7%，增速比上年加快16.9个百分点。

按行业分，金融业投资比上年增长1.6倍，住宿和餐饮业卫生和社会工作增长22.5%，信息传输、软件和信息技术服务业增长21.6%，教育增长12.3%，文化、体育和娱乐业下降8.9%。

按构成分，建筑安装工程投资比上年增长19.0%，增速比上年提高27.9个百分点；设备工器具购置下降0.5%；其他费用增长12.6%，增速加快4.4个百分点。

按建设性质分，新建项目的固定资产投资比上年增长8.8%，扩建项目下降2.6%，改建和技术改造项目增长12.9%，单纯购置项目增长15.3%。

工业投资加快增长。2023年，上海市工业投资比上年增长5.5%，增速提高4.9个百分点。其中，制造业投资增长6.7%。围绕高端芯片、精品钢材等重点领域，本市工业六个重点发展行业固定资产投资增长4.4%，其中，电子信息产品制造业和精品钢材制造业投资额占六个重点工业行业的比重分别为51.0% 和 4.7%。

房地产开发投资较快增长。 全年完成投资比上年增长 18.2%。从商品房类型看，全市住宅投资比上年增长 22.8%，增速比上年加快 19.1 个百分点；办公楼投资增长 4.1%，增速比上年加快 13.5 个百分点；商业用房投资增长10.8%，增速比上年加快 29.4 个百分点。

城市基础设施建设投资持续加大。 城市基础设施投资比上年增长 3.3%。公用设施比上年增长 6.9%，邮电通信投资下降 4.4%，电力建设投资比上年下降 10.7%。交通运输、市政建设的投资比上年分别增长 4.0%、8.6%，在城市基础设施投资中的比重分别为 42.6% 和 38.5%，占比比上年略有提高。

民生领域加快投入。 本市社会事业投资比上年增长 8.4%。其中，教育投资增长 12.3%，卫生和社会工作投资增长 22.5%，文化、体育和娱乐业投资下降 8.9%，公共管理、社会保障和社会组织投资下降 25.4%。

浦东新区投资建设持续推进。 在本市 16 个区的固定资产投资完成情况方面，浦东新区占全市固定资产完成投资额中比重达到 32.1%，占比下降 0.9 个百分点。闵行区、青浦区、嘉定区、宝山区、松江区、奉贤区 6 个区固定资产投资合计占全市的比重为 35%。浦东新区、金山区、奉贤区和崇明区的房地产开发投资在其各自固定资产投资额中的占比均低于 50%。

3. 上海市建设规模

根据上海市建设市场管理信息平台数据和《上海投资建设统计年鉴 2024》《上海经济年鉴 2024》《2023 年上海房地产市场综述》等资料，2023 年本市建设工程总体有如下情况：

建设工程新开工规模有所扩大。 本市各类建设工程在建建筑面积 1.94 亿平方米，比上年下降 3.73%。当年发放施工许可证 7 280 个，发放施工许可建设工程建筑面积 7 215.75 万平方米，比上年增长 10.37%。全市完成建设工程安全质量监督部门验收的建设工程建筑面积为 7 185.40 万平方米，比上年增长 36.41%。

房地产开发建设规模总体平稳。 本市房地产开发建设常态化推进，全年全市房屋施工面积 17 215.73 万平方米，比上年增长 3.2%。其中，房屋新开工面积 2 373.60 万平方米，下降 19.3%；房屋竣工面积 2 096.36 万平方米，增长 25.1%。

截至 2023 年年末，本市实有各类房屋建筑面积 15.76 亿平方米，比上年增长 1.81%；住宅建筑面积达 7.56 亿平方米，比上年增长 1.96%；高层建筑 57 943 幢，建筑面积 5.86 亿平方米，分别比上年增长 4.67% 和 4.62%。年末，城镇居民人均住房建筑面积达 37.51 平方米。

民生工程加快推进。 全年全市完成零星旧改 12.3 万平方米，受益居民 4 084 户。全年实施老旧小区改造 1 310 万平方米，完成 29.6 万平方米小梁薄板房屋等不成套旧住房改造，启动 10 个城中村改造项目，完成既有多层住宅加装电梯 3 001 台，完成 46.5 万平方米新建住宅小区高品质饮用水入户工程，建设筹措 8.1 万套（间）保障性租赁住房，筹措供应 1.1 万张"新时代城市建设者管理者之家"床位。全年完成 103 个"美丽街区"建设，全市"美丽街区"累计达到 657 个。

城市基础设施建设持续推进。 13 号线东延伸、19 号线、南枫线一期等一批轨道交通线开工建设，原水西环线启动建设，S3 公路等重要基础设施投入使用。全市公交专用道路长度 514.3 公里（不含有轨电车长度）；完成架空线入地 112 公里；完成燃气老旧立管改造 7.5 万户，完成老化管道更新 361.8 公里，完成智能燃气表置换 54 万台；完成 403 公里老旧供水管网改造。全市自来水供水能力达 1 248.5 万立方米／日；城市污水处理厂日处理能力达 1 022.5 万立方米，比上年末提高 14.0%。已建成焚烧厂 15 座，焚烧能力 28 000 吨／日；湿垃圾集中处理设施 10 座，资源化利用能力 6 680 吨／日。

生态文明建设扎实推进。完成长江干流沿岸入河排污口整治，吴淞江工程罗蕴河北段、52 座雨水调蓄池开工建设，竹园污水厂四期建成运行。整治河道 220.21 公里，农村生活污水处理设施改造 465 座。新增森林超过 6.7 万亩、绿地 1 044 公顷（其中公园绿地 523 公顷）、绿道 231 公里、立体绿化 43 万平方米。新林面积达 192.78 万亩，森林覆盖率达到 18.8%。全年新建公园 162 座，全市城乡公园数量达到 832 座。

对外承包工程新签合同额连续两年高速增长。2023 年，全市新签对外承包工程合同额 146.5 亿美元，同比增长 60.02%，增速比上年提高 44.5 个百分点。完成营业额 85.64 亿美元，同比下降 8.74%，排名全国各省市第三，仅次于广东省和山东省。对外承包工程新签合同额主要来自 RCEP 地区和亚洲，在全市新签合同总额中的占比分别为 44.43% 和 63.51%。从行业来看，新签合同额中 30.22% 为电力工程建设项目，其次是制造加工设施项目和工业建设项目。2023 年，境外工程承包项目项下派出劳务人员 2 569 人，期末在外人数为 10 349 人。

4. 上海市重大工程建设

2023 年，上海市重大工程完成投资 2 257.4 亿元，完成年初计划的 105%，比上年增长 7.5%，完成投资再创历史新高，发挥了"压舱石""稳定器"功能。年内，新开工建设 31 个项目（超计划完成 16 项），33 个项目基本建成（超计划完成 7 项）。

表 1　2023 年上海市重大工程新开工项目

序号	项目名称
1	上海江丰临港基地电子专用材料产业化项目
2	中航凯迈红外探测器生产基地
3	大信·中信海直华东无人机总部基地
4	庄臣中国制造工厂新建项目
5	白龙港污水处理调蓄工程（南线、厂内）
6	外环东段（华夏中路—龙东大道）改建工程
7	上海市精神卫生中心重性精神疾病临床诊疗中心项目
8	金海路（杨高中路—华东路东段）改建工程
9	G15 公路嘉金段改建工程
10	上海港罗泾港区集装箱码头改造一期工程
11	磁—惯性约束聚变能源系统关键物理技术项目
12	北外滩核心区功能提升项目
13	上海陕煤研究院总部研发基地项目
14	轨道交通 21 号线一期东延伸
15	华谊合成气项目
16	先声药业（中国）研发中心项目
17	正大天晴全球研发总部项目
18	浦江实验室
19	长电科技临港车规级封测项目
20	临港实验室
21	上海石化热电机组清洁提效改造项目
22	S16 蕰川高速新建工程
23	复旦大学附属中山医院国家医学中心建设项目
24	复旦大学附属眼耳鼻喉科医院浦江院区二期工程
25	原水西环线南段
26	黄浦江中上游堤防防洪能力提升工程（一期）
27	横沙浅滩固沙保滩稳定河势工程
28	轨道交通 19 号线
29	漕泾综合能源中心二期
30	轨道交通 15 号线南延伸
31	外环西段交通功能提升

表 2 2023 年上海市重大工程基本建成项目

序号	项目名称
1	上海第二工业大学金海路校区拓展工程
2	岳阳医院门诊综合楼改扩建工程
3	龙华医院浦东分院
4	华能石洞口第一电厂 2×65 万千瓦等容量煤电替代项目
5	上海第二工业大学三期工程
6	上海市第一人民医院眼科临床诊疗中心
7	上海市第六人民医院骨科临床诊疗中心
8	G15 公路嘉浏段扩建工程
9	污水南干线改造工程
10	上海电子信息职业技术学院四期
11	上海发那科智能工厂三期
12	ABB 机器人超级工厂
13	中国核建上海科创园
14	中核集团上海总部园
15	交通路金昌路新建改建工程
16	上海市中医医院嘉定院区
17	浦东国际机场三期扩建工程
18	上海理工大学军工路 516 号校区改扩建工程
19	华域汽车技术研发中心
20	商汤科技上海新一代人工智能计算与赋能平台项目
21	仁济医院肝脏泌尿外科临床诊疗中心
22	竹园污水处理厂四期（竹园第一、第二污水处理厂提标改造、四期污水厂工程）
23	竹园—白龙港污水连通管工程
24	杨高路改建工程
25	药明生物全球创新生物药研发制药一体化中心
26	斯微生物 mRNA 疫苗生产线项目
27	上海外高桥造船有限公司邮轮总装建造总体规划项目
28	顺络电子高端电子元器件与精密陶瓷研发及先进制造配套基地
29	国盛生物医药产业园
30	宝武集团无取向硅钢产品结构优化项目

序号	项目名称
31	上海养志康复医院
32	上海植物园北区改扩建工程
33	沪南公路（G1503—康花路）改建工程

三、重要行业政策 [①]

（一）国家层面

在提高城市和基础设施建设的规划建设标准方面，2023 年 7 月 25 日，国家发展改革委、生态环境部、住房城乡建设部联合印发《**环境基础设施建设水平提升行动（2023—2025 年）**》，部署推动补齐环境基础设施短板弱项，全面提升环境基础设施建设水平。行动方案明确了"生活污水收集处理及资源化利用设施建设水平提升行动、生活垃圾分类处理设施建设水平提升行动、固体废弃物处理处置利用设施建设水平提升行动、危险废物和医疗废物等集中处置设施建设水平提升行动、园区环境基础设施建设水平提升行动、监测监管设施建设水平提升行动"六方面重点任务。行动方案提出，到 2025 年，环境基础设施处理处置能力和水平显著提升，新增污水处理能力 1 200 万立方米 / 日，新增和改造污水收集管网 4.5 万公里，新建、改建和扩建再生水生产能力不少于 1 000 万立方米 / 日；全国生活垃圾分类收运能力达到 70 万吨 / 日以上，全国城镇生活垃圾焚烧处理能力达到 80 万吨 / 日以上。固体废弃物处置及综合利用能力和规模显著提升，危险废物处置能力充分保障，县级以

---

① 摘录范围主要为 2023 年 7 月至 2024 年 6 月间重要行业政策。

上城市建成区医疗废物全部实现无害化处置。

2023 年 9 月 14 日，国家标准化管理委员会、工业和信息化部、民政部、生态环境部、住房城乡建设部、应急管理部六部门联合印发《**城市标准化行动方案**》，落实《国家标准化发展纲要》关于开展城市标准化行动的要求，充分发挥标准化对城市发展的支撑引领作用。《行动方案》提出，到 2027 年，城市高质量发展标准体系基本建成。在标准体系建设层面，在城市可持续发展、新型城镇化建设、智慧城市等 10 个领域制修订国家行业标准 150 项以上，实现城市标准化全领域覆盖、全流程控制、全手段运用；在标准实施推广层面，启动新型城镇化、城市治理和公共服务等领域国家标准的试验验证，发布 30 个以上城市标准化典型案例，打造城市标准全域制定与实施标杆。《行动方案》提出 16 项重点任务，包括研制和完善城市可持续发展、区域协调发展、智慧城市、城市政务服务、城市基层治理、城市经济发展、基本公共服务、城市安全风险应急保障、城市生态环境、城乡文化保护与创新服务、城市公共设施管理与服务、新型城镇化 12 个方面的标准建设，同时，系统推进 4 大城市标准化任务，包括深入开展城市标准化试点建设，深化拓展城市标准化国际合作，打造城市标准化经验交流合作平台，探索开展重点领域标准化专项行动。

在推进工程建设领域营商环境方面，2023 年 7 月 31 日，住房城乡建设部发布《关于**推进工程建设项目审批标准化规范化便利化的通知**》，加快推进房屋建筑和城市基础设施等工程建设项目审批标准化、规范化、便利化，进一步提升审批服务效能，更好满足企业和群众办事需求，加快项目落地。《通知》提出，大力推进审批标准化规范化，进一步优化完善工程建设项目审批事项清单，将工程建设项目全流程涉及的行政许可、行政确认、行政备案、第三方机构审查、市政公用报装接入等事项全部纳入清单，确保事项清单外无审批。提升审批服务水平，严格执行首问负责、一次性告知、限时办结等制度。推进集成联合办理，进一步优化施工图联合审查机制，持续提升审批便利度。优化网上审批服务能力，2023年年底前实现工程审批系统覆盖全部县（区），消防设计审查验收全部纳入工程审批系统。

在建设工程企业资质管理方面，2023年9月6日，住房城乡建设部发布**《关于进一步加强建设工程企业资质审批管理工作的通知》**，提出提高审批效率、统一审批权限、加大动态核查力度、加强建筑业企业资质注册人员考核、加强信用管理等要求。根据通知，自9月15日起，企业资质审批权限下放试点地区不再受理试点资质申请事项，统一由住房城乡建设部实施。企业因发生重组分立申请资质核定的，需对原企业和资质承继企业按资质标准进行考核。

通知明确，申请由住房城乡建设部负责审批的企业资质，其企业业绩应当是在全国建筑市场监管公共服务平台（以下简称"全国建筑市场平台"）上满足资质标准要求的A级工程项目，专业技术人员个人业绩应当是在全国建筑市场平台上满足资质标准要求的A级或B级工程项目。业绩未录入全国建筑市场平台的，申请企业需在提交资质申请前由业绩项目所在地省级住房城乡建设主管部门确认业绩指标真实性。自2024年1月1日起，申请资质企业的业绩应当录入全国建筑市场平台。住房城乡建设部要求，住房城乡建设主管部门要完善信息化手段，对企业注册人员等开展动态核查，及时公开核查信息。要加强对全国建筑市场平台数据的监管，落实平台数据录入审核人员责任，加强对项目和人员业绩信息的核实。全国建筑市场平台项目信息数据不得擅自变更、删除，数据变化记录永久保存。

针对工程建设市场招标投标领域，国家发展改革委和国务院办公厅先后发布相关政策。2023 年 10 月 29 日，国家发展改革委办公厅发布《关于规范招标投标领域信用评价应用的通知》，要求扎实推进招标投标领域突出问题专项治理，打破地方保护和市场分割，建设高效规范、公平竞争、充分开放的全国统一大市场。《通知》提出，各省级社会信用体系建设牵头部门、招标投标指导协调部门要推动本地区相关部门规范实施招标投标领域信用评价应用工作，各地方不得以信用评价、信用评分等方式变相设立招标投标交易壁垒，不得对各类经营主体区别对待，不得将特定行政区域业绩、设立本地分支机构、本地缴纳税收社保等作为信用评价加分事项。国家发展改革委将会同有关部门推动建立统一的招标投标信用评价体系。

2024 年 5 月 8 日，国务院办公厅印发《关于创新完善体制机制推动招标投标市场规范健康发展的意见》，对未来一个时期招标投标改革创新的主要思路和重点举措进行了全面部署。《意见》提出了七个方面的政策方向和举措，包括完善招标投标制度体系、落实招标人主体责任、完善评标定标机制、推进数字化智能化转型升级、加强协同高效监督管理、营造规范有序市场环境和提升招标投标政策效能。《意见》要求，加大招标文件随机抽查力度，运用数字化手段强化同类项目资格、商务条件分析比对，对异常招标文件进行重点核查。在规范招标代理机构及其从业人员行为方面，《意见》提出，制定招标代理服务标准和行为规范，加强招标代理行业自律，加快推进招标采购专业人员能力评价工作。对严重违法的招标代理机构及其直接责任人员依法予以处理并实行行业禁入。《意见》同时还提出了一些改进评标方法和评标机制的举措，如规范经评审的最低投标价法适用范围、合理确定评标时间和评标委员会成员人数、全面推广网络远程异地评标、推行隐藏投标人信息的暗标评审，有利于破解低价低质中标问题，有助于提高评标质效和公平性。

为推进工程组织模式创新，规范工程建设全过程咨询服务，2024 年 2 月 4 日，住房城乡建设部办公厅和市场监管总局办公厅印发《**房屋建筑和市政基础设施项目工程建设全过程咨询服务合同（示范文本）**》，促进工程建设全过程咨询服务发展，维护工程建设全过程咨询服务合同当事人的合法权益。全过程咨询服务合同（示范文本）由合同协议书、通用合同条款、专用合同条款三部分组成，在示范文本中按工程建设全过程咨询和其他专项咨询分类，按工程建设周期提供了基础的 19 项工程建设全过程咨询服务内容选项，并对咨询服务要求及成果、服务费用和支付、变更和服务费用调整、知识产权、保险等方面内容提供了基础性的条款内容。

为进一步提高建设工程质量安全水平，在消防设计标准及相关审查验收要求方面，2023 年 8 月 21 日，住房城乡建设部发布《**关于修改〈建设工程消防设计审查验收管理暂行规定〉的决定**》（住房和城乡建设部令第 58 号），自 2023 年 10 月 30 日起施行。此次修订主要修改了在建设单位申请消防设计审查时应当同时提交特殊消防设计文件的情形，明确了特殊消防设计文件应当包括的基本内容，确立了特殊建设工程的分类管理制度，取消了特殊消防设计专家评审意见向住房城乡建设部备案的要求。在修改后的规定中，增加了"因保护利用历史建筑、历史文化街区需要，确实无法满足国家工程建设消防技术标准要求的特殊建设工程，可以开展特殊消防设计"，为实施既有建筑改造和城市更新项目提供符合强制性国家标准《建筑防火通用规范》的途径。《规定》提出，特殊消防设计文件应当包括特殊消防设计必要性论证、特殊消防设计方案、火灾数值模拟分析等内容，重大工程、火灾危险等级高的应当包括实体试验验证内容，并对特殊消防设计方案、火灾数值模拟分析的内容提出细化要求，提高特殊消防设计的针对性、规范了特殊消防设计文件和特殊消防设计行为。针对《规定》中所规定的其他建设工程，文件提出，应当依据建筑所在区域环境、建筑使用功能、建筑规模和高度、建筑耐火等级、疏散能力、消防设施设备配置水平等因素分为一般项目、重点项目等两类，实行备案抽查制度，分类管理。省、自治区、直辖市人民政府住房和城乡建设主管部门应当制定其他建设工程分类管理目录清单。一般项目可以采用告知承诺制的方式申请备案，消防设计审查验收主管部门应当对备案的其他建设工程进行抽查，加强对重点项目的抽查。修改后的规定，能够更好地规范特殊建设工程的消防设计审查和验收，满足特殊建设工程建设和实施城市更新、城镇老旧小区改造的需要，更加精准地把控建筑的消防设计和验收质量，保障建筑的消防安全。

在推进行业数字化转型方面，2023 年 8 月 14 日，住房城乡建设部办公厅发布《关于开展建筑起重机械使用登记证书电子证照试运行工作的通知》，贯彻落实国务院关于加快推进电子证照扩大应用领域和全国互通互认的要求，提升建筑施工安全监管数字化水平。文件通知，自 2023 年 12 月 1 日起，在北京、天津、黑龙江等 13 个省（自治区、直辖市）开展电子证照试运行工作。在总结电子证照试运行工作经验的基础上，自 2024 年 7 月 1 日起，在全国实行建筑起重机械使用登记证书电子证照制度。

2023 年 10 月，住房城乡建设部办公厅发布《关于开展工程建设项目全生命周期数字化管理改革试点工作的通知》，以加快建立工程建设项目全生命周期数据汇聚融合、业务协同的工作机制，打通工程建设项目设计、施工、验收、运维全生命周期审批监管数据链条，推动管理流程再造、制度重塑，形成可复制推广的管理模式、实施路径和政策标准体系，为全面推进工程建设项目全生命周期数字化管理、促进工程建设领域高质量发展发挥示范引领作用。

为加快建设领域绿色低碳发展，2023年8月4日，国家发展改革委、科学技术部、工业和信息化部、住房城乡建设部等十部门联合印发**《绿色低碳先进技术示范工程实施方案》**，提出将布局一批技术水平领先、减排效果突出、减污降碳协同、示范效应明显的项目，明确了绿色低碳先进技术示范工程十二个重点方向，并为2025年和2030年提出了两个阶段相应的主要目标。《实施方案》将绿色低碳先进技术按照源头减碳、过程降碳、末端固碳分为三大类。建筑领域主要涉及过程降碳类。《实施方案》提出建筑领域示范项目的内容，包括超低能耗建筑、近零能耗建筑先进示范，既有建筑节能改造示范、公共基础设施近零碳排放改造示范、供热计量改造示范，高效热泵研发制造与示范应用，新型胶凝材料、低碳混凝土、先进生物基建材等低碳零碳新型建材研发生产与示范应用等。

2024年1月10日，工业和信息化部、国家发展改革委、住房城乡建设部等十部门联合发布**《绿色建材产业高质量发展实施方案》**，指导未来三年及今后一段时间绿色建材产业高质量发展，为加快推进新型工业化提供有力支撑。实施方案提出，到2026年，绿色建材全年营业收入超过3 000亿元，2024—2026年年均增长10%以上。培育30个以上特色产业集群，建设50项以上绿色建材应用示范工程，政府采购政策实施城市不少于100个。实施方案围绕绿色建材生产、产品、应用和支撑四个维度，提出了"推动生产转型，提升产业内生力；实施'三品'（增品种、提品质、创品牌）行动，提升产业影响力；加快应用拓展，提升产业增长力；夯实行业基础，提升产业支撑力"四方面重点任务。其中，在加快应用拓展方面，促进建设工程应用，强化绿色建筑中绿色建材选用要求，扩大政府采购支持绿色建材促进建筑品质提升政策实施城市范围。

2024年5月29日，国务院印发《2024—2025年节能降碳行动方案》，文件提出，到2024年，单位国内生产总值能源消耗和二氧化碳排放分别降低2.5%左右、3.9%左右，规模以上工业单位增加值能源消耗降低3.5%左右，非化石能源消费占比达到18.9%左右，重点领域和行业节能降碳改造形成节能量约5 000万吨标准煤、减排二氧化碳约1.3亿吨；到2025年，非化石能源消费占比20%左右，重点领域和行业节能降碳改造形成节能量约5 000万吨标准煤、减排二氧化碳约1.3亿吨，尽最大努力完成"十四五"节能降碳约束性指标。化石能源消费减量替代行动、钢铁行业节能降碳行动、建材行业节能降碳行动等十项重点任务。其中，在建筑节能降碳行动中，《方案》针对新建、改造和运维提出相关要求。一是加快建造方式转型。大力发展装配式建筑，积极推动智能建造，加快建筑光伏一体化建设。到2025年年底，城镇新建建筑全面执行绿色建筑标准，新建公共机构建筑、新建厂房屋顶光伏覆盖率力争达到50%，城镇建筑可再生能源替代率达到8%，新建超低能耗建筑、近零能耗建筑面积较2023年增长2 000万平方米以上。二是推进存量建筑改造。落实大规模设备更新有关政策，结合城市更新行动、老旧小区改造等工作，推进热泵机组、散热器、冷水机组、外窗（幕墙）、外墙（屋顶）保温、照明设备、电梯、老旧供热管网等更新升级，加快建筑节能改造。加快供热计量改造和按热量收费。实施节能门窗推广行动。到2025年年底，完成既有建筑节能改造面积较2023年增长2亿平方米以上，城市供热管网热损失较2020年降低2个百分点左右，改造后的居住建筑、公共建筑节能率分别提高30%、20%。三是加强建筑运行管理。分批次开展公共建筑和居住建筑节能督查检查。建立公共建筑运行调适制度，严格公共建筑室内温度控制。在大型公共建筑中探索推广用电设备智能群控技术，合理调配用电负荷。

（二）上海市层面

2023年至2024年上半年，上海市加快推进城乡建设领域数字化转型。市住房城乡建设管理委于2023年4月11日发布《上海市智慧工地建设指引（试行）》、于12月28日发布《上海市智慧工地场景试验室建设管理办法（试行）》《上海市智慧工地场景试验室建设操作细则（试行）》，促进智慧场景应用与业务流程再造融合，引导本市智慧工地建设。《指引》为至2035年本市智慧工地建设提出了近期和中远期建设规划目标。《指引》提出，通过试验室建立应用场景测评论证机制，对工地管理智慧场景的应用效果及推广可行性进行多维度、全方位评价；智慧工地应用层通过软硬件场景建设，实现工地"人、机、料、法、环"等方面的管理；智慧工地用户层通过协同管理、资源共享，实现工地现场的高效监督和管理；智慧工地监管层通过政府监管平台，实现建筑工程安全精细化、智慧化管理。此后，经过对全市已成熟覆盖的场景在管理有效、技术稳定、成本合理等方面进行多维度总结提炼，完成科技厂商新场景申请—试验室管理、测评机制初步建立—成熟场景试跑机制三个阶段智慧工地建设、评价、应用的试点，在《管理办法》及《操作细则》中制定了完善的场景评价流程，明确了智慧工地场景试验室的申报、建设、管理、场景测评发布的实施要求。依托实际施工现场开展试验验证机制，将有助于打造更多实战管用的智慧工地场景，实现工地安全管理的智慧赋能，助力工地安全管理提质增效，提升上海市建设工程质量安全管理的数字化和智能化水平。

2023 年 9 月 25 日，市住房城乡建设管理委、市发展改革委、市经济信息化委、市规划资源局联合印发了《上海市全面推进建筑信息模型技术深化应用的实施意见》，以城市数字化转型、智能建造和建筑工业化协同发展等重大发展为契机，突破本市 BIM 技术发展关键瓶颈，促进 BIM 技术与城市建设管理的深度融合与发展，持续推动行业转型升级。《实施意见》目标对标国际最高标准、最好水平，通过五年的深入推进，使 BIM 技术成为本市建设行业普遍应用的基础性数字化技术，在建筑运维和智慧城市管理方面的应用逐步深化，经济和社会效益显著增强，应用和管理水平持续保持全国前列，为全面推进城市数字化转型、建设国际数字之都提供有力的技术支撑。

2023 年 12 月 20 日，市住房城乡建设管理委发布《关于在本市试行 BIM 智能辅助审查的通知》，在部分项目试点的基础上，自 2024 年 2 月 1 日起，在上海市工程建设项目审批管理系统（简称"市工程审批系统"）中，上线基于建筑信息模型（简称"BIM 模型"）技术的智能辅助审查子系统，系统可对房屋建筑工程的 BIM 模型，实施建筑、结构、给排水、暖通、电气等专业的部分规范条文的智能辅助审查，以进一步提升施工图审查效率和勘察设计质量。试行范围为本市应当实施 BIM 技术应用的新建、改建和扩建的房屋建筑工程。浦东新区可根据推进高水平改革开放的实际情况，扩大试行范围、拓展审查功能，开展先行先试。

同时，本市更加重视加强既有建筑使用安全。2023 年 8 月 2 日，市住房城乡建设管理委印发《上海市既有建筑玻璃幕墙区级巡查工作导则》，切实加强本市既有建筑玻璃幕墙使用维护监督管理，建立玻璃幕墙安全隐患排查整治常态长效管理机制，降低玻璃幕墙高坠风险，保护人民群众生命财产安全。《导则》明确了检查范围，规定了行政管理部门告知的要求，并对管理行为检查、现场隐患检查、隐患处置等方面提出了具体的工作要求。《导则》提出，检查人员对既有玻璃幕墙建筑外观应利用远程观察设备、无人机等设备进行全数检查，根据现场具体情况，确定可能存在影响公共安全的隐患的既有玻璃幕墙重点部位，并入内开展检查。同时，针对既有建筑玻璃幕墙开展楼宇风险等级评定，实行分级分类管理。检查人员应通过现场调查，逐渐完善"管理平台"内的楼宇风险等级评定。

在加强工程建设质量安全方面，2023年8月14日，市住房城乡建设管理委发布**《上海市建设工程质量风险管理机构管理规定》**，自2023年10月1日起施行。在2016年《上海市建设工程质量风险管理机构管理办法（试行）》的基础上，《管理规定》进一步细化了对风险管理机构人员配置、工作范围、过程风险管理、技术风险信息管理、赔偿责任、机构评估等方面的管理要求。同时，《管理规定》提出诚信管理要求，当风险管理机构存在"转包、违规分包质量风险管理业务""以任何形式允许其他单位和个人以本机构名义承接质量风险管理业务""与有关单位串通，损害其他单位利益，降低工程质量"等十四种情形时，市住房城乡建设管理委将依据责任认定情况，给予"责令限期改正、黄牌警示""对新承接业务进行重点监管""不再作为符合风控管理机构条件的单位"等处理。

2023年10月11日，市住房城乡建设管理委修订发布**《上海市建设工程危险性较大的分部分项工程安全管理实施细则》**，自2023年11月11日起执行。在2019年发布的《实施细则》基础上，本次修订细化了相关管理要求，包括：在前期保障方面，在建设单位和施工单位签订的工程承发包合同中应列出危大工程清单并明确相应的风险防范和控制措施；在专向施工方案方面，明确施工单位技术负责人应组织本单位施工、技术、安全、质量、材料、设备等部门对专项施工方案进行审核，在专项施工方案内容中，增加施工安全保障措施的风险辨识内容；在现场安全管理方面，细化了方案交底及安全技术交底应包括的内容，提出施工单位技术负责人应定期组织企业职能部门定期开展巡查，并进一步细化了监理单位编制监理实施细则的要求；在应急救援及处置方面，要求建设工程参建各方应建立应急救援体系，储备应急物资和设备，定期组织应急演练提高应急响应及处置能力，当危大工程发生险情或者事故时，要求建设单位应牵头组织应急抢险等内容。

2023 年 11 月 27 日，市住房城乡建设管理委发布《**上海市建设工程消防设计审查验收管理办法**》，进一步规范本市建设工程消防设计审查验收管理工作，保证本市建设工程消防设计、施工质量。《管理办法》在住房城乡建设部《建设工程消防设计审查验收管理暂行规定》的基础上，结合本市实际，对相关方面做出了细化规定。在本市建设工程的消防设计审查、消防验收、备案和抽查工作实施的分级管理方面，《管理办法》在属地化管理的前提下，针对房屋建筑和市政基础设施（非交通类）以外其他二十九类项目管理分工进行了优化，力求做到不留管理死角和盲区。《管理办法》还对本市城市更新既有建筑改造，受空间、结构等影响，难以执行现行国家工程建设消防技术标准的实际情况，给出了解决路径，为本市进一步深入推进城市更新工作提供了支撑。此外，文件结合本市"质消融合"的实际做法，对施工过程监督过程中发现存在重大安全隐患的其他建设工程，备案抽查为必抽，强化了施工过程监管的结果应用，凸显了本市质量监督和消防验收相互融合，跨部门间信息共享的特色。

2023 年 12 月 15 日，市政府办公厅印发《**上海市市重大工程建设管理办法**》，于 2024 年 1 月 1 日起正式实施，进一步完善本市市重大工程推进协调机制，更好发挥重大工程协调机制和平台作用，保障市重大工程高质量推进和高品质建设。《管理办法》明确市行业主管部门负责加强本行业市重大工程项目前期储备工作，市发改委编制市重大工程年度投资计划，市重大办相应组织编制市重大工程年度建设计划。《管理办法》聚焦资源指标保障，要求落实关键环节各项保障措施。在加强指标保障方面，《管理办法》明确，行业主管部门和建设单位优化项目选址和工程设计方案；资源指标主管部门和各区政府加强相关资源指标的统筹保障，建立资源指标仓，支持优先保障市重大工程所需资源指标；借用资源指标的责任主体应按时按量归还。此外，《管理办法》强化高标准示范引领，突出重大工程建设管理品质提升，提升市重大工程品质，高标准落实安全质量、文明施工、绿色低碳、智能建造、海绵城市等工作，实现高水平建设管理。

2024年5月30日，市住房城乡建设管理委发布《**上海市建筑施工企业安全生产许可批后监督管理办法**》，进一步落实建筑施工企业安全生产主体责任，强化本市建筑施工企业安全生产许可批后监督检查工作，促进建筑施工企业提高安全生产管理水平。《办法》提出，对本市建筑施工企业开展取得安全生产许可证后的审批后续项目监管和安全生产许可证动态监管。审批后续项目监管是指本市建设行政管理部门作出安全生产许可证审批决定后，两个月内对建筑施工企业新建项目进行安全生产条件核查。安全生产许可证动态监管是指本市建设行政管理部门对建筑施工企业取得安全生产许可证后的监督检查，包括施工现场监督检查和企业专项抽查。市、区各监管部门每年度安全生产许可证动态监管建筑施工企业数量不少于管理范围内企业总数的5%。市、区建设行政管理部门在审批后续项目监管中，发现存在与审批承诺内容不符的，落实限期整改。逾期拒不整改或整改后仍不符合条件的，市住房城乡建设管理委依法撤销安全生产许可证。

在推进上海市绿色建筑发展能级方面，2023年9月11日，市住房城乡建设管理委、市规划资源局、市发展改革委、市财政局联合修订并发布了《关于推进本市绿色生态城区建设的指导意见》，充分发挥区域绿色生态规模集聚效应，助力上海绿色低碳转型发展，进一步推进本市绿色生态城区规划建设。《指导意见》拟定新一轮工作目标，提出继续开展第二轮（星级）绿色生态城区试点创建工作，在各区至少创建一个试点城区的基础上，要求临港新片区、长三角一体化发展示范区、虹桥国际中央商务区、崇明世界级生态岛、"五个新城"等重点区域全面执行绿色生态城区标准。此外，《指导意见》也加强了绿色生态规划与法定规划体系的衔接。修订后，新建城区由原来的不小于1平方公里扩展至相应的单元控制性详细规划用地范围，要求将编制或修编控制性详细规划的新建城区，将绿色生态规划方案核心理念与要求融入控制性详细规划。

在推进本市海绵城市建设方面，2023年9月25日，市住房城乡建设管理委、市发展改革委、市规划资源市水务局、市交通委等九个部门联合发布《上海市海绵城市规划建设管理办法》，加快推进我市海绵城市建设，改善城市生态环境，推进城市绿色发展。《管理办法》适用于本市新、改、扩建建设项目和海绵城市规划、设计、建设、运营及管理活动，通过坚持"规划引领、生态优先、因地制宜、统筹建设"的原则，在国土空间规划和管理各个环节落实海绵城市建设理念，统筹协调给排水、公园绿地、道路等设施建设，综合采用渗、滞、蓄、净、用、排等措施，提升城市市政基础设施建设的系统性，实现海绵城市相关设施与主体工程同步规划、同步设计、同步建设、同时使用。

在持续深化招投标领域营商环境改革方面，2024年1月25日，市住房城乡建设管理委发布《关于进一步深化本市建设工程招投标制度改革工作的实施意见》，此后，于2月6日、23日、28日，分别修订并发布了《上海市建设工程招标投标管理办法实施细则》《上海市房屋建筑和市政工程施工招标评标办法》《上海市建设项目工程总承包招标评标办法》，搭建形成了以本市建设工程招投标制度改革实施意见为纲领、实施细则和分类评标办法等为配套的"1+X"招投标改革制度框架，进一步健全本市建设工程招投标规则，形成有序竞争、权责对等、规范高效、法治保障、协同联动的建设工程招投标制度体系，推动营造公平竞争市场环境，助力本市建筑业高质量发展。《实施意见》提出五方面共17项改革举措，包括持续推进电子招投标平台建设，预留份额扶持中小企业发展，长三角一体化发展示范区内评标专家共享和招标结果互认、远程异地评标试点，创新建筑师负责制招投标制度，规范招标人、评标专家、投标人招标代理几方行为，建立招投标分类监管体系，强化事中智慧监管，推进事后履约管理等。在完善招标评标办法方面，对于施工评标办法，严格否决条款使用，优化合理最低价计算和报价甄别规则；对于勘察、设计、监理等评标办法，突出技术方案竞争，弱化价格竞争；对于施工和工程总承包招标，借鉴国际通行做法，制定两阶段竞争的澄清低价法。

在稳步推进建筑师负责制方面，2023年8月23日，市住房城乡建设管理委发布《上海市建筑师负责制工作指引（试行）》，总结前期开展建筑师负责制改革试点经验，配合《上海市建筑师负责制扩大试点实施办法（试行）》的落实。《指引》提出，本市行政区域内，新建、改建、扩建房屋建筑和市政基础设施工程，以及既有建筑（非居住类）装饰装修工程等可选用建筑师负责制模式。"一江一河"沿岸地区（中心城区段）新改扩建项目、文物和历史建筑保护修缮项目、历史风貌保护区域内保留保护项目，以及限额以下项目（即总投资5 000万元或总建筑面积1万平方米以下）等建设项目应当率先推行建筑师负责制试点。本市建筑师负责制推进工作是在我国建筑业法律法规体系下，结合本地市场情况，使国际上以方案设计为核心的建筑师责任工作更好适应本市工程项目建设。在五方责任主体不变的情况下，《指引》引导建设单位向责任建筑师团队做一定的授权，包括管理部门给予一定的赋权，充分发挥建筑师在规划、招标采购、施工图审图、施工过程、竣工验收等工程建设全过程中的管控优势和话语权。建筑师负责制推行两种实施模式，一是设计总包模式，责任建筑师负责从方案设计、初步设计到施工图设计全过程设计工作，以及施工过程中的技术质量把控，直至竣工验收。二是设计总控模式，责任建筑师负责方案设计，此后指导初步设计、施工图设计、施工和竣工验收等阶段。《指引》梳理了建筑师负责制模式下，责任建筑师团队相关的服务内容，培育本土建筑师加快成长与国际接轨，加快提升参与国际竞争的能力，为本市设计行业长期健康发展打下基础。

在深入推进上海市工程建设领域营商环境改革方面，2024年6月5日，市住房城乡建设管理委、市发改委、市规资局联合印发《关于坚持对标一流持续优化上海市工程建设领域营商环境的行动方案》（以下简称"7.0版行动方案"），从对标国际最高标准、最高水平，深入推进工程建设项目审批制度改革，全方位提升审批服务能级，全流程强化事中事后监管，深化长三角一体化改革协同，夯实营商环境改革创新根基6个方面，提出30项具体措施。在持续优化"施工许可一站式"改革、提升"竣工验收一站式"服务等措施具体措施的基础上，"7.0版行动方案"提出了扩大建筑师负责制试点、推进区域评估和用地清单制、完善惠企政策服务等推荐工程建设项目审批制度改革、全方位提升审批服务能级方面的举措。此外，"7.0版行动方案"也提出了对标国际经贸规则深化建设工程招投标综合改革、实施女性职业激励等方面内容。

第二章 上海市建筑业发展现状

本章主要从建设工程项目概况、勘察设计、建筑施工、建设工程咨询（工程监理、工程造价咨询、工程招标代理）、工程检测、建材使用等板块或领域，分析上海市建筑业的行业发展、行业监管及科技创新现状。

一、工程项目建设概况

（一）项目信息

根据上海市建设市场管理信息平台数据，2023年上海市建设工程项目信息报送9439项，同比增长12.68%；项目信息报送总投资15 676.53亿元，同比减少18.13%。

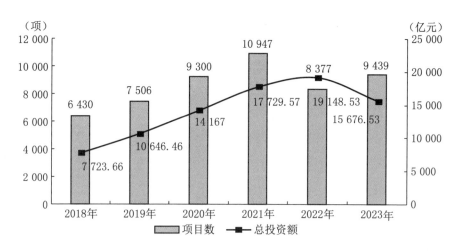

图1　2018—2023年上海市建设工程项目信息报送项目数及总投资额

按项目分类，2023年房建项目投资额 11 303.22 亿元，同比减少 10.14%，占投资总额的比重为 72.10%；其次是交通工程投资额 1 658.81 亿元，同比减少 54.00%，占投资总额的比重为 10.58%。

表3　2021—2023年上海市建设工程项目信息报送统计（按项目分类）

单位：亿元

项目类别	房建项目	市政基础设施项目（非交通类）	交通工程	装修工程	园林绿化	水务和海洋项目	修缮工程	城市基础设施维修	其他
2023 年	11 303.22	237.68	1 658.81	590.54	179.08	483.42	88.60	639.96	495.22
2022 年	12 578.75	92.90	3 606.38	811.03	137.75	675.19	71.84	365.48	809.21
2021 年	12 964.57	38.23	2 497.18	918.32	86.02	373.81	241.90	286.31	323.23
2023 年同比	−10.14%	155.84%	−54.00%	−27.19%	30.00%	−28.40%	23.33%	75.10%	−38.80%

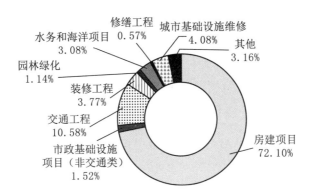

图2　2023年上海市建设工程项目信息报送情况（按项目分类）

按投资构成分类，2023年财政国有投资额10 448.88亿元，同比减少23.38%，占投资总额的比重为66.65%。私（民）营和外商投资额4 975.53亿元，同比减少1.96%，占投资总额的比重为31.74%。

表4　2021—2023年上海市建设工程项目信息报送统计（按投资构成分类）

单位：亿元

	总投资	财政国有投资	私（民）营和外商投资	其他投资
2023年	15 676.53	10 448.88	4 975.53	252.12
2022年	19 148.53	13 636.99	5 074.81	436.73
2021年	17 729.57	10 908.66	6 596.05	224.86
2023年同比	−18.13%	−23.38%	−1.96%	−42.27%

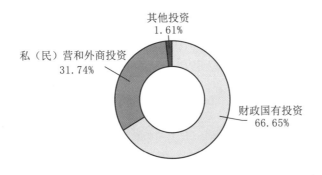

图3　2023年上海市建设工程项目信息报送情况（按投资构成分类）

（二）施工许可

根据上海市建设市场管理信息平台数据，2023 年上海市建设工程发放施工许可证 7 280 个，同比增长 20.85%。发放施工许可建筑面积 7 215.71 万平方米，同比增长 10.40%。发放施工许可项目合同总价 7 519.80 亿元，同比增长 22.97%。

表 5　2021—2023 年上海市建设工程施工许可统计（按项目类型分类）

	发放施工许可数（个）	建筑面积（万平方米）	合同总价（亿元）
2023 年	7 280	7 215.71	7 519.80
2022 年	6 024	6 535.80	6 115.21
2021 年	7 935	6 735.59	6 119.55
2023 年同比	20.85%	10.40%	22.97%

（三）在建工程项目

根据上海市建设市场管理信息平台数据，2023 年本市在建工地 5 196 个，同比下降 17.67%；在建单位工程数 36 279 个，同比下降 3.55%；在建建筑面积 19 350 万平方米，同比下降 3.73%。

表 6　2021—2023 年上海市建设工程在建工程项目统计

	在建工地数（个）	在建单位工程数（个）	在建建筑面积（万平方米）
2023 年	5 196	36 279	19 350
2022 年	6 311	37 616	20 100
2021 年	6 187	34 805	18 280
2023 年同比	−17.67%	−3.55%	−3.73%

二、勘察设计

（一）经济指标

1. 招投标

（1）工程勘察

根据上海市建设市场管理信息平台数据，2023 年上海市勘察招标发包次数 109 次，同比下降 14.17%；勘察招标发包金额 3.08 亿元，同比下降 5.52%。

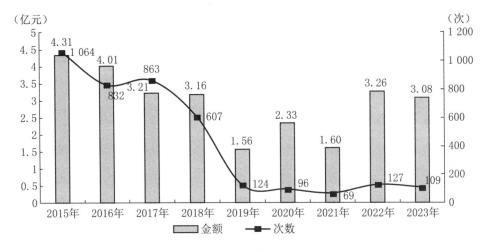

图 4　2015—2023 年上海市勘察招标发包情况

根据上海市建设市场管理信息平台数据，2020—2023 年上海市各专业领域工程勘察招标发包额数据见下表。

表7 2020—2023 年上海市各专业领域工程勘察招标发包额统计

单位：亿元

年份	合计	房屋建筑	交通工程	其他
2023 年	3.08	0.85	1.52	0.71
2022 年	3.26	0.87	1.64	0.85
2021 年	1.60	0.58	0.5	0.52
2020 年	2.33	0.53	1.63	0.17
2023 年同比	−5.52%	−2.30%	−7.32%	−16.47%

根据上海市建设市场管理信息平台数据，2022—2023 年上海建设市场勘察中标总额排名前 10 的企业及其中标额见下表。

表8 2022—2023 年上海市建设市场勘察中标额前 10 名的企业

2023 年			
序号	企业名称	中标额（亿元）	占比
1	上海勘察设计研究院（集团）有限公司	0.46	14.94%
2	上海市政工程设计研究总院（集团）有限公司	0.36	11.69%
3	中船勘察设计研究院有限公司	0.29	9.42%
4	上海山南勘测设计有限公司	0.25	8.12%
5	上海市隧道工程轨道交通设计研究院	0.24	7.79%
6	上海海洋地质勘察设计有限公司	0.17	5.52%
7	上海市岩土地质研究院有限公司	0.16	5.19%
8	中勘冶金勘察设计研究院有限责任公司	0.15	4.87%
9	武汉地质工程勘察院有限公司	0.13	4.22%
10	上海市城市建设设计研究总院（集团）有限公司	0.10	3.25%

续 表

2022 年			
序号	企业名称	中标额（亿元）	占比
1	上海山南勘测设计有限公司	0.55	16.87%
2	上海勘察设计研究院（集团）有限公司	0.37	11.35%
3	上海市政工程设计研究总院（集团）有限公司	0.28	8.59%
4	上海元易勘测设计有限公司	0.22	6.75%
5	上海市隧道工程轨道交通设计研究院	0.18	5.52%
6	中交公路规划设计院有限公司	0.17	5.21%
7	中勘冶金勘察设计研究院有限责任公司	0.13	3.99%
8	上海昌发岩土工程勘察技术有限公司	0.13	3.99%
9	上海海洋地质勘察设计有限公司	0.12	3.68%
10	上海市城市建设设计研究总院（集团）有限公司	0.11	3.37%

（2）工程设计

根据上海市建设市场管理信息平台数据，2023 年上海市设计招标发包次数 963 次，同比增长 26.71%；设计招标发包金额 56.37 亿元，同比减少 8.4%。

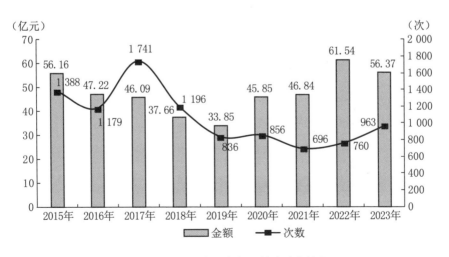

图 5　2015—2023 年上海市设计招标发包情况

根据上海市建设市场管理信息平台数据，2020—2023 年上海各专业领域工程设计招标发包额数据见下表。

表 9　2020—2023 年上海市各专业领域工程设计招标发包额统计

单位：亿元

年份	合计	房屋建筑	市政基础设施（非交通类）	交通工程	装修工程	园林绿化	城市基础设施维修	其他
2023 年	56.37	26.24	2.82	18.76	1.92	0.96	0.32	5.35
2022 年	61.54	37.3	0.77	14.51	1.74	0.98	2.88	3.36
2021 年	46.84	30.18	0.31	9.39	1.79	0.91	0.73	3.53
2020 年	45.84	27.74	0.31	10.58	1.12	0.83	1.07	4.19
2023 年同比	−8.40%	−29.65%	266.23%	29.29%	10.34%	−2.04%	−88.89%	59.23%

根据上海市建设市场管理信息平台数据，2022—2023 年上海市建设市场设计中标总额排名前十的企业及其中标额见下表。

表 10　2022—2023 年上海市建设市场设计中标额前十名的企业

2023 年			
序号	企业名称	中标额（亿元）	占比
1	上海市隧道工程轨道交通设计研究院	12.17	21.60%
2	华东建筑设计研究院有限公司	8.57	15.21%
3	同济大学建筑设计研究院（集团）有限公司	5.26	9.33%
4	上海申通轨道交通研究咨询有限公司	2.44	4.33%
5	上海建筑设计研究院有限公司	1.98	3.51%
6	上海市城市建设设计研究总院（集团）有限公司	1.93	3.43%
7	上海市政工程设计研究总院（集团）有限公司	1.82	3.23%
8	上海筑景建筑设计有限公司	1.70	3.01%
9	上海浦东建筑设计研究院有限公司	1.50	2.67%
10	上海天华建筑设计有限公司	1.45	2.57%

续　表

2022 年

序号	企业名称	中标额（亿元）	占比
1	华东建筑设计研究院有限公司	9.07	14.74%
2	上海市隧道工程轨道交通设计研究院	6.69	10.87%
3	上海建筑设计研究院有限公司	6.24	10.14%
4	上海天华建筑设计有限公司	6.00	9.75%
5	同济大学建筑设计研究院（集团）有限公司	5.13	8.34%
6	上海筑景建筑设计有限公司	3.39	5.51%
7	上海市政工程设计研究总院（集团）有限公司	2.93	4.76%
8	上海浦东建筑设计研究院有限公司	2.70	4.39%
9	Kohn Pedersen Fox Associates P.C.	2.50	4.06%
10	上海市城市建设设计研究总院（集团）有限公司	2.10	3.41%

（3）勘察设计合并招标

根据上海市建设市场管理信息平台数据，2023 年上海市勘察设计合并招标发包312次，同比增长 34.48%；勘察设计合并招标发包金额57.85 亿元，同比增长 15.28%。

表 11　2021—2023 年上海市各专业领域勘察设计合并招标发包额统计

单位：亿元

	合计	房屋建筑	市政基础设施（非交通类）	交通工程	园林绿化	水务和海洋	城市基础设施维修	其他
2023 年	57.85	20.19	5.65	18.7	0.27	8.68	2.79	1.57
2022 年	50.18	15.35	0.42	20.43	0.28	11.10	1.09	1.51
2021 年	64.79	20.20	0.38	32.43	0.17	8.85	0.99	1.77
2023 年同比	15.28%	31.53%	1 245.24%	−8.47%	−3.57%	−21.80%	155.96%	3.97%

2. 合同信息报送

（1）工程勘察

根据上海市建设市场管理信息平台数据，2023年完成上海市内工程勘察合同信息报送的项目1 849个，同比增长14.28%；合同总价7.17亿元，同比增长15.27%。2021—2023年上海按专业领域工程勘察合同信息报送统计见下表。

表 12　2021—2023年上海市各专业领域工程勘察合同信息报送统计

单位：亿元

	合计	房屋建筑	交通工程	其他
2023 年	7.17	2.94	2.44	1.79
2022 年	6.22	2.93	1.28	2.01
2021 年	5.67	2.93	1.33	1.41
2023 年同比	15.27%	0.34%	90.63%	−10.95%

（2）工程设计

根据上海市建设市场管理信息平台数据，2023年完成上海市内工程设计合同信息报送的项目7 811个，同比增长17.51%；合同总价79.08亿元，同比下降11.55%。2021—2023年按专业领域工程设计合同信息报送统计见下表。

表 13　2021—2023年上海市各专业领域工程设计合同信息报送统计

单位：亿元

	合计	房屋建筑	市政基础设施（非交通类）	交通工程	装修工程	园林绿化	水务和海洋	修缮工程	城市基础设施维修	其他
2023 年	79.08	43.54	0.23	13.47	9.49	1.39	1.77	1.54	4.27	3.38
2022 年	89.41	53.02	0.55	11.75	9.59	2.14	1.72	1.11	3.69	5.84
2021 年	84.05	49.96	0.42	12.30	11.11	0.97	0.94	2.06	3.15	3.14
2023 年同比	−11.55%	−17.88%	−58.18%	14.64%	−1.04%	−35.05%	2.91%	38.74%	15.72%	−42.12%

（3）勘察设计一体化

根据上海市建设市场管理信息平台数据，2023 年完成上海市内勘察设计一体化合同信息报送的项目 310 个，同比增长 45.54%；合同总价 63.31 亿元，同比增长 45.27%。2021—2023 年按专业领域工程勘察设计一体化合同信息报送统计见下表。

表 14　2021—2023 年上海各专业领域勘察设计一体化合同信息报送统计

单位：亿元

	合计	房屋建筑	市政基础设施（非交通类）	交通工程	园林绿化	水务和海洋	城市基础设施维修	其他
2023 年	63.31	21.23	2.66	20.81	0.27	14.8	2.21	1.33
2022 年	43.58	13.95	0.69	21.52	0.75	2.33	1.20	3.14
2021 年	190.55	63.18	1.52	55.63	7.71	12.72	17.51	32.28
2023 年同比	45.27%	52.19%	285.51%	−3.30%	−64.00%	535.19%	84.17%	−57.64%

3. 新签合同额

根据上海市勘察设计行业协会统计数据，2023 年纳入协会统计的从事勘察设计业务的企业有 1 333 家，其中：

主营业务为勘察的企业 75 家，占 5.63%；

主营业务为设计的企业 796 家，占 59.71%；

主营业务为施工的企业 457 家，占 34.28%；

主营业务为其他（规划、监理和招标代理）的企业共 5 家，占 0.38%。

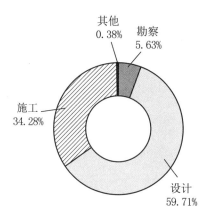

图6 2023年纳入上海市勘察设计行业协会统计的企业资质分布

上述企业2023年新签工程勘察合同额53.17亿元，同比增长4.48%。

新签工程设计合同额697.28亿元，同比减少4.36%。

新签全过程工程咨询业务合同额12.4亿元，同比减少20.31%。

新签其他工程咨询业务合同额67.38亿元，同比减少0.43%。

表15 2020—2023年上海市勘察设计企业新签合同额统计

单位：亿元

年份	工程勘察	工程设计	全过程工程咨询	其他工程咨询
2023年	53.17	697.28	12.40	67.38
2022年	50.89	729.04	15.56	67.67
2021年	46.06	759.37	8.76	77.06
2020年	56.06	750.6	24.62	67.18
2023年同比	4.48%	−4.36%	−20.31%	−0.43%

4. 业务收入

上述企业2023年实现工程勘察收入39.46亿元，同比增长9.79%，占营业收入总额的0.35%。

实现工程设计收入 529.02 亿元，同比增长 9.06%，占营业收入总额的 4.65%。

实现全过程咨询收入 4.29 亿元，同比减少 42.11%，占营业收入总额的 0.04%。

实现其他工程咨询业务收入 66.91 亿元，同比增长 36.13%，占营业收入总额的 0.59%。

表 16 2020—2023 年上海市勘察设计企业收入情况统计

单位：亿元

年份	工程勘察	工程设计	全过程工程咨询	其他工程咨询
2023 年	39.46	529.02	4.29	66.91
2022 年	35.94	485.09	7.41	49.15
2021 年	40.19	536.91	8.68	54.51
2020 年	39.96	520.02	11.99	45.81
2023 年同比	9.79%	9.06%	−42.11%	36.13%

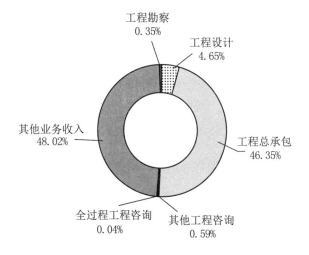

图 7 2023 年上海市勘察设计企业各业务收入占比

5. 典型样本企业统计

因有大量主营业务为工程施工的企业参与统计，为更好地分析上海勘察设计行业发展趋势及发展特点，上海市勘察设计行业协会从主营业务为勘察设计的企业中选择有代表性的 20 家大型企业、20 家中型企业、20 家小型企业 [1]，制定统计表格进行补充统计。

（1）大型勘察设计样本企业

1）新签合同额

根据上海市勘察设计行业协会统计数据，2023 年大型勘察设计样本企业新签合同额合计 1 094.95 亿元，同比减少 8.79%。

其中新签工程勘察合同 20.07 亿元，同比增长 1.57%，占新签合同总额的 1.83%。新签工程设计合同额 351.77 亿元，同比增长 2.08%，占新签合同总额的 32.13%。新签工程总承包合同额 659.09 亿元，同比减少 16.19%，占新签合同总额的 60.19%。

表 17　2018—2023 年上海市大型勘察设计样本企业新签合同额统计

单位：亿元

年份	合计	工程勘察	工程设计	工程总承包	全过程工程咨询	其他工程咨询	其他业务
2023 年	1 094.95	20.07	351.77	659.09	5.33	/	58.69
2022 年	1 200.49	19.76	344.61	786.39	5.84	/	43.89
2021 年	988.73	22.7	358.53	580.93	4.92	21.65	/
2020 年	802.59	17.19	338.24	429.34	/	17.82	/
2019 年	595.04	23.25	327.18	217.56	/	27.05	/
2018 年	478.51	13.23	300.9	153.68	/	10.70	/
2023 年同比	−8.79%	1.57%	2.08%	−16.19%	−8.73%	/	33.72%

---

[1] 按年度营业收入划分，小型企业为 500 万元（含）—1 000 万元，中型企业为 1 000 万元（含）—1 亿元，大型企业为 1 亿元（含）以上。

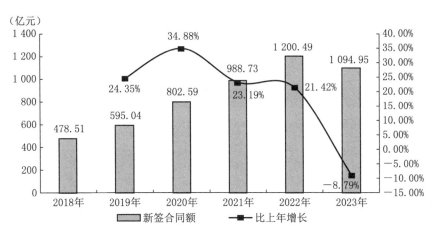

图 8　2018—2023 年上海市大型勘察设计样本企业新签合同额及增幅

2023 年大型勘察设计样本企业上海以外区域新签合同额 681.42 亿元，同比减少 24.68%。上海以外区域新签合同额占合同总额的 62.23%，占比下降 13.13 个百分点。

其中，上海以外区域新签工程勘察合同额 8.06 亿元，同比减少 18.09%，占上海以外区域新签合同额的 1.18%。新签工程设计合同额 216.13 亿元，同比减少 5.56%，占上海以外区域新签合同额的 31.72%。新签工程总承包合同额 457.23 亿元，同比减少 31.34%，占上海以外区域新签合同额的 67.10%。

表 18　2018—2023 年上海市大型勘察设计样本企业上海以外区域新签合同额统计

单位：亿元

年份	合计	其中：工程勘察	其中：工程设计	其中：工程总承包	上海以外区域新签合同额占比
2023 年	681.42	8.06	216.13	457.23	62.23%
2022 年	904.68	9.84	228.86	665.98	75.36%
2021 年	742.19	13.34	261.2	452.24	75.06%
2020 年	570.49	7.48	252.52	299.79	71.08%
2019 年	352.31	6.39	210.81	115.21	59.21%
2018 年	254.03	7.30	200.72	40.07	53.09%
2023 年同比	−24.68%	−18.09%	−5.56%	−31.34%	/

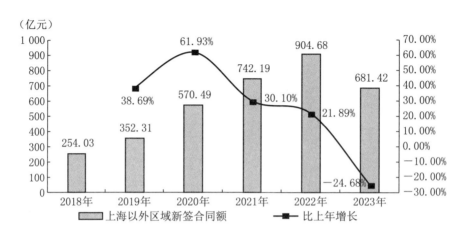

图 9　2018—2023 年上海市大型勘察设计样本企业上海以外区域新签合同额及增幅

2）实现营业收入

2023 年，大型勘察设计样本企业实现营业收入 664.59 亿元，同比增长 10.36%。其中实现工程勘察收入 15.31 亿元，同比减少 5.84%，占营业收入总额的 2.30%。实现工程设计收入 262.41 亿元，同比增长 2.36%，占营业收入总额的 39.48%。实现工程总承包收入 372.74 亿元，同比增长 19.32%，占营业收入总额的 56.09%。

表 19　2018—2023 年上海市大型勘察设计样本企业实现营业收入统计

单位：亿元

年份	合计	其中：工程勘察	其中：工程设计	其中：工程总承包
2023 年	664.59	15.31	262.41	372.74
2022 年	602.22	16.26	256.35	312.39
2021 年	541.04	13.82	250.63	257.79
2020 年	410.4	13.43	250.66	138.11
2019 年	385.43	11.97	237.59	127.39
2018 年	331.25	11.43	206.49	105.27
2023 年同比	10.36%	−5.84%	2.36%	19.32%

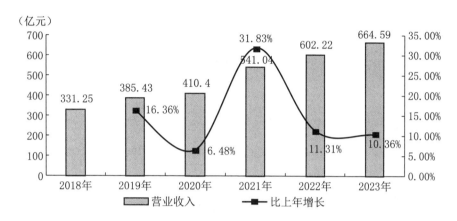

图 10 2018—2023 年上海市大型勘察设计样本企业实现营业收入及增幅

上海以外区域实现收入 422.55 亿元，同比增长 11.28%。上海以外区域实现收入占比 63.58%，占比提高 0.53 个百分点。

其中，上海以外区域实现工程勘察收入 6.21 亿元，同比减少 23.14%，占上海以外区域收入的 1.47%。实现工程设计收入 158.87 亿元，同比减少 1.47%，占上海以外区域收入的 37.60%。实现工程总承包收入 257.47 亿元，同比增长 22.56%，占上海以外区域收入的 60.93%。

表 20 2018—2023 年上海市大型勘察设计样本企业上海以外区域收入统计

单位：亿元

年份	合计	其中： 工程勘察	其中： 工程设计	其中： 工程总承包	上海以外区域 收入占比
2023 年	422.55	6.21	158.87	257.47	63.58%
2022 年	379.71	8.08	161.57	210.07	63.05%
2021 年	326.67	7.22	175.23	135.74	60.38%
2020 年	228.75	7.64	144.84	71.09	55.74%
2019 年	191.78	7.11	131.60	49.37	49.76%
2018 年	134.95	5.34	103.50	23.92	40.74%
2023 年同比	11.28%	−23.14%	−1.67%	22.56%	/

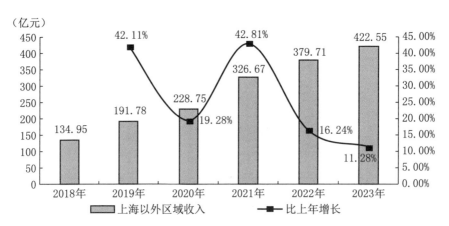

图 11 2018—2023 年上海市大型勘察设计样本企业上海以外区域营业收入及增幅

2023 年，大型勘察设计样本企业，在实现营业收入 664.59 亿元，同比增长 10.36% 的情况下，实现净利润 32.71 亿元，同比增长 32.05%；产值利润率（净利润 / 营业收入）为 4.92%，同比提高 0.81 个百分点。

2023 年，大型勘察设计企业人均产值[①]184.20 万元，同比增长 8.37%；人均净利润 9.07 万元，同比增长 29.70%。

表 21 2018—2023 年上海市大型勘察设计样本企业盈利性统计

年份	企业净利润（亿元）	产值利润率	人均产值（万元）	人均净利润（万元）
2023 年	32.71	4.92%	184.20	9.07
2022 年	24.77	4.11%	169.97	6.99
2021 年	41.36	7.64%	178.12	13.62
2020 年	37.32	9.09%	143.19	13.02
2019 年	30.99	8.04%	128.82	10.36
2018 年	26.98	8.14%	116.60	9.50
2023 年同比	32.05%	提高 0.81 个百分点	8.37%	29.70%

---

① 此处人均产值 = 营业收入 / 期末从业人员总数。下文中型勘察设计样本企业、小型勘察设计样本企业人均产值也为此计算方法。

（2）中型勘察设计样本企业

1）新签合同额

根据上海市勘察设计行业协会统计数据，2023年中型勘察设计样本企业新签合同额合计103.57亿元，同比增长36.15%。

其中，新签工程勘察合同3.61亿元，同比增长75.24%，占新签合同额的3.49%。新签工程设计合同37.00亿元，同比减少6.28%，占新签合同额的35.72%。新签工程总承包合同49.76亿元，同比增长129.52%，占新签合同额的48.04%。

表22　2018—2023年上海市中型勘察设计样本企业新签合同额统计

单位：亿元

年份	合计	其中：工程勘察	其中：工程设计	其中：工程总承包	其中：全过程咨询
2023年	103.57	3.61	37.00	49.76	4.29
2022年	76.07	2.06	39.48	21.68	3.39
2021年	103.35	2.85	47.17	46.35	/
2020年	122.75	4.65	58.84	52.57	/
2019年	95.14	3.84	46.73	42.56	/
2018年	99.73	3.75	46.78	47.46	/
2023年同比	36.15%	75.24%	−6.28%	129.52%	26.55%

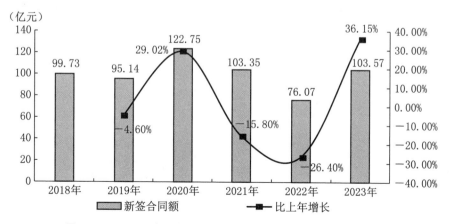

图12　2018—2023年上海市中型勘察设计样本企业新签合同额及增幅

2023 年中型勘察设计样本企业，上海以外区域新签合同额 50.1 亿元，同比增长 55.30%。上海以外区域新签合同额占合同总额的 48.37%，占比提高 5.96 个百分点。

其中，上海以外区域新签工程勘察合同 0.09 亿元，同比减少 25.00%，占上海以外区域合同额的 0.18%。新签工程设计合同 23.03 亿元，同比增长 9.93%，占上海以外区域合同额的 45.97%。新签工程总承包合同 26.98 亿元，同比增长 141.11%，占上海以外区域合同额的 53.85%。

表 23　2018—2023 年上海市中型勘察设计样本企业上海以外区域新签合同额统计

单位：亿元

年份	合计	其中：工程勘察	其中：工程设计	其中：工程总承包	上海以外区域新签合同额占比
2023 年	50.10	0.09	23.03	26.98	48.37%
2022 年	32.26	0.12	20.95	11.19	42.41%
2021 年	53.48	0.24	28.72	22.06	51.75%
2020 年	64.78	0.22	39.95	23.17	52.77%
2019 年	40.80	0.10	26.10	14.24	42.88%
2018 年	44.52	0.06	26.37	17.78	44.64%
2023 年同比	55.30%	−25.00%	9.93%	141.11%	—

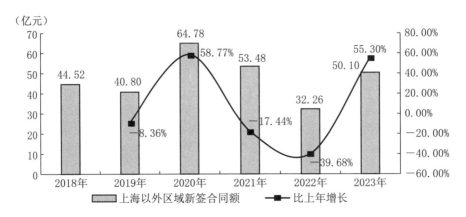

图 13　2018—2023 年上海市中型勘察设计样本企业上海以外区域新签合同额及增幅

2）实现营业收入

2023 年，中型勘察设计样本企业实现营业收入 77.15 亿元，同比减少 3.61%。

其中，实现工程勘察收入 3.51 亿元，同比增长 129.41%，占营业收入的 4.55%。实现工程设计收入 30.17 亿元，同比减少 3.21%，占营业收入的 39.11%。实现工程总承包收入 34.58 亿元，同比减少 1.06%，占营业收入的 44.82%。

表 24　2018—2023 年上海市中型勘察设计样本企业实现收入统计

单位：亿元

年份	合计	其中：工程勘察	其中：工程设计	其中：工程总承包
2023 年	77.15	3.51	30.17	34.58
2022 年	80.04	1.53	31.17	34.95
2021 年	85.09	2.88	38.57	39.08
2020 年	84.14	3.53	33.87	41.55
2019 年	58.42	3.03	31.96	21.83
2018 年	45.98	2.83	31.16	11.03
2023 年同比	−3.61%	129.41%	−3.21%	−1.06%

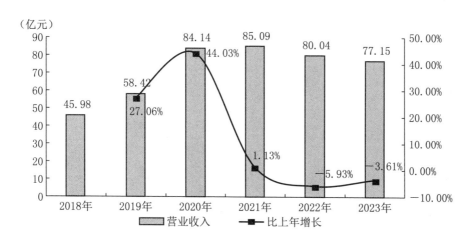

图 14　2018—2023 年上海市中型勘察设计样本企业营业收入及增幅

2023 年，中型勘察设计样本企业上海以外区域实现收入 25.60 亿元，同比下降 0.70%。上海以外区域实现收入占比 33.18%，占比增加 0.97 个百分点。

其中，上海以外区域实现工程勘察收入 0.13 亿元，同比增长 18.18%，占上海以外区域收入的 0.51%。实现工程设计收入 19.24 亿元，同比增长 32.51%，占上海以外区域收入的 75.16%。实现工程总承包收入 6.23 亿元，同比下降 44.08%，占上海以外区域收入的 24.34%。

表 25　2018—2023 年上海市中型勘察设计样本企业上海以外区域收入统计

单位：亿元

年份	合计	其中： 工程勘察	其中： 工程设计	其中： 工程总承包	上海以外区域 收入占比
2023 年	25.60	0.13	19.24	6.23	33.18%
2022 年	25.78	0.11	14.52	11.14	32.21%
2021 年	19.06	1.64	14.35	2.48	22.40%
2020 年	30.66	0	17.31	12.20	36.44%
2019 年	17.31	0.03	14.59	2.61	29.63%
2018 年	13.16	0.02	11.70	1.33	28.62%
2023 年同比	−0.70%	18.18%	32.51%	−44.08%	/

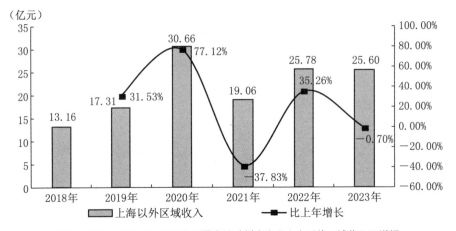

图 15　2018—2023 年上海市中型勘察设计样本企业上海以外区域收入及增幅

2023 年，中型勘察设计样本企业，在实现营业收入 77.15 亿元，同比减少 3.61% 的情况下，实现净利润 2.22 亿元（去年同期净利润为 −0.09 亿元）；产值利润率（净利润 / 营业收入）为 2.88%，同比提高 2.99 个百分点。

2023 年，中型勘察设计企业人均产值 108.08 万元，同比减少 0.59%；人均净利润 3.11 万元（去年同期人均净利润为 −0.12 万元）。

表 26　2018—2023 年上海市中型勘察设计样本企业盈利性统计

年份	企业净利润（亿元）	产值利润率	人均产值（万元）	人均净利润（万元）
2023 年	2.22	2.88%	108.08	3.11
2022 年	−0.09	−0.11%	108.72	−0.12
2021 年	4.12	4.84%	108.99	5.28
2020 年	4.43	5.27%	131.86	6.94
2019 年	3.12	5.34%	82.89	4.43
2018 年	2.35	5.11%	68.79	3.52
2023 年同比	/	提高 2.99 个百分点	−0.59%	/

（3）小型勘察设计样本企业

1）新签合同额

根据上海市勘察设计行业协会统计数据，2023 年小型勘察设计样本企业新签合同额合计 13.57 亿元，同比减少 21.34%。

表 27　2018—2023 年上海市小型勘察设计样本企业新签合同额统计

单位：亿元

年份	合计	其中：工程勘察	其中：工程设计	其中：工程总承包
2023 年	13.57	0.16	8.50	3.91
2022 年	17.25	0.10	9.11	7.23

续　表

年份	合计	其中：工程勘察	其中：工程设计	其中：工程总承包
2021 年	16.77	0.55	8.09	7.94
2020 年	14.41	0.47	6.04	7.84
2019 年	3.18	0.05	3.01	0.03
2018 年	3.34	0.10	3.13	0.04
2023 年同比	−21.34%	63.28%	−6.81%	−46.02%

2023 年上海以外区域新签合同额 6.32 亿元，同比减少 34.95%。上海以外区域新签合同额占合同总额的 46.57%，占比降低 9.75 个百分点。

表 28　2018—2023 年上海市小型勘察设计样本企业上海以外区域新签合同额统计

单位：亿元

年份	合计	工程勘察	工程设计	工程总承包	上海以外区域合同占比
2023 年	6.32	0.24	4.71	1.38	46.57%
2022 年	9.72	0.60	5.93	3.19	56.32%
2021 年	7.58	0	4.60	2.98	45.19%
2020 年	8.14	0	3.46	4.64	56.53%
2019 年	1.82	0.01	1.75	0.02	57.34%
2018 年	1.48	0.02	1.42	0.01	44.22%
2023 年同比	−34.95%	−60.93%	−20.62%	−56.68%	降低 9.75 个百分点

2）实现营业收入

根据上海市勘察设计行业协会统计数据，2023 年小型勘察设计样本企业实现收入 18.88 亿元，同比增长 8.60%。

表 29　2018—2023 年上海市小型勘察设计样本企业营业收入统计

单位：亿元

年份	合计	其中：工程勘察	其中：工程设计	其中：工程总承包
2023 年	18.88	0.12	7.93	3.99
2022 年	17.39	0.54	7.57	3.73
2021 年	13.85	0.48	5.17	8.19
2020 年	12.98	0.40	4.21	8.29
2019 年	2.68	0.04	2.56	0.03
2018 年	2.17	0.09	1.98	0.04
2023 年同比	8.60%	−76.84%	4.84%	6.95%

上海以外区域实现收入 5.42 亿元，同比降低 21.71%。上海以外区域实现收入占比 28.70%，占比降低 11.10 个百分点。

表 30　2018—2023 年上海市小型勘察设计样本企业上海以外区域收入统计

单位：亿元

年份	合计	工程勘察	工程设计	工程总承包	上海以外区域收入占比
2023 年	5.42	0	3.39	2.03	28.70%
2022 年	6.92	0.89	4.52	1.45	39.80%
2021 年	5.23	0	2.25	2.98	37.76%
2020 年	4.58	0	1.91	2.61	35.28%
2019 年	1.16	0.01	1.11	0.02	43.46%
2018 年	1.10	0.01	1.05	0.01	50.86%
2023 年同比	−21.71%	/	−25.01%	40.03%	降低 11.10 个百分点

2023 年，小型勘察设计样本企业在实现营业收入 18.88 亿元，同比增长 8.60% 的情况下，实现净利润 9 202.24 万元，同比增长 57.82%；产值利润率（净利润／营业收入）为 4.87%，同比提高 1.52 个百分点。

表 31 2018—2023 年上海市小型勘察设计样本企业盈利性统计

年份	企业净利润 （万元）	产值利润率	人均产值 （万元）	人均净利润 （万元）
2023 年	9 202.24	4.87%	111.19	5.42
2022 年	5 830.71	3.35%	97.13	3.26
2021 年	2 989.39	2.16%	101.75	2.20
2020 年	2 713.83	2.09%	94.70	1.98
2019 年	1 256.09	4.69%	51.31	2.41
2018 年	2 349.81	10.84%	48.70	5.28
2023 年同比	57.82%	提高 1.52 个百分点	14.48%	66.26%

（4）样本企业对比

根据样本企业统计数据，2023 年大型勘察设计企业上海以外区域新签合同占比下滑但整体维持高位，中型勘察设计企业上海以外区域新签合同额占比有所提升，小型勘察设计企业上海以外区域新签合同占比下降。

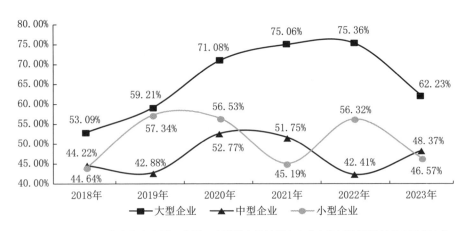

图 16 2018—2023 年上海市大型、中型、小型勘察设计样本企业上海以外区域新签合同额占比

根据样本企业统计数据，2023 年大型勘察设计企业上海以外区域收入占比维持高位且持续提升，中型、小型勘察设计企业上海以外区域收入占比相对较低。

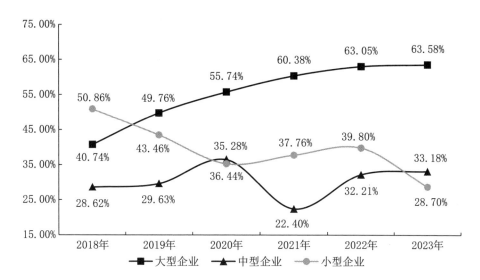

图 17　2018—2023 年上海市大型、中型、小型勘察设计样本企业上海以外区域收入占比

从企业人均产值看，大型勘察设计企业人均产值明显高于中、小型勘察设计企业。2023 年，大型、小型勘察设计企业人均产值有所提升，中型勘察设计企业人均产值与 2022 年基本持平。

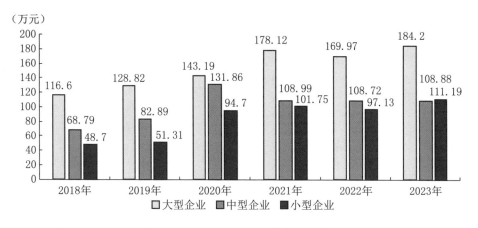

图 18　2018—2023 年上海市大型、中型、小型勘察设计样本企业人均产值对比

2023 年大型、中型、小型勘察设计企业人均净利润均有明显增长，大型勘察设计企业人均净利润依旧远超中小型勘察设计企业。

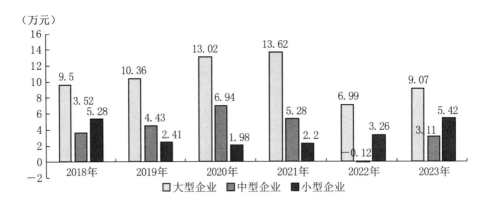

图 19　2018—2023 年上海市大型、中型、小型勘察设计样本企业人均净利润对比

从企业产值利润率（净利润／营业收入）看，2023 年大型、中型、小型勘察设计企业产值利润率均有所反弹，大型企业产值利润率整体高于中小型企业。

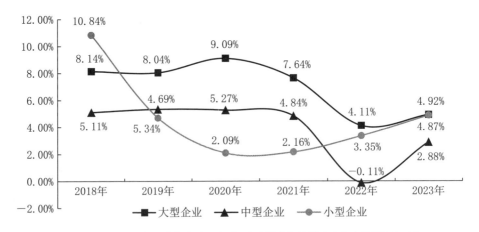

图 20　2018—2023 年上海市大型、中型、小型勘察设计样本企业产值利润率对比

（二）企业资质分布

根据上海市建设市场管理信息平台数据，2023 年上海具有勘察资质的企业 418 家，其中上海市企业 150 家，外省市进沪企业 268 家。

表32　2023年上海市及外省市进沪勘察企业资质分布 ①

单位：家

勘察企业资质	甲级		乙级		不分级	
	本市	外省市	本市	外省市	本市	外省市
综合资质	12	89	/	/	/	/
岩土工程	9	57	15	62	/	/
水文地质勘察	2	5	6	22	/	/
海洋工程勘察（海洋工程测量）	1	2	1	2	/	/
工程测量	5	26	42	76	/	/
工程钻探	/	/	/	/	29	54
凿井	/	/	/	/	2	28

2023年上海具有设计资质的企业3 630家，其中，上海市企业2 109家，外省市进沪企业1 521家。

表33　2023年上海市及外省市进沪设计企业资质分布 ②

单位：家

设计企业资质	甲级		乙级		丙级	
	本市	外省市	本市	外省市	本市	外省市
综合	7	28	/	/	/	/
行业	42	140	47	109	/	15
专业	219	464	288	317	52	83
事务所	90	2	/	/	/	/
专项	302	571	1223	636	162	25

---

① 一家企业可能有多项资质，故该表格中资质的数量大于实际企业的数量。

② 一家企业可能有多项资质，故该表格中资质的数量大于实际企业的数量。

（三）人员分布

1. 行业人员分布

　　根据上海市勘察设计行业协会统计数据，2023 年纳入上海市勘察设计行业协会统计的 1 333 家企业从业人数合计 282 160 人，同比增长 10.04%。其中，专业技术人员合计 178 443 人，同比增长 11.64%，占从业人员总数 63.24%；注册人员 58 292 人，同比增长 19.94%，占从业人员总数的 20.66%。

表 34　2020—2023 年上海市勘察设计行业从业人员及专业技术人员数量

单位：人

年份	从业人员	专业技术人员	高级职称	中级职称	初级职称	注册执业人员
2023 年	282 160	178 443	34 417	63 602	52 844	58 292
2022 年	256 417	159 838	29 481	55 797	48 194	48 599
2021 年	260 435	167 139	28 869	55 402	50 558	46 853
2020 年	296 195	192 852	32 394	67 777	66 984	52 303
2023 年同比	10.04%	11.64%	16.74%	13.99%	9.65%	19.94%

表 35　2020—2023 年上海市勘察设计行业技术人员占从业人员的比重

年份	专业技术人员	高级职称	中级职称	初级职称	注册人员
2023 年	63.24%	12.20%	22.54%	18.73%	20.66%
2022 年	62.34%	11.50%	21.76%	18.80%	18.95%
2021 年	64.18%	11.08%	21.27%	19.41%	17.99%
2020 年	65.11%	10.94%	22.88%	22.61%	17.66%

2. 样本企业人员分布

根据上海市勘察设计行业协会统计数据，2023 年大型勘察设计样本企业从业人员合计 36 080 人，同比增长 1.83%。其中专业技术人员 32 220 人，同比增长 3.53%，占从业人员总数的 89.30%。注册人员 10 352 人，同比增长 9.99%，占从业人员总数的 28.69%。

表 36　2018—2023 年上海市大型勘察设计样本企业从业人员及专业技术人员数量

单位：人

年份	从业人员	专业技术人员	高级职称	中级职称	注册人员
2023 年	36 080	32 220	10 227	12 365	10 352
2022 年	35 432	31 120	9 543	11 292	9 412
2021 年	30 375	26 705	7 425	9 179	8 082
2020 年	28 662	25 017	6 730	8 613	6 726
2019 年	29 919	25 860	6 853	8 718	6 418
2018 年	28 409	24 653	6 314	7 829	5 899
2023 年同比	1.83%	3.53%	7.17%	9.50%	9.99%

表 37　2018—2023 年上海市大型勘察设计样本企业专业技术人员占从业人员的比重

年份	专业技术	高级职称	中级职称	注册人员
2023 年	89.30%	28.35%	34.27%	28.69%
2022 年	87.83%	26.93%	31.87%	26.56%
2021 年	87.92%	24.44%	30.22%	26.61%
2020 年	87.28%	23.48%	30.05%	23.47%
2019 年	86.43%	22.91%	29.14%	21.45%
2018 年	86.78%	22.23%	27.56%	20.76%

根据上海市勘察设计行业协会统计数据，2023 年中型勘察设计样本企业从业人员合计 7 138 人，同比减少 3.04%。其中专业技术人员 5 576 人，同比减少 15.64%，占从业人员总数的 78.12%。注册人员 1 673 人，同比增长 10.79%，占从业人员总数的 23.44%。

表 38　2018—2023 年上海市中型勘察设计样本企业专业从业人员及专业技术人员数量

单位：人

年份	从业人员	专业技术人员	高级职称	中级职称	注册人员
2023 年	7 138	5 576	1 357	2 360	1 673
2022 年	7 362	6 610	1 364	2 334	1 510
2021 年	7 807	5 889	1 185	2 234	1 328
2020 年	6 381	4 911	932	1 837	1 210
2019 年	7 048	5 228	1 013	2 400	1 139
2018 年	6 684	5 222	1 031	2 330	1 077
2023 年同比	−3.04%	−15.64%	−0.51%	1.11%	10.79%

表 39　2018—2023 年上海市中型勘察设计样本企业专业技术人员占的比重

年份	专业技术人员	高级职称	中级职称	注册人员
2023 年	78.12%	19.01%	33.06%	23.44%
2022 年	89.79%	18.53%	31.70%	20.51%
2021 年	75.43%	15.18%	28.62%	17.01%
2020 年	76.96%	14.61%	28.79%	18.96%
2019 年	74.18%	14.37%	34.05%	16.16%
2018 年	78.13%	15.42%	34.86%	16.11%

根据上海市勘察设计行业协会统计数据，2023 年小型勘察设计样本企业从业人员合计 1 698 人，同比减少 5.14%。其中专业技术人员 848 人，同比减

少 27.15%，占从业人员总数的 49.94%。注册人员 362 人，同比增长 8.38%，占从业人员总数的 21.32%。

表 40　2018—2023 年上海市小型勘察设计样本企业从业人员及专业技术人员数量

单位：人

年份	从业人员	专业技术人员	高级职称	中级职称	注册人员
2023 年	1 698	848	218	402	362
2022 年	1 790	1 164	192	382	334
2021 年	1 361	768	153	273	210
2020 年	1 371	790	121	281	234
2019 年	522	355	75	175	139
2018 年	445	300	72	159	132
2023 年同比	−5.14%	−27.15%	13.54%	5.24%	8.38%

表 41　2018—2023 年上海市小型勘察设计样本企业专业技术人员占从业人员的比重

年份	专业技术人员	高级职称	中级职称	注册人员
2023 年	49.94%	12.84%	23.67%	21.32%
2022 年	65.03%	10.73%	21.34%	18.66%
2021 年	56.43%	11.24%	20.06%	15.43%
2020 年	57.62%	8.83%	20.50%	17.07%
2019 年	68.01%	14.37%	33.52%	26.63%
2018 年	67.42%	16.18%	35.73%	29.66%

根据样本企业统计数据，2023 年大型、中型勘察设计样本企业专业技术人员占比较高，小型勘察设计企业样本企业专业技术人员占比较低。大型勘察设计样本企业高级职称人员占比也远高于中小型企业。

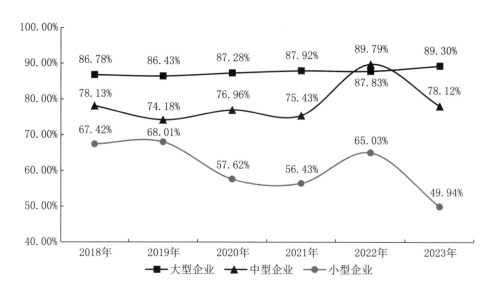

图 21　2018—2023 年上海市各类勘察设计样本企业专业技术人员占比

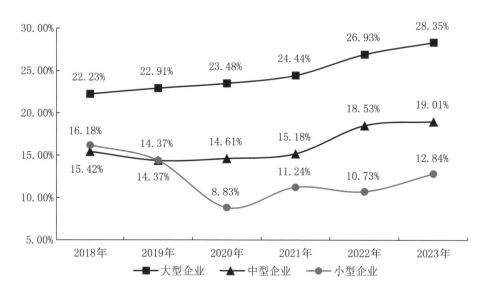

图 22　2018—2023 年上海市各类勘察设计样本企业高级职称人员占比

从注册人员看，2023 年大型勘察设计企业注册人员维持高位且不断增长，2023 年大型勘察设计企业注册执业人员占比达 28.69%，中型、小型勘察设计企业注册执业人员占比也有所提升。

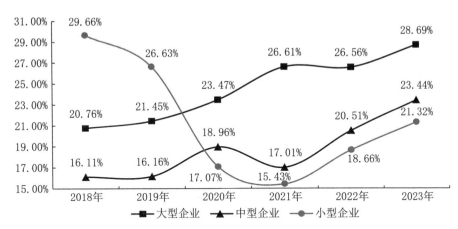

图 23　2018—2023 年上海市各类勘察设计样本企业注册执业人员占比

三、建筑施工

（一）经济指标

1. 建筑业总产值

根据《上海投资建设统计年鉴 2024》，2023 年上海市建筑施工企业完成总产值 10 045.79 亿元，同比增长 8.90%。

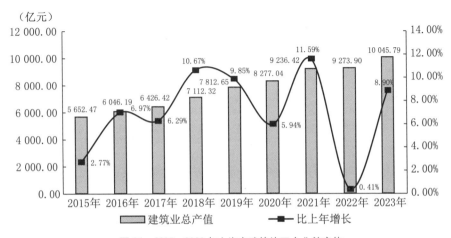

图 24　2015—2023 年上海市建筑施工企业总产值

在外省完成产值 5 553.21 亿元，同比减少 3.89%。外省完成产值占总产值的比重为 55.28%，占比下降 7.02 个百分点。

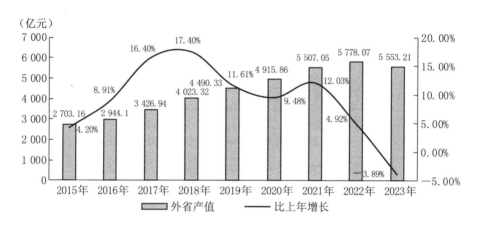

图 25　2015—2023 年上海市建筑施工企业在外省完成产值

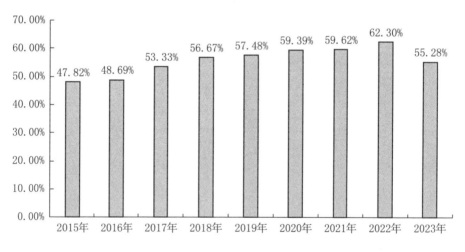

图 26　2015—2023 年上海市建筑施工企业在外省完成产值占比

按企业资质等级划分，2023 年上海特级资质施工企业实现产值 4 807.86 亿元，同比增长 1.07%。

表 42　2018—2023 年上海市不同资质等级施工企业产值统计

单位：亿元

企业资质	2018 年	2019 年	2020 年	2021 年	2022 年	2023 年	2023 年同比
特级	2 774.64	3 561.50	3 949.23	4 374.75	4 757.08	4 807.86	1.07%
一级	2 873.95	2 710.89	2 799.26	3 355.21	3 155.85	3 517.63	11.46%
二级	975.14	1 009.40	1 010.64	954.02	805.40	1 033.96	28.38%
三级	436.42	517.81	506.36	538.55	543.78	672.27	23.63%

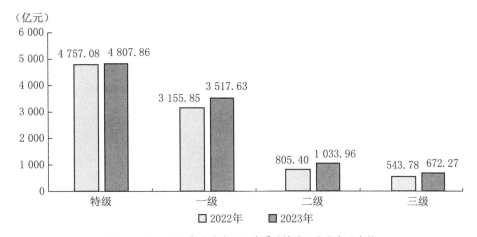

图 27　2022—2023 年上海市不同资质建筑施工企业实现产值

2023 年，上海特级资质施工企业实现产值占行业总产值的比重为 47.86%，相比 2022 年下降 3.44 个百分点。

表 43　2018—2023 年上海市不同资质等级施工企业产值占比

企业资质	2018 年	2019 年	2020 年	2021 年	2022 年	2023 年
特级	39.01%	45.59%	47.71%	47.36%	51.30%	47.86%
一级	40.41%	34.76%	33.82%	36.33%	34.03%	35.02%
二级	13.71%	12.94%	12.21%	10.33%	8.68%	10.29%
三级	6.14%	6.64%	6.12%	5.83%	5.86%	6.69%
其他	0.73%	0.07%	0.14%	0.15%	0.13%	0.14%

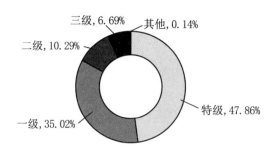

图 28 2023 年上海市不同资质建筑施工企业产值占比

2023 年，上海特级资质施工企业在外省完成产值 3 472.72 亿元，同比下降 4.74%。在外省完成的产值占总产值的比重为 72.23%，同比降低 4.4 个百分点。

表 44 2018—2023 年上海市不同资质等级施工企业在外省完成产值

单位：亿元

企业资质	2018 年	2019 年	2020 年	2021 年	2022 年	2023 年	2023 年同比
特级	2 255.78	2 805.70	3 125.40	3 548.14	3 645.57	3 472.72	−4.74%
一级	1 484.32	1 359.85	1 451.15	1 609.59	1 757.46	1 670.46	−4.95%
二级	219.84	231.39	248.23	247.23	214.57	226.90	5.75%
三级	51.95	90.43	88.82	99.20	157.59	182.35	15.71%

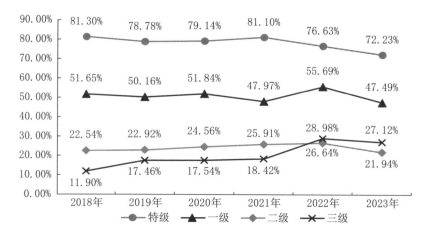

图 29 2018—2023 年上海市不同资质建筑施工企业外省市产值占比

2. 建筑业增加值

根据上海市统计局的数据，2023 年上海建筑业实现增加值 882.25 亿元，同比增长 16.8%，建筑业增加值占上海地区生产总值的比重为 1.9%。

表 45　2018—2023 年上海市建筑业增加值及对 GDP 的贡献

	2018 年	2019 年	2020 年	2021 年	2022 年	2023 年
建筑业增加值（亿元）	685.70	716.16	719.67	798.49	743.57	882.25
建筑业增加值增速	1.30%	2.10%	0.70%	7.10%	−4.70%	16.80%
地区生产总值增速	6.80%	6.00%	1.70%	8.10%	−0.20%	5.00%
建筑业增加值占地区生产总值的比重	1.90%	1.90%	1.90%	1.80%	1.70%	1.90%

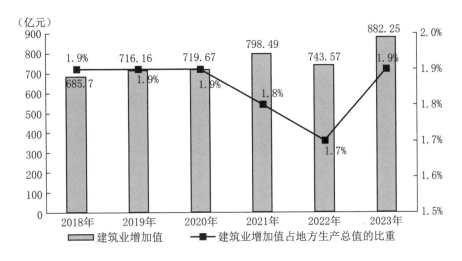

图 30　2018—2023 年上海市建筑业增加值及占地方生产总值的比重

3. 签订合同额

根据《上海投资建设统计年鉴 2024》，2023 年上海市建筑施工企业签订合同额合计 38 680.35 亿元（其中，上年结转合同额 23 373.14 亿元），同比增长 6.48%。

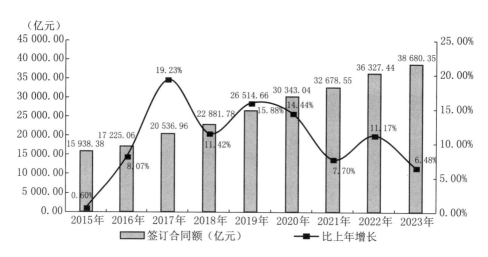

图31　2015—2023年上海市建筑施工企业签订合同额

2023年，上海建筑施工企业当年新签合同额15 307.21亿元，同比减少4.20%。

图32　2015—2023年上海市建筑施工企业当年新签合同额

2023年，上海市建筑施工企业当年新签合同额在当年合同总额中的占比为39.57%，同比减少了4.41个百分点。

图 33　2015—2023 年上海市建筑施工企业当年合同总额中新签合同额占比

2023 年，上海特级资质施工企业当年新签订合同额 10 056.23 亿元，同比减少 11.17%。

表 46　2018—2023 年上海市不同资质等级建筑施工企业当年新签合同额统计

单位：亿元

企业资质	2018 年	2019 年	2020 年	2021 年	2022 年	2023 年	2023 年同比
特级	6 663.61	7 431.49	8 780.95	9 971.34	11 320.38	10 056.23	−11.17%
一级	3 434.86	3 509.16	3 363.68	3 369.79	3 259.50	3 632.22	11.43%
二级	1 004.43	1 027.61	946.56	940.78	811.81	950.87	17.13%
三级	557.06	589.08	533.19	531.15	576.86	656.91	13.88%

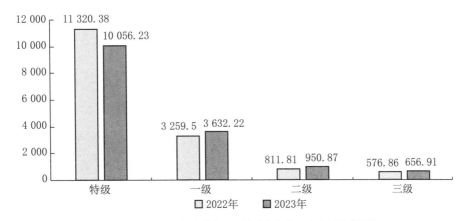

图 34　2022—2023 年上海市不同资质等级施工企业新签合同额

2023年，上海特级资质施工企业当年新签合同额占行业新签合同额的比重为65.70%，占比下降5.15个百分点。

表47　2018—2023年上海市不同资质等级施工企业当年新签合同额占比

	2018 年	2019 年	2020 年	2021 年	2022 年	2023 年
特级	57.10%	59.18%	64.41%	67.27%	70.85%	65.70%
一级	29.43%	27.95%	24.67%	22.73%	20.40%	23.73%
二级	8.61%	8.18%	6.94%	6.35%	5.08%	6.21%
三级	4.77%	4.69%	3.91%	3.58%	3.61%	4.29%
其他	0.09%	/	0.07%	0.06%	0.06%	0.07%

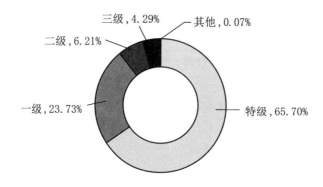

图35　2023年上海市不同资质建筑施工企业当年新签合同额占比

4. 产值利润率

根据上海市统计局数据，2023年上海市建筑施工企业实现利润总额251.73亿元，同比增长1.68%。2023年上海市建筑施工行业产值利润率为2.51%，同比减少0.16个百分点。其中，特级资质企业产值利润率3.28%，同比增长0.15个百分点；一级资质企业产值利润率1.59%，同比减少0.71个百分点。

表 48   2018—2023 年上海市各类资质建筑施工企业产值利润率

企业资质	2018 年	2019 年	2020 年	2021 年	2022 年	2023 年
特级	3.04%	3.23%	3.54%	2.69%	3.13%	3.28%
一级	2.69%	2.52%	1.94%	1.97%	2.30%	1.59%
二级	3.63%	2.70%	0.45%	2.18%	1.99%	1.85%
三级	4.49%	3.46%	2.33%	1.30%	1.92%	2.76%
行业产值利润率	3.19%	3.10%	2.69%	2.44%	2.67%	2.51%

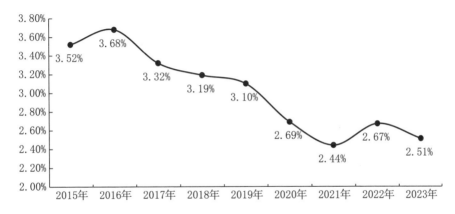

图 36   2015—2023 年上海市建筑施工行业产值利润率

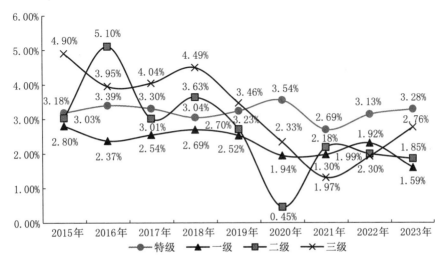

图 37   2015—2023 年上海市各类资质建筑施工企业的产值利润率

5. 招投标

根据上海市建设市场管理信息平台数据，2023 年上海市建设工程施工招标发包 5 179 次，同比增长 83.91%；施工招标发包金额 4 765.57 亿元，同比增长 33.31%。

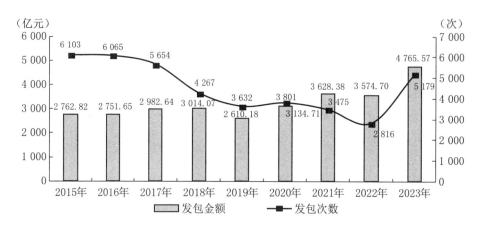

图 38　2015—2023 年上海市建设工程施工发包情况

2023 年，上海市单个建设工程施工项目平均招标发包金额为 9 201.72 万元，同比下降 27.51%。

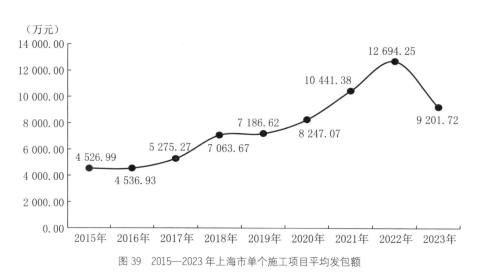

图 39　2015—2023 年上海市单个施工项目平均发包额

　　根据上海市建设市场管理信息平台数据，2020—2023 年上海各专业领域工程施工招标发包额见下表。

表 49　2020—2023 年上海市各专业领域工程施工招标发包额统计

单位：亿元

年份	合计	房屋建筑	市政基础设施（非交通类）	交通工程	装修工程	园林绿化	水务和海洋	修缮工程	城市基础设施维修	其他
2023 年	4 765.57	2 957.51	76.18	880.73	102.77	51.09	255.59	106.84	176.42	158.44
2022 年	3 574.70	2 400.09	14.06	628.83	78.47	42.50	144.33	24.34	124.55	117.53
2021 年	3 628.38	2 373.22	22.00	572.92	83.95	39.70	234.31	38.54	140.83	122.91
2020 年	3 134.71	1 766.99	58.63	628.27	80.37	64.12	139.66	31.34	171.55	193.78
2023 年同比	33.31%	23.22%	441.82%	40.06%	30.97%	20.21%	77.09%	338.95%	41.65%	34.81%

　　根据上海市建设市场管理信息平台数据，2022—2023 年上海建设市场工程施工中标总额排名前 10 的企业及其中标额见下表。

表 50　2022—2023 年上海建设市场工程施工中标额前 10 名企业

2023 年			
序号	企业名称	中标额（亿元）	占比
1	上海建工集团股份有限公司	376.08	7.89%
2	上海建工一建集团有限公司	353.85	7.43%
3	上海建工四建集团有限公司	324.09	6.80%
4	上海建工七建集团有限公司	193.14	4.05%
5	上海建工智慧营造有限公司	176.08	3.69%
6	上海建工二建集团有限公司	167.33	3.51%
7	中国建筑第八工程局有限公司	164.48	3.45%
8	中铁二十四局集团有限公司	157.64	3.31%
9	上海建工五建集团有限公司	134.31	2.82%
10	上海市浦东新区建设（集团）有限公司	113.81	2.39%

续　表

2022 年

序号	企业名称	中标额（亿元）	占比
1	上海建工二建集团有限公司	331.50	9.27%
2	上海建工集团股份有限公司	267.27	7.48%
3	上海建工四建集团有限公司	228.12	6.38%
4	上海建工一建集团有限公司	204.65	5.72%
5	上海建工七建集团有限公司	168.07	4.70%
6	中国建筑第八工程局有限公司	148.71	4.16%
7	上海建工五建集团有限公司	113.33	3.17%
8	上海隧道工程有限公司	104.73	2.93%
9	上海市浦东新区建设（集团）有限公司	99.79	2.79%
10	上海城建市政工程（集团）有限公司	98.77	2.76%

根据上海市建设市场管理信息平台数据，2023 年上海工程总承包招标发包 322 次，同比增长 20.60%；工程总承包招标发包金额 297.26 亿元，同比下降 6.82%；单个工程总承包项目平均招标发包额 9 231.68 万元，同比下降 22.73%。

表 51　2021—2023 年上海工程总承包招标发包情况

	金额（亿元）	次数（次）	单个工程总承包项目平均发包额（万元）
2023 年	297.26	322	9 231.68
2022 年	319.01	267	11 947.94
2021 年	260.81	279	9 348.03
同比	−6.82%	20.60%	−22.73%

根据上海市建设市场管理信息平台数据，2021—2023 年上海各专业领域工程总承包招标发包额见下表。

表 52　2021—2023 年上海各专业领域工程总承包招标发包额统计

单位：亿元

	合计	房屋建筑	市政基础设施（非交通类）	交通工程	装修工程	园林绿化	水务和海洋	修缮工程	城市基础设施维修	其他
2023 年	297.26	96.85	11.01	53.08	23.36	3.85	22.25	6.75	33.28	46.83
2022 年	319.01	186.03	23.13	5.37	30.12	19.92	14.13	7.57	29.06	3.68
2021 年	260.81	128.58	3.34	32.63	20.43	7.48	3.79	7.50	39.52	17.54
2023 年同比	−6.82%	−47.94%	−52.40%	888.45%	−22.44%	−80.67%	57.47%	−10.83%	14.52%	1 172.55%

6. 合同信息报送

根据上海市建设市场管理信息平台数据，2023 年完成上海市内工程施工合同信息报送的工程项目合计 8 320 个，同比增长 18.81%；合同总价 5 582.98 亿元，同比增长 8.34%。2023 年完成工程总承包合同信息报送的工程项目合计 314 个，同比增长 25.10%；合同总价 293.54 亿元，同比下降 16.05%。

表 53　2021—2023 年上海工程施工及工程总承包合同信息报送统计

	工程施工		工程总承包	
	报送项目数（个）	合同金额（亿元）	报送项目数（个）	合同金额（亿元）
2023 年	8 320	5 582.98	314	293.54
2022 年	7 003	5 153.12	251	349.67
2021 年	9 027	5 148.49	154	139.15
2023 年同比	18.81%	8.34%	25.10%	−16.05%

根据上海市建设市场管理信息平台数据，2021—2023 年按专业领域工程施工合同信息报送统计见下表。

表 54　2021—2023 年上海各专业领域工程施工合同信息报送统计

单位：亿元

	合计	房屋建筑	市政基础设施（非交通类）	交通工程	装修工程	园林绿化	水务和海洋	修缮工程	城市基础设施维修	其他
2023 年	5 582.98	3 908.97	76.69	737.35	255.66	53.46	271	38.13	119.99	121.73
2022 年	5 153.12	3 835.64	12.73	622.38	241.37	46.11	111.01	32.92	78.52	172.44
2021 年	5 148.49	3 843.85	19.84	478.89	282.55	38.12	231.01	45.62	108.55	100.06
2023 年同比	8.34%	1.91%	502.44%	18.47%	5.92%	15.94%	144.12%	15.83%	52.81%	−29.41%

根据上海市建设市场管理信息平台数据，2021—2023 年按专业领域工程总承包合同信息报送统计见下表。

表 55　2021—2023 年上海各专业领域工程总承包合同信息报送统计

单位：亿元

	合计	房屋建筑	市政基础设施（非交通类）	交通工程	装修工程	园林绿化	水务和海洋	修缮工程	城市基础设施维修	其他
2023 年	293.54	107.71	11.01	52.03	23.7	4.1	22.72	7.62	25.08	39.57
2022 年	349.67	210.18	23.13	6.00	26.66	19.88	12.93	5.84	42.22	2.83
2021 年	139.15	93.20	11.11	5.85	11.15	1.07	1.99	6.18	6.46	2.14
2023 年同比	−16.05%	−48.75%	−52.40%	767.17%	−11.10%	−79.38%	75.72%	30.48%	−40.60%	1 298.23%

7. 上海及外省市进沪前 30 名

（1）企业产值规模

根据上海市建筑施工行业协会对上海市前 30 名和外省市进沪前 30 名企

业统计结果，2023 年上海及外省市进沪前 30 名企业实现产值 3 737.29 亿元，同比增长 4.67%。

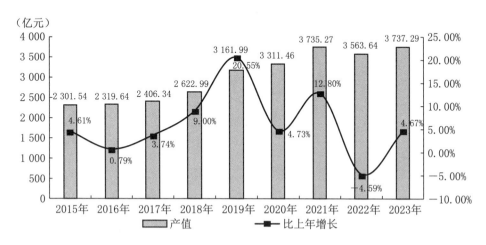

图 40　2015—2023 年本市及外省市进沪前 30 名（60 家）企业产值及增速

按企业地域划分，本市施工企业前 30 名企业实现产值 3 352.02 亿元，同比增长 4.19%。进沪施工企业前 30 名企业实现产值 385.28 亿元，同比增长 9.08%，连续两年正增长。进沪前 30 名企业中，浙江企业 14 家完成产值 159.84 亿元，同比下降 4.30%；江苏企业 8 家完成产值 93.84 亿元，与上年持平；中建企业 6 家完成产值 119.24 亿元，同比增长 29.25%；其他进沪企业 2 家，完成产值 12.26 亿元，同比增长 28.62%。

按企业性质划分，本市前 30 名的企业中国企 18 家、民企 12 家。国企完成产值 3 069.61 亿，同比增长 7.02%，高出前 30 名 60 家企业产值增长率 2.35 个百分点；民企完成产值 282.40 亿，同比下降 19.12%。民企产值占本市前 30 名企业产值比例 8.42%，占比连续六年下降。进沪施工企业中 8 家国企入围前 30 名，完成产值 131.50 亿元，同比增长 29.19%；22 家民企完成产值

253.78 亿元，同比微增 0.94%，产值规模与上年基本持平。

（2）本市前 30 名企业沪外产值

2023 年，本市前 30 名企业沪外产值规模与去年相比呈现收缩态势，30 家企业中 27 家有沪外工程，完成沪外产值 996.36 亿元，同比下降 19.34%。沪外产值占 30 家企业累计完成产值的比例为 29.72%，占比减少 8.67 个百分点。沪外产值占其企业自身总产值 50% 以上的有 10 家，超过 70 亿元的有 6 家，分别比上年减少 1 家和 2 家，其中建工四建、建工一建、隧道工程、五冶上海公司等 4 家企业的沪外产值超过了 100 个亿。

（3）企业项目获奖及科技创新

两组前 30 名共 60 家企业中，16 家企业荣获一项或多项鲁班奖，14 家企业荣获一项或多项国家优质工程奖。两组前 30 名企业创上海市市级优质工程（白玉兰奖）、优质结构、文明工地三类市级奖项 448 项，其中，创白玉兰优质工程 63 项、市优质结构 179 项、市文明工地 206 项，创优数量均超过三类市级奖项当年获奖项目总量的一半。2023 年度本市评出绿色施工 I 类工地 129 项、绿色施工 II 类工地 365 项，其中，前 30 名企业创建或参与创建获得的 I 类工地 114 项、II 类工地 303 项，分别占获奖项目总数的 88.37% 和 83.01%，基本包揽了 2023 年绿色工地的创建。前 30 名企业加强科技投入，注重科技创新与应用，获高新技术企业 15 家，获发明专利 417 项，上年 245 项，同比增长 70%。

（二）企业资质分布

根据上海市建设市场管理信息平台数据，2023 年上海具有施工资质的企业合计 37 633 家，其中，上海市企业 32 719 家，外省市进沪企业 4 914 家。

表 56　2023 年上海市及外省市进沪施工企业资质分布

单位：家

施工资质企业	特级	一级	二级	三级	不分级	劳务
本市	24	3 139	13 921	7 517	3 015	21 086
外省市	194	1 602	2 416	1 953	717	1 243
合计	218	4 741	16 337	9 470	3 732	22 329

表 57　2023 年上海市及外省市进沪施工总承包企业资质分布 ①

单位：家

施工总承包企业资质	特级		一级		二级		三级	
	本市	外省市	本市	外省市	本市	外省市	本市	外省市
建筑工程	17	150	251	308	1 838	355	3 038	919
公路工程	5	47	10	32	56	89	32	106
铁路工程	3	23	1	8		9	4	20
港口与航道工程	2	8	3	1	21	27	7	9
水利水电工程	0	6	6	39	194	112	166	125
市政公用工程	9	46	101	221	1 226	323	2 052	616
电力工程	0	2	13	41	175	126	358	151
矿山工程	0	1		15	3	18	2	17
冶金工程	4	6	4	9	12	25	10	9
石油化工工程	0	9	12	36	88	80	80	73
通信工程	/	/	21	23	204	20	292	29
机电工程	/	/	38	177	191	152	235	384

① 一家企业可能有多项资质，故该表格中资质的数量大于实际企业的数量。

表 58　2023 年上海市及外省市进沪施工专业承包企业资质分布 ①

单位：家

施工专业承包企业资质	一级		二级		三级		不分级	
	本市	外省市	本市	外省市	本市	外省市	本市	外省市
地基基础工程	404	284	675	120	960	314	/	/
起重设备安装工程	43	107	167	85	193	114	/	/
预拌混凝土	/	/	/	/	/	/	139	12
模板脚手架	/	/	/	/	/	/	2 441	361
桥梁工程	18	68	19	60	13	13		
隧道工程	7	58	16	42	6	34	/	/
钢结构工程	79	209	809	271	1 467	557		
环保工程	89	115	743	132	1 437	474		
特种专业工程（建筑物纠偏平移）	/	/	/	/	/	/	62	18
特种专业工程（结构补强专业）	/	/	/	/	/	/	377	152
特种专业工程（特殊设备的起重吊装专业）	/	/	/	/	/	/	83	0
特种专业工程（特种防雷技术专业）	/	/	/	/	/	/	25	1
防水防腐保温工程	463	240	2 815	541	/	/	/	/
建筑装修装饰工程	1 341	744	8 235	1 226	/	/	/	/
建筑幕墙工程	373	280	939	410				
电子与智能化工程	506	303	2 537	436	/	/		
建筑机电安装工程	418	348	1 724	180	2 780	440		
城市及道路照明工程	103	134	265	72	515	220	/	/
消防设施工程	464	299	1 974	668				
古建筑工程	39	106	95	58	125	137	/	/
公路路面工程	9	41	34	37	18	53	/	/
公路路基工程	8	49	27	37	18	55	/	/

① 一家企业可能有多项资质，故该表格中资质的数量大于实际企业的数量。

施工专业承包 企业资质	一级		二级		三级		不分级	
	本市	外省市	本市	外省市	本市	外省市	本市	外省市
公路交通工程（公路安全设施分项）	10	13	67	47	/	/	/	/
公路交通工程（公路机电工程分项）	7	13	75	40	/	/	/	/
铁路铺轨架梁工程	3	17	0	3	/	/	/	/
铁路电务工程	4	8	0	2	2	7	/	/
铁路电气化工程	2	9	0	1	4	5	/	/
机场场道工程	4	18	3	15	/	/	/	/
民航空管工程及机场弱电系统工程	1	0	0	6	/	/	/	/
机场目视助航工程	/	/	0	4	/	/	/	/
港口与海岸工程	1	1	9	1	6	2	/	/
航道工程	0	2	7	3	7	4	/	/
通航建筑物工程	0	1	0	1	0	1	/	/
港航设备安装及水上交管工程	/	/	1	0	/	/	/	/
水工金属结构制作与安装工程专业承包	0	2	2	5	1	14	/	/
水利水电机电安装工程	/	/	1	12	2	14	/	/
河湖整治工程	2	3	35	16	36	27	/	/
输变电工程	2	19	128	37	326	87	/	/
核工程	4	4	0	2	/	/	/	/
海洋石油工程	1	2	2	1	/	/	/	/
施工劳务	/	/	/	/	/	/	/	/

（三）人员分布

根据《上海投资建设统计年鉴2024》，2023年上海建筑施工行业计算劳

动生产率的平均人数为 146.43 万人，同比增长 14.14%。行业工程技术人员

12.86 万人，同比减少 1.30%。

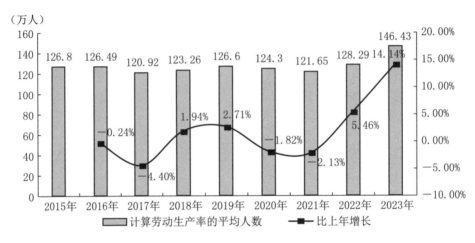

图 41　2015—2023 年上海市建筑施工行业计算劳动生产率的平均人数

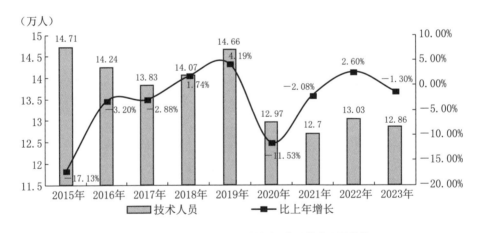

图 42　2015—2023 年上海市建筑施工行业技术人员总数

　　按建筑业总产值计算劳动生产率，2023 年上海建筑业劳动生产率 68.60

万元/人，同比减少 5.10%。

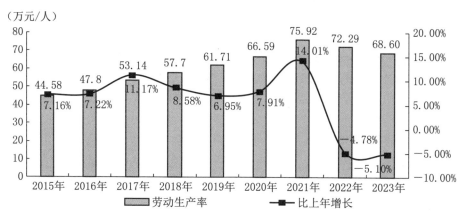

图 43　2015—2023 年上海市按建筑业总产值计算的劳动生产率

四、建设工程咨询

（一）工程监理

1. 经济指标

（1）合同额

根据上海市建设工程咨询行业协会统计数据（参加统计的上海市工程监理企业有 284 家），2023 年上海市工程监理企业承揽合同总额为 865.95 亿元，同比增长 0.12%。其中，承揽工程监理业务合同额 129.16 亿元，同比增长 3.41%，占工程监理企业合同总额的 14.92%。

表 59　2018—2023 年上海市工程监理企业承揽合同额

单位：亿元

年份	合同额合计	工程监理	勘察设计	招标代理	工程造价咨询	工程项目管理与咨询服务	全过程工程咨询	工程施工	其他业务
2023 年	865.95	129.16	134.90	6.53	13.53	25.47	11.02	453.98	91.36

年份	合同额合计	工程监理	勘察设计	招标代理	工程造价咨询	工程项目管理与咨询服务	全过程工程咨询	工程施工	其他业务
2022 年	864.95	124.90	121.60	6.59	12.00	25.73	10.00	433.57	130.56
2021 年	840.63	133.48	125.39	7.21	12.39	22.48	8.04	449.14	82.50
2020 年	672.03	129.62	26.95	6.93	11.75	21.85	/	236.06	238.87
2019 年	537.27	119.92	24.24	6.71	9.91	18.17	/	211.31	147.01
2018 年	224.24	108.04	16.36	5.81	7.82	18.08	/	34.82	33.31
2023 年同比	0.12%	3.41%	10.94%	−0.91%	12.75%	−1.01%	10.20%	4.71%	−30.02%

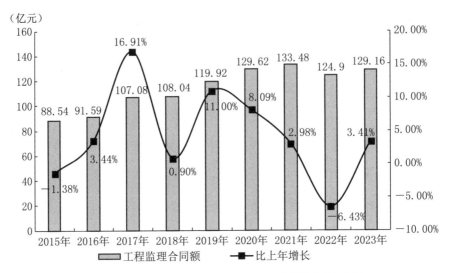

图 44　2015—2023 年上海市工程监理企业承揽的监理合同额

（2）营业收入

根据上海市建设工程咨询行业协会统计数据，2023 年上海市工程监理企业实现营业收入 601.45 亿元，同比增长 17.39%。其中，实现工程监理收入 112.71 亿元，同比增长 8.55%，占营业总收入的 18.74%。

表60　2018—2023年上海市工程监理企业营业收入

单位：亿元

年份	营业收入合计	工程监理	勘察设计	招标代理	工程造价咨询	工程项目管理与咨询服务	全过程工程咨询	工程施工	其他收入
2023 年	601.45	112.71	93.90	6.82	14.39	19.60	3.42	283.83	66.78
2022 年	512.34	103.83	79.31	5.83	13.03	17.32	3.16	254.66	35.18
2021 年	529.14	110.61	74.93	7.54	14.76	17.19	3.31	269.00	31.80
2020 年	418.5	102.05	24.98	6.71	12.85	13.38	/	136.40	122.13
2019 年	317.85	97.92	26.61	7.20	8.02	13.43	/	102.10	62.57
2018 年	198.59	84.94	21.57	5.88	7.69	27.96	/	16.76	33.79
2023 年同比	17.39%	8.55%	18.40%	16.98%	10.44%	13.16%	8.23%	11.45%	89.82%

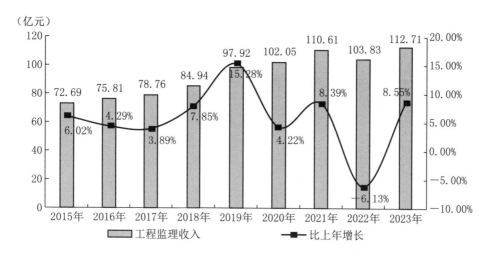

图45　2015—2023年上海市工程监理企业工程监理收入

　　2023 年，上海建设工程监理企业中，工程监理收入达到 1 亿元以上的有 25 家（综合甲级 10 家，甲级 15 家），同比增加 2 家，累计达到 62.10 亿元，占工程监理收入总数的 55.10%。

工程监理收入达到5 000万元—1亿元的有39家（甲级37家，乙级2家），同比增加8家，累计达到27.23亿元，占工程监理收入总数的24.16%。

表61　2023年上海市工程监理企业监理业务规模分布

工程监理业务规模	企业数（家）	实现工程监理收入（亿元）	工程监理收入行业占比
1亿元以上	25	62.10	55.10%
5 000万—1亿元（含）	39	27.23	24.16%
2 000万—5 000万元（含）	50	16.11	14.29%
2 000万元及以下	170	7.27	6.45%

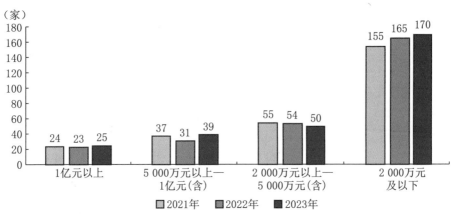

图46　2021—2023年上海市工程监理企业监理业务规模分布

（3）人均产值

根据上海市建设工程咨询行业协会统计数据，2023年上海市工程监理企业人均监理产值（监理业务收入／监理人员）27.75万元，同比增长9.64%。大型监理企业（年度监理业务收入在1亿元以上的企业）人均监理产值[①]为

[①]　大型监理企业中，某家从事电力工程专业的监理企业，因其专业领域和人力资源管理方式不同，监理人均产值异常高于行业合理水平范围，因此剔除该项异常数据再进行比较分析。

28.84 万元，同比增长 8.46%。

表 62　2018—2023 年上海市工程监理企业人均监理产值

单位：万元／人

年份	人均监理产值	同比	大型监理企业人均监理产值（剔除异常数据）	同比
2023 年	27.75	9.64%	28.84	8.46%
2022 年	25.31	−3.32%	26.59	−0.15%
2021 年	26.18	6.46%	26.63	8.38%
2020 年	24.59	2.37%	24.57	4.51%
2019 年	24.02	8.25%	23.51	0.81%
2018 年	22.19	2.07%	23.32	−4.66%

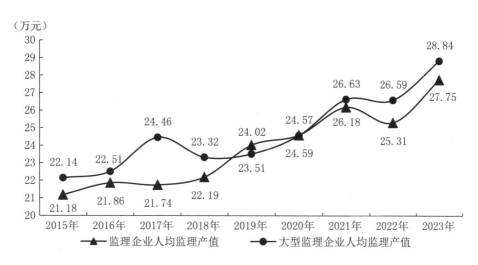

图 47　2015—2023 年上海市工程监理企业人均监理产值

将监理企业按照主营业务专业分类，大型监理企业中，数量最多的是房屋建筑工程专业的企业，2023 年人均监理产值为 28.19 万元；人均监理产值最高的是电力工程专业的企业，2023 年人均监理产值达 207.58 万元。

表63　2023年上海市不同主营业务专业工程监理企业数量及人均产值

主营业务专业	大型监理企业 [①]		全行业监理企业	
	企业数量（家）	人均监理产值（万元）	企业数量（家）	人均监理产值（万元）
电力工程	1	207.58	11	42.96
房屋建筑工程	12	28.19	189	26.12
市政公用工程	7	31.39	52	30.12
水利水电工程	/	/	13	31.17
铁路工程	3	27.43	3	27.43
冶炼工程	1	26.62	1	26.62
港口与航道工程	/	/	5	39.03
航天航空工程	/	/	1	41.75
化工石油工程	/	/	5	20.41
通信工程	1	65.68	4	53.92
机电安装工程	/	/	/	/
矿山工程	/	/	/	/
公路工程	/	/	/	/
农林工程	/	/	/	/

（4）监理取费率

根据上海市建设工程咨询行业协会统计数据，2023年监理取费率（监理合同额/监理项目投资额）为0.42%，同比下降0.09个百分点。其中大型监

图48　2015—2023年上海市工程监理企业监理取费率

① 指上海全行业监理企业中，当年监理业务收入在1亿元以上的企业。

理企业（监理收入 1 亿元以上）取费率为 0.35%，同比下降 0.13 个百分点。

（5）监理招投标

根据上海市建设市场管理信息平台数据，2023 年上海市建设工程监理项目招标发包 1 157 次，同比增长 24.41%；招标发包金额 40.16 亿元，同比增长 5.35%。

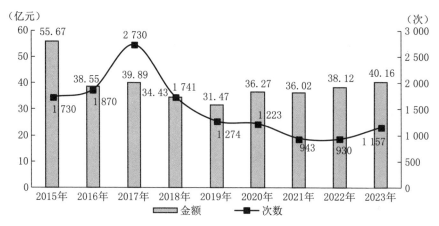

图 49　2015—2023 年上海市监理项目发包情况

2023 年，上海市单个监理项目平均招标发包额为 347.10 万元，同比下降 15.32%。

图 50　2015—2023 年上海市单个监理项目平均发包额

根据上海市建设市场管理信息平台数据，2020—2023年上海市各专业领域工程监理招标发包额数据见下表。

表64 2020—2023年上海市各专业领域工程监理招标发包额统计

单位：亿元

年份	合计	房屋建筑	交通工程	水务和海洋	城市基础设施维修	其他
2023年	40.16	19.06	10.20	3.34	2.13	5.43
2022年	38.12	22.14	8.25	2.24	1.97	3.52
2021年	36.02	21.21	7.76	2.47	1.44	3.14
2020年	36.27	18.82	7.62	2.47	1.74	5.62
2023年同比	5.35%	−13.91%	23.64%	49.11%	8.12%	54.26%

根据上海市建设市场管理信息平台数据，2022—2023年上海市建设市场工程监理中标额排名前十名的企业及其中标额见下表。

表65 2022—2023年上海市建设市场工程监理中标额前十名企业

2023年			
序号	企业名称	中标额（亿元）	当年占比
1	上海建科工程咨询有限公司	5.66	14.10%
2	上海市工程建设咨询监理有限公司	1.91	4.75%
3	上海市合流工程监理有限公司	1.57	3.91%
4	上海浦桥工程建设管理有限公司	1.52	3.77%
5	上海三凯工程咨询有限公司	1.43	3.55%
6	上海宏波工程咨询管理有限公司	1.21	3.01%
7	上海华城工程建设管理有限公司	1.12	2.78%
8	上海同济工程项目管理咨询有限公司	1.05	2.61%
9	上海建浩工程顾问有限公司	0.95	2.37%
10	上海建科工程项目管理有限公司	0.94	2.34%

2022 年

序号	企业名称	中标额（亿元）	当年占比
1	上海建科工程咨询有限公司	3.48	9.13%
2	上海华城工程建设管理有限公司	2.31	6.06%
3	上海市工程建设咨询监理有限公司	1.72	4.51%
4	上海宏波工程咨询管理有限公司	1.44	3.78%
5	上海浦桥工程建设管理有限公司	1.30	3.41%
6	上海三凯工程咨询有限公司	1.28	3.36%
7	上海华建工程建设咨询有限公司	1.03	2.70%
8	上海市合流工程监理有限公司	1.00	2.62%
9	上海振南工程咨询监理有限责任公司	0.96	2.52%
10	上海海龙工程技术发展有限公司	0.94	2.47%

（6）监理合同信息报送

根据上海市建设市场管理信息平台数据，2023 年上海市内建设工程监理合同报送数 4 267 个，同比增长 26.32%；报送合同价 51.12 亿元，同比增长 6.66%。

根据上海市建设市场管理信息平台数据，2020—2023 年各专业领域工程监理合同信息报送数据见下表。

表 66　2020—2023 年上海市各专业领域工程监理合同信息报送数据统计

单位：亿元

年份	合计	房屋建筑	交通工程	水务和海洋	城市基础设施维修	其他
2023 年	51.12	26.11	9.89	3.81	2.57	8.74
2022 年	47.93	30.08	6.36	2	1.9	7.59
2021 年	53.81	34.5	6.76	2.74	2.18	7.63
2020 年	52.14	27.73	8.41	3.14	3.82	9.04
2023 年同比	6.66%	−13.20%	55.50%	90.50%	35.26%	15.15%

（7）监理收入前30名企业

根据上海市建设工程咨询行业协会统计，2023年上海市工程监理企业工程监理业务收入前30名排序见下表。

表 67　2023年上海市工程监理企业工程监理业务收入前30名

序号	企业名称	主营业务	资质等级	监理业务收入（亿元）
1	上海建科工程咨询有限公司	房屋建筑工程	综合甲级	15.61
2	上海天佑工程咨询有限公司	铁路工程	综合甲级	4.04
3	上海市工程建设咨询监理有限公司	房屋建筑工程	综合甲级	3.20
4	上海市建设工程监理咨询有限公司	房屋建筑工程	综合甲级	3.18
5	上海同济工程项目管理咨询有限公司	房屋建筑工程	综合甲级	3.12
6	上海三凯工程咨询有限公司	房屋建筑工程	综合甲级	2.61
7	上海华城工程建设管理有限公司	房屋建筑工程	综合甲级	2.58
8	上海宏波工程咨询管理有限公司	市政公用工程	综合甲级	2.50
9	上海宝钢工程咨询有限公司	冶炼工程	综合甲级	2.40
10	英泰克工程顾问（上海）有限公司	市政公用工程	综合甲级	2.16
11	上海建浩工程顾问有限公司	房屋建筑工程	甲级	2.13
12	上海先行建设监理有限公司	铁路工程	甲级	2.02
13	上海思南电力建设工程监理有限公司	电力工程	甲级	1.87
14	上海三维工程建设咨询有限公司	市政公用工程	甲级	1.72
15	上海智通建设发展股份有限公司	房屋建筑工程	甲级	1.61
16	上海华东铁路建设监理有限公司	铁路工程	甲级	1.46
17	上海浦桥工程建设管理有限公司	市政公用工程	甲级	1.36
18	上海市合流工程监理有限公司	市政公用工程	甲级	1.20
19	上海海龙工程技术发展有限公司	房屋建筑工程	甲级	1.15
20	上海华建工程建设咨询有限公司	房屋建筑工程	甲级	1.08
21	上海信产管理咨询有限公司	通信工程	甲级	1.04
22	上海建通工程建设有限公司	房屋建筑工程	甲级	1.04
23	上海地铁咨询监理科技有限公司	市政公用工程	甲级	1.02
24	上海同济市政公路工程咨询有限公司	市政公用工程	甲级	1.01

序号	企业名称	主营业务	资质等级	监理业务收入（亿元）
25	上海住远建设工程监理有限公司	房屋建筑工程	甲级	1.00
26	上海容基工程项目管理有限公司	房屋建筑工程	甲级	0.94
27	上海建科工程项目管理有限公司	房屋建筑工程	甲级	0.94
28	上海东华工程咨询有限公司	水利水电工程	甲级	0.90
29	上海华东民航机场建设监理有限公司	航天航空工程	甲级	0.89
30	上海电力监理咨询有限公司	电力工程	甲级	0.88

2. 企业资质分布

根据上海市建设市场管理信息平台数据，2023 年上海市具有工程监理资质的企业合计 774 家，其中，上海市企业 361 家，外省市进沪企业 413 家。

表 68　2023 年上海市及外省市进沪工程监理企业资质分布 ①

单位：家

监理企业资质	不分级		甲级		乙级	
	本市	外省市	本市	外省市	本市	外省市
综合资质	10	53	/	/	/	/
房屋建筑工程	/	/	127	242	158	83
铁路工程	/	/	1	7	7	3
航天航空工程	/	/	1	0	1	4
水利水电工程	/	/	5	6	40	18
公路工程	/	/	1	7	14	19
港口与航道工程	/	/	6	2	2	4
通信工程	/	/	4	7	11	20
市政公用工程	/	/	80	146	195	146
冶炼工程	/	/	0	6	0	4

① 一家企业可能有多项资质，故该表格中的资质数量大于实际企业的数量。

监理企业资质	不分级		甲级		乙级	
	本市	外省市	本市	外省市	本市	外省市
农林工程	/	/	1	2	0	2
矿山工程	/	/	0	7	0	7
化工石油工程	/	/	9	23	9	38
电力工程	/	/	8	27	39	83
机电安装工程	/	/	10	27	38	71
事务所资质	/	/	/	/	/	/

3. 人员分布

（1）从业人员

根据上海市建设工程咨询行业协会统计数据，2023 年年末上海市工程监理企业从业人员合计 65 908 人，同比增长 0.03%。其中，监理从业人员 40 613 人，同比减少 1.02%，占年末从业人员总数的 61.62%。

表 69　2018—2023 年上海市工程监理企业从业人员分布

单位：人

年份	期末从业人员	工程监理人员	招标代理人员	工程造价咨询人员	项目管理与咨询服务人员	其他从业人员
2023 年	65 908	40 613	1 017	3 433	9 906	10 939
2022 年	65 888	41 031	1 052	3 086	10 032	10 687
2021 年	66 721	42 251	1 105	3 095	10 976	9 294
2020 年	58 561	41 494	1 028	2 761	4 221	9 057
2019 年	56 980	40 762	1 060	2 133	3 977	9 048
2018 年	51 299	38 276	1 480	2 079	3 978	5 486
2023 年同比	0.03%	−1.02%	−3.33%	11.24%	−1.26%	2.36%

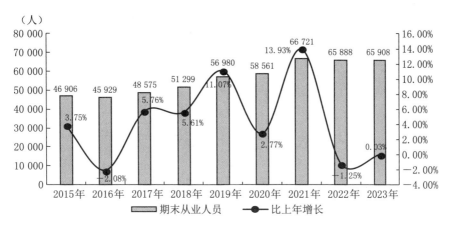

图 51　2015—2023 年上海市工程监理企业期末从业人员总数

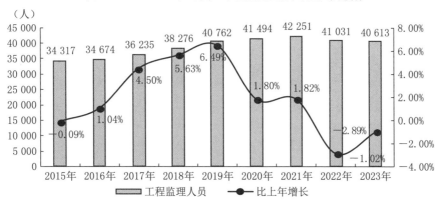

图 52　2015—2023 年上海市工程监理企业工程监理人员总数

图 53　2015—2023 年上海工程监理企业监理人员占从业人员的比重

2023 年，上海工程监理企业从业人员中，30 岁以下人员 14 893 人，同比减少 4.59%，占从业人员的比重为 22.60%。

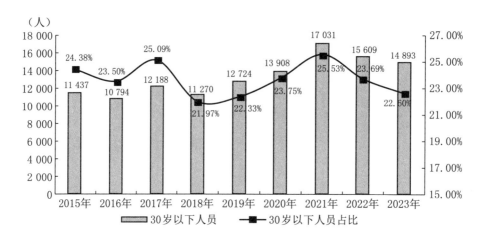

图 54　2015—2023 年上海工程监理企业 30 岁以下人员数量及占从业人员的比重

（2）专业技术人员

2023 年，上海市工程监理企业专业技术人员合计 53 386 人，同比下降 1.49%；专业技术人员占从业人员的比重为 81.00%，同比降低 1.25 个百分点。其中，高级职称人员 9 211 人，同比增长 3.02%，占专业技术人员比重为 17.25%；中级职称人员 20 406 人，同比下降 2.67%，占专业技术人员的比重为 38.22%。

表 70　2018—2023 年上海市工程监理企业专业技术人员职称情况表

单位：人

年份	合计	高级职称人员	中级职称人员	初级职称人员	其他
2023 年	53 386	9 211	20 406	11 123	12 646
2022 年	54 195	8 941	20 966	12 603	11 685
2021 年	52 796	8 222	20 522	12 477	11 575
2020 年	46 654	6 322	17 488	11 124	11 720

续　表

年份	合计	高级职称人员	中级职称人员	初级职称人员	其他
2019 年	46 456	6 157	17 754	11 153	11 392
2018 年	42 808	5 990	17 305	10 513	9 000
2023 年同比	−1.49%	3.02%	−2.67%	−11.74%	8.22%

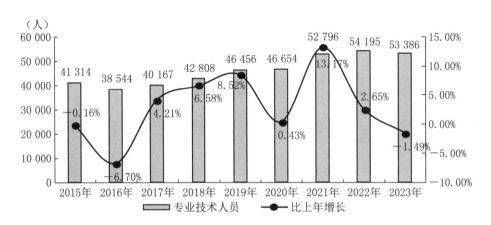

图 55　2015—2023 年上海市工程监理企业专业技术人员总数

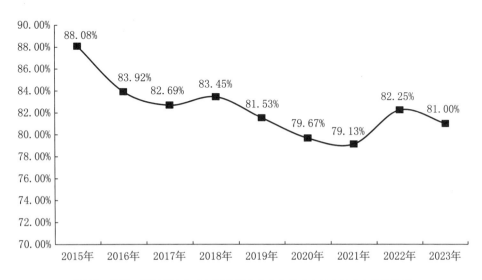

图 56　2015—2023 年上海市工程监理企业专业技术人员占从业人员的比重

（3）注册人员

根据上海市建设工程咨询行业协会统计数据，2023年纳入统计的上海市工程监理企业期末注册人员合计 25 325 人，同比增长 16.16%。其中注册监理工程师 13 005 人，同比增长 19.10%，占监理人员的比重为 32.02%。

表71　2018—2023年上海市工程监理企业注册人员分布

单位：人

年份	合计	注册监理工程师	注册建筑师	注册工程师①	注册建造师	注册造价工程师	注册咨询工程师（投资）	其他注册执业人员②
2023 年	25 325	13 005	274	445	4 347	2 699	1 549	3 006
2022 年	21 802	10 919	250	442	3 962	2 312	1 304	2 613
2021 年	21 096	10 590	199	515	3 778	2 127	1 215	2 672
2020 年	16 662	8 747	75	357	3 114	1 818	694	1 857
2019 年	14 217	7 986	81	138	2 676	1 595	425	1 316
2018 年	12 863	7 945	72	453	2 366	1 474	230	323
2023 年同比	16.16%	19.10%	9.60%	0.68%	9.72%	16.74%	18.79%	15.04%

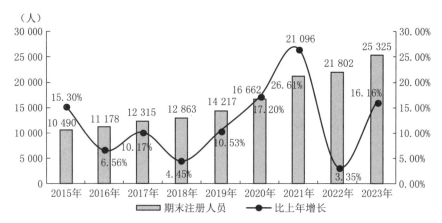

图57　2015—2023年上海市工程监理企业注册人员数量

---

① 注册工程师指取得各类中华人民共和国一、二级勘察设计注册工程师执业资格证书，并在本企业注册的人员。

② 其他注册执业人员指除以上系列外，取得中华人民共和国住房和城乡建设主管部门颁发的其他类别执业资格证书，并在企业注册的人员。

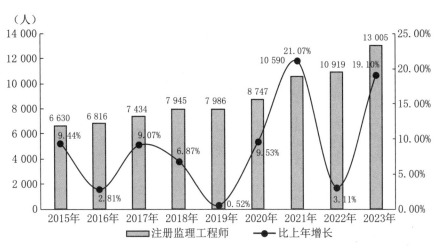

图 58 2015—2023 年上海市工程监理企业注册监理工程师数量

图 59 2015—2023 年上海监理企业注册监理工程师占监理人员的比重

（二）工程造价咨询

1. 经济指标

（1）营业收入

根据上海市建设工程咨询行业协会统计数据（参与统计的上海市工程造价咨询企业有 286 家），2023 年上海市工程造价咨询企业实现营业总收入

401.09 亿元，同比下降 13.20%。其中，实现工程造价咨询业务收入 63.29 亿元，同比增加 3.60%，占营业总收入的 15.78%。

表 72 2018—2023 年上海市工程造价咨询企业营业收入

单位：亿元

年份	营业收入	工程造价咨询业务收入	造价业务收入占比	其他业务收入
2023 年	401.09	63.29	15.78%	337.80
2022 年	462.09	61.09	13.22%	401.00
2021 年	508.91	64.67	12.71%	444.24
2020 年	396.53	58.46	14.74%	338.07
2019 年	182.19	54.57	29.95%	127.62
2018 年	127.25	48.36	38.00%	78.89
2023 年同比	−13.20%	3.60%	提高 2.56 百分点	−15.76%

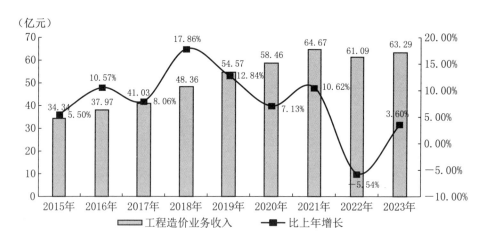

图 60 2015—2023 年上海市工程造价咨询企业工程造价咨询业务收入

2023 年，有 12 家工程造价咨询企业工程造价收入在 1 亿元以上，同比增加 2 家。工程造价收入累计达到 26.90 亿元，占行业工程造价咨询业务收入的 42.50%。

有19家工程造价咨询企业工程造价收入在5 000万元以上—1亿元，同比增加2家。工程造价收入累计达到12.62亿元，占行业工程造价咨询业务收入的19.94%。

表73　2023年上海工程造价咨询企业造价业务规模分布

工程造价业务规模	企业数量 （家）	实现工程造价收入 （亿元）	造价收入 行业占比
1亿元以上	12	26.90	42.50%
5 000万元以上—1亿元（含）	19	12.62	19.94%
3 000万元以上—5 000万元（含）	20	7.81	12.34%
1 000万元以上—3 000万元（含）	65	11.97	18.91%
500万元以上—1 000万元（含）	36	2.65	4.19%
500万元及以下	134	1.34	2.12%

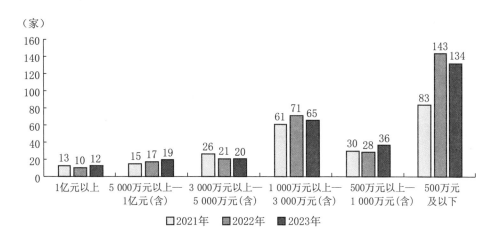

图61　2021—2023年上海市工程造价咨询企业造价业务规模分布

（2）各专业业务收入

按照工程造价咨询业务收入专业类别分类，收入排名前五的专业分别是房屋建筑工程、市政工程、水利工程、城市轨道交通工程及火电工程。

表74 2023年上海市工程造价咨询业务收入专业分类表

专业分类	收入（万元）	占比	去年同期占比
房屋建筑工程	451 605.51	71.35%	73.71%
市政工程	95 778.39	15.13%	12.21%
水利工程	13 895.21	2.20%	1.57%
城市轨道交通工程	10 206.89	1.61%	2.84%
火电工程	7 685.21	1.21%	/

（3）各阶段业务收入

按阶段划分，占比最高的实施阶段/全过程工程造价咨询业务，实现业务收入38.95亿元，占比61.54%；其次是结（决）算阶段造价咨询业务，实现业务收入20.68亿元，占比32.67%。

表75 2023年上海市工程造价咨询收入业务范围分类表

分类	收入（亿元）	占比	去年同期占比
前期决策阶段	2.07	3.27%	3.63%
实施阶段/全过程造价咨询	38.95	61.54%	62.94%
结（决）算阶段造价咨询	20.68	32.67%	30.34%
工程造价经济纠纷的鉴定和仲裁	0.49	0.77%	0.83%
其他	1.10	1.74%	2.26%

图62 2015—2023年上海市工程造价咨询企业实施阶段/全过程造价咨询业务占比

（4）人均产值

根据上海市建设工程咨询行业协会统计数据，2023 年上海市工程造价咨询企业人均造价产值为 57.25 万元，同比增长 7.13%①。

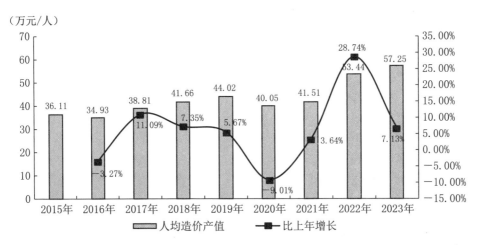

图 63　2015—2023 年上海市工程造价咨询企业人均造价产值

（5）造价收入前 30 名企业

根据上海市建设工程咨询行业协会统计，2023 年上海工程造价咨询企业造价咨询业务收入前 30 名排序见下表。

表 76　2023 年上海市工程造价咨询企业工程造价咨询业务收入前 30 名

序号	企业名称	造价业务收入（亿元）	序号	企业名称	造价业务收入（亿元）
1	立信国际工程咨询有限公司	4.67	3	上海申元工程投资咨询有限公司	3.23
2	上海东方投资监理有限公司	3.27	4	上海财瑞建设管理有限公司	2.67

---

① 住房和城乡建设部 2023 年 1 月发布的"工程造价咨询统计制度（2022 版）"中对工程造价咨询企业的人员指标进行了调整，统计口径变化导致 2022 年工程造价咨询企业人均造价产值数量有较大波动。

续　表

序号	企业名称	造价业务收入（亿元）	序号	企业名称	造价业务收入（亿元）
5	上海第一测量师事务所有限公司	2.48	18	上海明方复兴工程造价咨询有限公司	0.78
6	上海沪港建设咨询有限公司	2.09	19	上海同大工程咨询有限公司	0.70
7	上海正弘建设工程顾问有限公司	1.91	20	上海容基工程项目管理有限公司	0.68
8	上海上咨工程造价咨询有限公司	1.49	21	上海建惠建设咨询有限公司	0.67
9	上海中世建设咨询有限公司	1.47	22	上海巩贤建设咨询有限公司	0.62
10	万隆建设工程咨询集团有限公司	1.41	23	上海信人建设工程造价咨询有限公司	0.61
11	上海联合工程监理造价咨询有限公司	1.11	24	上海东华建设造价咨询有限公司	0.61
12	上海大华工程造价咨询有限公司	1.10	25	上海誉平建设工程咨询有限公司	0.59
13	上海建科造价咨询有限公司	0.86	26	上海云间建设工程咨询有限公司	0.59
14	上海市政工程造价咨询有限公司	0.82	27	上海上咨协实工程顾问有限公司	0.58
15	上海新域工程建设咨询有限公司	0.81	28	上海沪中建设工程造价咨询有限公司	0.55
16	上海伟申工程造价咨询有限公司	0.79	29	上海子亚工程造价咨询有限公司	0.54
17	上海宏同万邦建设工程咨询有限公司	0.79	30	上海文汇工程咨询有限公司	0.53

2. 企业分布

2021 年 6 月，住房和城乡建设部办公厅发布《关于取消工程造价咨询企业资质审批加强事中事后监管的通知》（建办标〔2021〕26 号），自 2021 年 7 月 1 日起，住房和城乡建设主管部门停止工程造价咨询企业资质审批，工程造价咨询企业按照其营业执照经营范围开展业务。

根据上海市建设工程咨询行业协会的统计数据，2023 年纳入协会统计的工程造价咨询企业共 286 家。按主营业务划分①，主营业务为工程造价咨询的企业有 262 家。

表 77　2023 年上海市工程造价咨询企业按主营业务分布

单位：家

企业主营业务	工程造价咨询	招标代理	项目管理	工程咨询	工程监理	勘察设计	全过程工程咨询	会计审计	银行金融	其他
数量	262	193	105	169	86	30	128	8	1	45

3. 人员分布

根据上海市建设工程咨询行业协会统计数据，2023 年上海市工程造价咨询企业从业人员合计 45 255 人，同比增长 1.17%②，其中工程造价咨询人员 11 054 人 ③。

---

① 根据住房和城乡建设部 2023 年 1 月发布的 "工程造价咨询统计制度（2022 版）"，企业主营业务可多选。

② 住房和城乡建设部 2023 年 1 月发布的 "工程造价咨询统计制度（2022 版）" 中，将 "期末从业人员" 定义为报告期最后一日当天在本单位工作并取得工资或其他形式劳动报酬的人员数。而之前的统计制度中，"期末从业人员" 指与工程造价业务相关的从业人员和行政人员。因统计口径变化，故 2022 年上海工程造价咨询企业期末从业人员数量有突变。

③ 指报告期末企业聘用人员中主要从事工程造价咨询工作的人员。

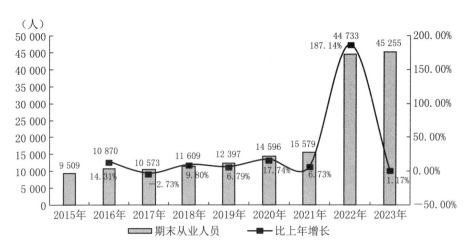

图 64　2015—2023 年上海市工程造价咨询企业期末从业人员总数

2023 年，上海市工程造价咨询企业有注册造价工程师 5 298 人①（其中一级造价工程师 4 837 人，二级造价工程师 461 人），同比增长 8.48%。

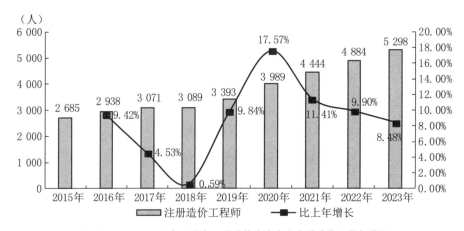

图 65　2015—2023 年上海市工程造价咨询企业注册造价工程师数量

① 根据住房城乡建设部、交通运输部、水利部、人力资源社会保障部关于印发《造价工程师职业资格制度规定》《造价工程师职业资格考试实施办法》的通知（建人〔2018〕67 号），造价工程师分为一级造价工程师和二级造价工程师。2019 年起调整统计调查口径，取消原造价员数据指标，将造价工程师数据指标分为一级造价工程师和二级造价工程师两项。截至 2018 年底，上海工程造价咨询企业共有造价员 1 970 人，目前尚未考取二级造价工程师的造价员尚在正常执业过程中。

（三）工程招标代理

1. 经济指标

（1）合同额

根据上海市建设工程咨询行业协会统计数据（纳入统计的上海市工程招标代理企业有 157 家），2023 年上海市工程招标代理企业新签合同额 210.78 亿元，同比增长 14.21%。其中，工程招标代理业务合同额 19.15 亿元，同比下降 1.64%，占合同总额比重为 9.09%。

表 78 　2018—2023 年上海市工程招标代理企业业务合同额

单位：亿元

年份	合同额合计	同比	工程招标代理业务合同额	同比
2023 年	210.78	14.21%	19.15	−1.64%
2022 年	184.56	8.75%	19.47	4.56%
2021 年	169.71	−0.75%	18.62	−6.71%
2020 年	170.99	15.04%	19.96	12.70%
2019 年	148.63	33.61%	17.71	4.36%
2018 年	112.24	10.83%	16.97	7.95%

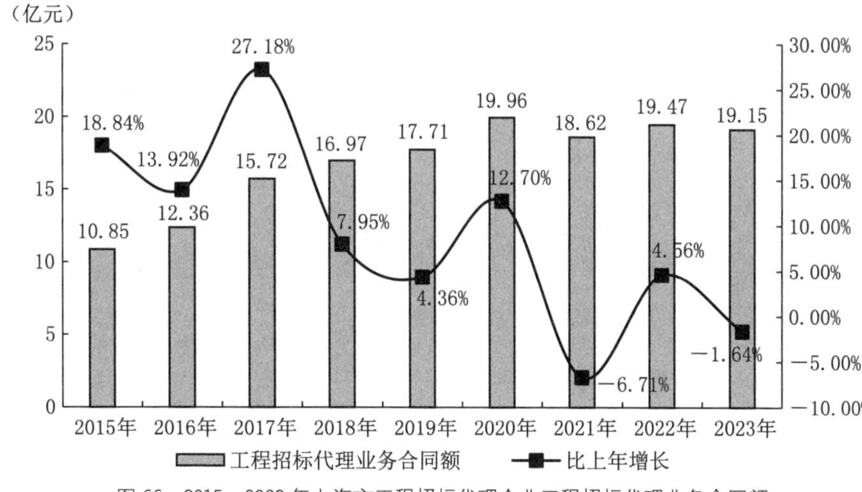

图 66 　2015—2023 年上海市工程招标代理企业工程招标代理业务合同额

（2）营业收入

根据上海市建设工程咨询行业协会统计数据，2023年上海市工程招标代理企业实现营业收入159.10亿元，同比增长3.83%。其中，实现工程招标代理业务收入18.98亿元，同比增长4.23%，占营业收入比重为11.93%。

表79　2018—2023年上海市工程招标代理企业营业收入

单位：亿元

年份	营业收入	工程招标代理收入	工程监理收入	工程造价咨询收入	工程项目管理与咨询服务收入	其他收入
2023 年	159.10	18.98	39.09	55.28	13.07	32.68
2022 年	153.23	18.21	48.61	50.90	14.63	20.87
2021 年	155.70	18.17	42.56	52.75	14.20	28.02
2020 年	177.36	19.16	48.44	49.66	12.47	47.64
2019 年	168.72	19.20	43.70	46.98	11.05	47.78
2018 年	154.77	18.11	43.26	41.62	11.46	40.31
2023 年同比	3.83%	4.23%	−19.58%	8.61%	−10.66%	56.59%

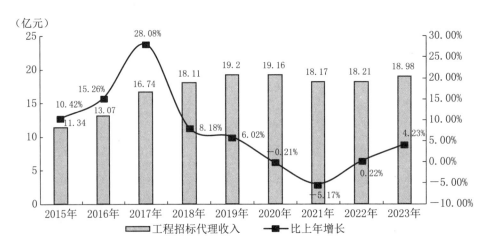

图 67　2015—2023年上海市工程招标代理企业工程招标代理收入

根据上海市建设工程咨询行业协会统计数据，上海市招标代理企业中，工程招标代理收入在 5 000 万元以上的有 6 家，同比增加 2 家。实现招标代理业务收入累计达到 5.67 亿元，占行业招标代理业务收入的 29.87%。

招标代理业务收入在 2 000 万元以上—5 000 万元的有 25 家，同比增加 6 家。实现招标代理业务收入累计达 7.15 亿元，占行业招标代理业务收入的 37.67%。

表 80　2023 年上海工程招标代理企业招标代理业务规模分布

招标代理业务规模	企业数（家）	实现招标代理收入（亿元）	招标代理收入行业占比
5 000 万元以上	6	5.67	29.87%
2 000 万元以上—5 000 万元（含）	25	7.15	37.67%
1 000 万元以上—2 000 万元（含）	25	3.60	18.97%
500 万元以上—1 000 万元（含）	23	1.58	8.32%
500 万元及以下	78	0.98	5.16%

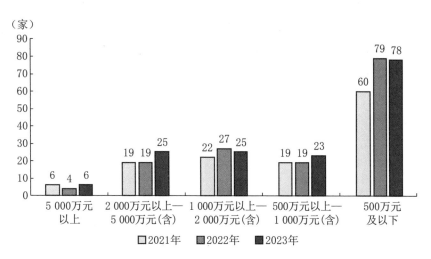

图 68　2021—2023 年上海市工程招标代理企业招标代理业务规模分布

（3）人均产值

根据上海市建设工程咨询行业协会统计数据，2023 年上海工程招标代理企业人均招标代理产值为 52.42 万元，同比减少 18.22%。

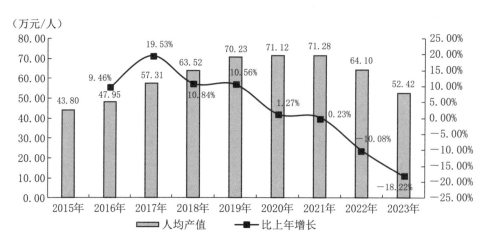

图 69　2015—2023 年上海市工程招标代理企业人均招标代理产值情况

（4）招标代理收入前 30 名企业

根据上海市建设工程咨询行业协会统计，2023 年上海工程招标代理机构招标代理业务收入前 30 名排序见下表。

表 81　2023 年上海市工程招标代理机构招标代理业务收入前 30 名

序号	企业名称	招标代理业务收入（万元）	序号	企业名称	招标代理业务收入（万元）
1	上海百通项目管理咨询有限公司	18 664.88	7	上海颐群建设工程咨询有限公司	4 269.88
2	上海宝华国际招标有限公司	10 309.89	8	上海臻诚建设管理咨询有限公司	3 800.56
3	上海资文建设工程咨询有限公司	8 440.70	9	上海祥浦建设工程监理咨询有限责任公司	3 667.88
4	上海东方投资监理有限公司	6 458.47	10	上海财瑞建设管理有限公司	3 667.73
5	上海建科工程咨询有限公司	6 423.60	11	上海新域工程建设咨询有限公司	3 565.54
6	上海国际招标有限公司	6 376.24	12	上海上投招标有限公司	3 484.02

序号	企业名称	招标代理业务收入（万元）	序号	企业名称	招标代理业务收入（万元）
13	上海联合工程监理造价咨询有限公司	3 318.11	22	上海宣宏项目管理咨询有限公司	2 524.00
14	上海万国建设工程项目管理有限公司	3 259.03	23	上海同济工程咨询有限公司	2 267.29
15	上海碧凌工程咨询有限公司	3 240.53	24	上海中鑫建设咨询有限公司	2 251.80
16	上海康诚建设工程咨询有限公司	2 982.00	25	上海银鑫建设咨询有限公司	2 210.34
17	上海容基工程项目管理有限公司	2 942.95	26	上海上咨建设工程咨询有限公司	2 185.84
18	上海申康卫生基建管理有限公司	2 922.00	27	上海上咨协实工程顾问有限公司	2 169.00
19	上海华升工程造价咨询事务所有限公司	2 898.00	28	上海正弘建设工程顾问有限公司	2 146.38
20	上海科瑞真诚建设项目管理有限公司	2 744.95	29	上海沪港建设咨询有限公司	2 142.06
21	上海亿越工程咨询有限公司	2 700.00	30	上海华瑞建设经济咨询有限公司	2 087.33

2. 企业分布

自 2017 年 12 月 28 日起，各级住房城乡建设部门停止招标代理机构资格审批。根据上海市建设工程咨询行业协会统计数据，2023 年纳入协会统计的招标代理企业共 157 家。

3. 人员分布

根据上海市建设工程咨询行业协会统计数据，2023 年上海市工程招标代理企业从业人员合计 33 395 人，同比增长 2.57%。其中招标代理人员 3 621 人，同比增长 27.46%。

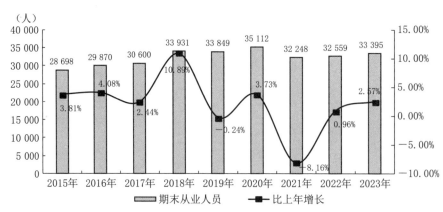

图 70　2015—2023 年上海市工程招标代理企业从业人员总数

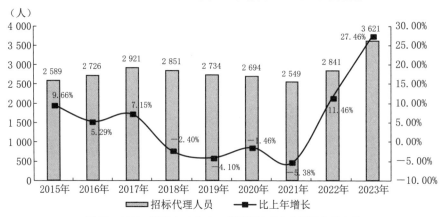

图 71　2015—2023 年上海市工程招标代理企业招标代理人员

根据上海市建设工程咨询行业协会统计数据，2023 年上海市工程招标代理企业专业技术人员合计 25 336 人，同比增长 2.29%。

表 82　2018—2023 年上海市工程招标代理企业专业技术人员分布

单位：人

年份	合计	高级职称人员	中级职称人员	初级职称人员	其他
2023 年	25 336	3 856	10 054	7 426	4 000
2022 年	24 769	3 525	9 594	5 667	5 983
2021 年	22 083	3 033	8 862	5 739	4 449
2020 年	28 005	3 526	10 396	6 583	7 500

年份	合计	高级职称人员	中级职称人员	初级职称人员	其他
2019 年	26 327	3 245	9 707	6 191	7 184
2018 年	21 967	3 066	9 108	5 134	4 659
2023 年同比	2.29%	9.39%	4.79%	31.04%	−33.14%

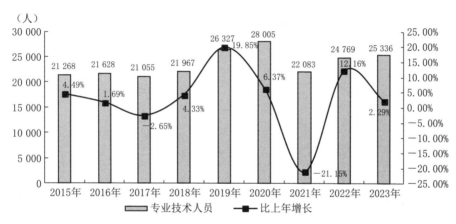

图 72　2015—2023 年上海市工程招标代理企业专业技术人员总数

根据上海市建设工程咨询行业协会统计数据，2023 年上海市工程招标代理企业注册人员合计 11 909 人，同比增长 6.85%。

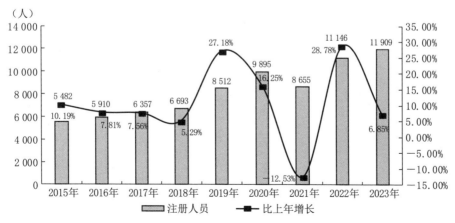

图 73　2015—2023 年上海市工程招标代理企业注册人员总数

五、工程检测

（一）经济指标

　　根据上海市建设工程检测行业协会统计数据，2023年上海对外承接建设工程检测业务的140家检测机构，实现检测业务收入合计43.97亿元，同比增长27.52%；户均检测业务收入为3 140.71万元，同比增长31.17%。

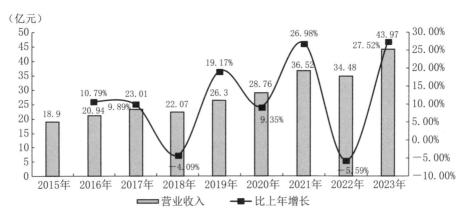

图74　2015—2023年上海市工程检测机构营业收入

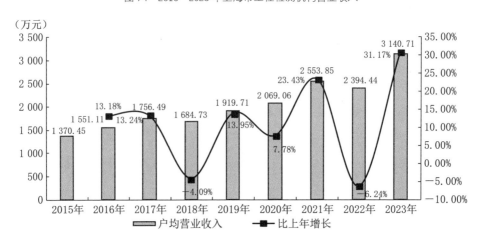

图75　2015—2023年上海市工程检测机构户均营业收入

表 83 2022—2023 年检测机构检测业务收入 TOP10

序号	2022 年	2023 年
1	上海建科检验有限公司	上海建科检验有限公司
2	上海市建筑科学研究院有限公司	上海市建筑科学研究院有限公司
3	上海同丰工程咨询有限公司	同纳检测认证集团有限公司
4	上海浦公检测技术股份有限公司	上海同济检测技术有限公司
5	上海中测行工程检测咨询有限公司	上海浦公检测技术股份有限公司
6	上海同济检测技术有限公司	上海同丰工程咨询有限公司
7	国检测试控股集团上海有限公司	上海中测行工程检测咨询有限公司
8	同纳检测认证集团有限公司	国检测试控股集团上海有限公司
9	上海市市政公路工程检测有限公司	上海浦东房屋质量检测有限公司
10	上海勘测设计研究院有限公司	上海市岩土工程检测中心有限公司

（二）企业资质分布

根据上海市建设工程检测行业协会统计数据，2023 年 140 家检测机构从登记注册类型来看，事业单位 1 家，股份合作企业有 1 家，有限责任公司 38 家，私营企业 99 家，外商投资企业 1 家。

从检测业务看，从事建筑材料检测有 81 家，地基基础检测有 62 家，主体结构检测有 84 家，钢结构检测有 45 家，建筑幕墙检测有 8 家，建筑节能检测 55 家，室内环境检测 67 家。

表 84 上海市建设工程检测机构主要检测业务一览表

单位：家

检测业务类型	2019 年	2020 年	2021 年	2022 年	2023 年
建筑材料	74	76	78	82	81
地基基础	55	54	57	62	62
主体结构	61	65	73	83	84
钢结构	27	35	38	42	45

检测业务类型	2019 年	2020 年	2021 年	2022 年	2023 年
建筑幕墙	7	7	7	8	8
建筑节能	57	58	57	57	55
室内环境	63	67	73	70	67

（三）人员分布

根据上海市建设工程检测行业协会统计数据，2023 年上海工程检测机构期末从业人员合计 10 983 人，同比增长 2.25%。

表 85　2019—2023 年上海市建设工程检测机构从业人员分布

单位：人

统计指标	2019 年	2020 年	2021 年	2022 年	2023 年
一、检测机构总人数	9 392	9 983	10 625	10 741	10 983
二、技术人员文化程度					
其中：硕士以上	1 053	1 114	1 153	1 201	1 291
其中：本科	3 796	4 144	4 528	4 716	4 883
其中：大专	2 468	2 702	2 840	2 880	2 888
三、技术人员职称					
其中：高级职称	1 157	1 204	1 323	1 381	1 550
其中：中级职称	2 089	2 373	2 440	2 677	2 842

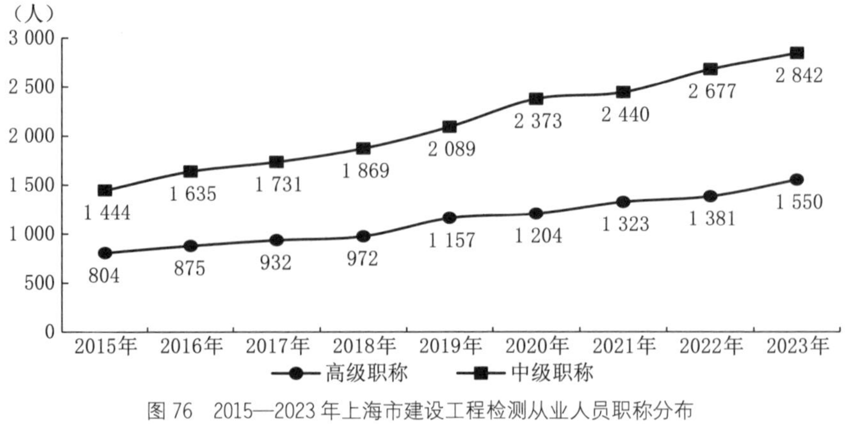

图 76　2015—2023 年上海市建设工程检测从业人员职称分布

六、建材使用

（一）重点监管建材 ①

1. 钢结构工程用钢

根据上海市建材监管信息系统数据，2023 年钢结构工程用钢在上海房屋建筑工程工地的报送量为 65.01 万吨，同比减少 48.68%。截至 2024 年 2 月底，在上海市建材监管信息系统备案的钢结构工程用钢企业有 264 家，其中，本地企业 99 家，外地企业 165 家。

表 86　2021—2023 年钢结构工程用钢在上海房屋建筑工程工地的报送量

单位：万吨

钢结构工程用钢	2021 年	2022 年	2023 年
报送量	120.18	126.67	65.01
同比	5.14%	5.40%	−48.68%

2. 钢筋混凝土结构用钢筋

根据上海市建材监管信息系统数据，2023 年钢筋混凝土结构用钢筋在上海房屋建筑工程工地的报送量为 746.28 万吨，同比增加 42.97%。截至 2024 年 2 月底，在上海市建材监管信息系统备案的钢筋生产企业 162 家，其中，本地企业 35 家，外地企业 127 家；在上海市建材监管信息系统备案的钢筋贸易企业 1 190 家，其中，本地企业 994 家，外地企业 196 家。

---

① 建材报送量及备案企业数据来源于"上海市建材监管信息系统"记录的本市行政辖区内，新、改、扩房屋建筑工程中，各类建材的信息报送数据，统计口径与以往相比发生变化。

表 87　2021—2023 年钢筋混凝土结构用钢筋在上海房屋建筑工程工地的报送量

单位：万吨

钢筋混凝土结构用钢筋	2021 年	2022 年	2023 年
报送量	541.07	522.00	746.28
同比	−40.42%	3.52%	42.97%

3. 商品混凝土

根据上海市建材监管信息系统数据，2023 年商品混凝土在上海房屋建筑工程工地的报送量为 5 673.55 万立方米，同比增加 27.46%。截至 2024 年 2 月底，在上海市建材监管信息系统备案的商品混凝土企业 154 家，其中，本地企业 151 家，外地企业 3 家。

表 88　2021—2023 年商品混凝土在上海房屋建筑工程工地的报送量

单位：万立方米

商品混凝土	2021 年	2022 年	2023 年
报送量	4 664.71	4 451.33	5 673.55
同比	14.19%	−4.57%	27.46%

4. 装配式建筑混凝土预制构件

根据上海市建材监管信息系统数据，2023 年装配式混凝土预制构件在上海房屋建筑工程工地的报送量为 176.58 万立方米，同比减少 3.90%。截至 2024 年 2 月底，在上海市建材监管信息系统备案的装配式建筑混凝土预制构件企业 147 家，其中，本地企业 26 家，外地企业 121 家。

表 89　2021—2023 年装配式建筑混凝土预制构件在上海房屋建筑工程工地的报送量

单位：万立方米

装配式建筑混凝土预制构件	2021 年	2022 年	2023 年
报送量	182.12	183.74	176.58
同比	23.40%	0.89%	−3.90%

5. 预制桩

根据上海市建材监管信息系统数据，2023 年预制桩（方桩）在上海房屋建筑工程工地的报送量为 53.9 万立方米，同比增长 8.32%。预制桩（管桩）在上海房屋建筑工程工地的报送量为 679.33 万米，同比减少 10.53%。

截至 2023 年 2 月底，在上海市建材监管信息系统备案的预制桩生产企业 48 家，其中，本地企业 12 家，外地企业 36 家。

表 90　2021—2023 年预制桩在上海房屋建筑工程工地的报送量

预制桩		2021 年	2022 年	2023 年
预制桩 （方桩）	报送量（万立方米）	32.19	49.76	53.9
	同比	−2.13%	54.58%	8.32%
预制桩 （管桩）	报送量（万米）	935.77	759.32	679.33
	同比	−26.03%	−18.86%	−10.53%

6. 水泥

根据上海市建材监管信息系统数据，2023 年水泥（含中转散装水泥）在上海房屋建筑工程工地的报送量为 999.82 万吨，同比增长 131.16%。截至 2024 年 2 月底，在上海市建材监管信息系统备案的水泥生产企业 118 家，其中，本地企业 39 家，外地企业 79 家。

表 91　2021—2023 年水泥（含中转散装水泥）在上海房屋建筑工程工地的报送量

单位：万吨

水泥（含中转散装水泥）	2021 年	2022 年	2023 年
报送量	389.09	432.52	999.82
同比	11.12%	11.16%	131.16%

7. 外墙保温系统

根据上海市建材监管信息系统数据，2023 年外墙保温系统在上海房屋建筑工程工地的报送量为 1 357 万平方米，同比增长 82.40%。

截至 2024 年 2 月底，在上海市建材监管信息系统备案的外墙保温系统生产企业 92 家，其中，本地企业 25 家，外地企业 67 家。

表 92　2021—2023 年外墙保温系统在上海房屋建筑工程工地的报送量

单位：万平方米

外墙保温系统	2021 年	2022 年	2023 年
报送量	604.04	743.98	1 357
同比	−7.41%	23.17%	82.40%

8. 防水材料

根据上海市建材监管信息系统数据，2023 年防水卷材在上海房屋建筑工程工地的报送量为 5 357.41 万平方米，同比增加 50.39%；防水涂料在上海房屋建筑工程工地的报送量为 10.87 万吨，同比增长 57.31%。

截至 2024 年 2 月底，在上海市建材监管信息系统备案的防水卷材生产企业 169 家，其中，本地企业 15 家，外地企业 154 家。在上海市建材监管信息系统备案的防水涂料生产企业 218 家，其中，本地企业 85 家，外地企业 133 家。

表 93　2021—2023 年防水材料在上海房屋建筑工程工地的报送量

		2021 年	2022 年	2023 年
防水卷材	报送量（万平方米）	3 688.85	3 562.40	5 357.41
	同比	11.23%	−3.43%	50.39%
防水涂料	报送量（万吨）	2.85	6.91	10.87
	同比	32.56%	142.46%	57.31%

9. 建筑门窗

根据上海市建材监管信息系统数据，2023 年建筑门窗在上海房屋建筑工程工地的报送量为 86.39 万平方米，同比减少 75.45%。截至 2024 年 2 月底，在上海市建材监管信息系统备案的建筑门窗生产企业 510 家，其中，本地企业 355 家，外地企业 155 家。

表 94 2021—2023 年建筑门窗在上海房屋建筑工程工地的报送量

单位：万平方米

建筑门窗	2021 年	2022 年	2023 年
报送量	494.20	351.94	86.39
同比	37.91%	−28.79%	−75.45%

（二）建材抽检合格情况

截至 2023 年年底，全市建设工程检测建材数据 2 858 170 个，合格 2 856 929 个，平均合格率 99.96%，比去年同期上升 0.01 个百分点。

表 95 2023 年上海市建材检测合格情况

检测项目		检测量（组）	不合格量（组）	合格率（%）
混凝土	抗压（商品）	1 712 925	262	99.98
	抗渗（商品）	93 360	3	100
钢材	原材	342 226	146	99.96
	焊接	340 710	223	99.93
	机械连接	152 357	401	99.74
砂浆（商品）		146 817	83	99.94
墙体材料		15 272	74	99.52
防水材料		20 459	6	99.97
节能材料		34 044	43	99.87

七、行业监管

（一）现场巡查

根据上海市建设工程安全质量监督总站数据，2023 年，市住房和城乡建设管理委组织对本市在建工程中的 75 个工地进行了巡查，同比上升 127.3%；另对 10 个已巡查的工地实施了"回头看"检查。巡查过程中共开具行政处置建议书 75 份，其中，建议整改项目 75 个，建议行政处罚项目 32 个，建议局部暂缓施工项目 62 个，建议暂停施工项目 1 个。

表 96　2023 年市住房城乡建设管理委巡查情况

时间	巡查工地数	巡查结果				
		建议整改项目（个）	建议行政处罚项目（个）	建议局部暂缓项目（个）	建议暂停施工项目（个）	行政处置建议书（份）
2023 年 1 月	0	0	0	0	0	0
2023 年 2 月	0	0	0	0	0	0
2023 年 3 月	10	10	3	7	0	10
2023 年 4 月	8	8	1	5	0	8
2023 年 5 月	8	8	6	8	0	8
2023 年 6 月	9	9	3	8	0	9
2023 年 7 月	9	9	5	8	0	9
2023 年 8 月	10	10	5	9	0	10
2023 年 9 月	8	8	5	6	1	8
2023 年 10 月	7	7	1	5	0	7
2023 年 11 月	6	6	3	6	0	6
2023 年 12 月	0	0	0	0	0	0
合计	75	75	32	62	1	75

（二）安全质量

1. 质量

根据上海市建设工程安全质量监督总站数据，2023 年全市建设工程质量事故上报零起。

截至 2023 年年底，全市建设工程检测工程数据 8 540 399 个，合格 8 538 876 个，平均合格率 99.98%，比去年同期上升 0.01 个百分点。

表 97　2023 年上海市建设工程安全质量监督总站工程检测统计

	检测项目	检测量	不合格量	合格率（%）
基桩	低应变（根）	948 913	90	99.99
	高应变（根）	2 038	0	100
	静载（根）	27 454	0	100
钢结构	焊缝（条）	7 344 960	0	100
主体结构	混凝土强度（构件）	68 498	1 418	97.93
	钢筋保护层（组）	104 811	1	100
	钢筋拉拔（组）	35 135	8	99.98
节能现场	门窗气密性（组）	2 166	2	99.91
	节能构造钻芯（组）	6 424	4	99.94

2. 安全

根据上海市建设工程安全质量监督总站数据，2023 年本市建设工程累计发生因工死亡事故 19 起，死亡 19 人，与去年同期（17 起 19 人）相比，事故起数上升了 11.8%，死亡人数持平。

2023 年全年，发生的 19 起安全事故中，高空坠落有 9 起，占安全事故总量的 47.4%；其次是起重伤害 7 起；物体打击 2 起，坍塌 1 起。

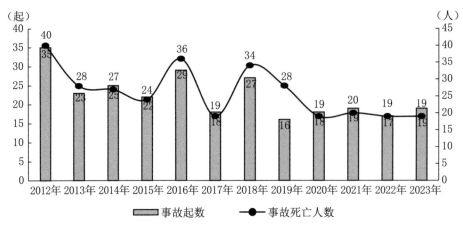

图 77　2012—2023 年上海市建设工程安全事故起数及事故死亡人数

（三）行政处罚

1. 市区两级行政处罚

2023 年全市建设工程市区两级监督机构共实施行政处罚结案 2 051 起，同比上升了 28.8%；收缴罚款 6 230.06 万元，同比上升了 60.7%。共对 39 家施工企业暂扣安全生产许可证。

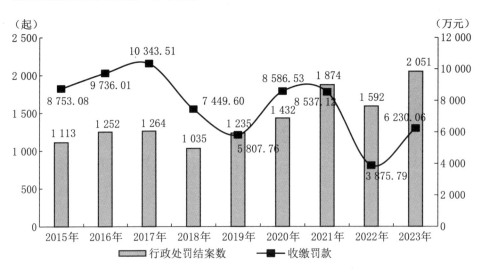

图 78　2015—2023 年上海市区两级行政处罚结案数及收缴罚款

2. 行政处罚类型

根据上海市建设工程安全质量监督总站数据，2023年行政处罚违规行为排名前四的分别是安全（536起，同比上升了86.1%），建设程序（506起，同比上升了38.6%），其他（320起，同比上升了64.9%），监理（196起，同比上升了70.4%）。

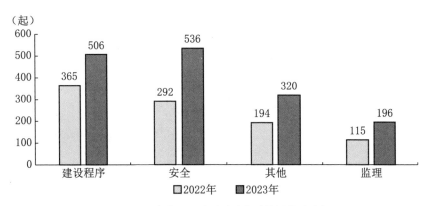

图 79　2022 年和 2023 年上海市行政处罚类别对比

八、科技创新

根据市住房城乡建设管理委统计结果，2023年上海有10个项目获得华夏建设科技奖，其中1个项目获一等奖，6个项目获二等奖，3个项目获三等奖。

表 98　2023 年上海市获华夏建设科技奖的项目名单

序号	项目名称	主要完成单位	获奖等级
1	既有建筑及社区综合防灾减灾改造与韧性提升关键技术	上海市建筑科学研究院有限公司、清华大学、山东建筑大学、中国建筑科学研究院有限公司、上海建工四建集团有限公司	一等奖

序号	项目名称	主要完成单位	获奖等级
2	复杂城区地下工程泥浆控制与绿色处置关键技术	上海市基础工程集团有限公司、上海市城市建设设计研究总院（集团）有限公司、中国建筑科学研究院有限公司、同济大学、中铁十四局集团大盾构工程有限公司、嘉兴市轨道与铁路交通投资集团有限责任公司、上海尔速机械设备有限公司、上海悠远建筑工程有限公司	二等奖
3	长江经济带典型滨水生态空间建设治理关键技术及工程应用	上海市园林设计研究总院有限公司、上海生态景观水环境工程技术研究中心、西南交通大学、上海园林（集团）有限公司	二等奖
4	时速600公里高速磁浮系统轨道梁制造、安装关键技术研究与实施	上海市安装工程集团有限公司、同济大学、上海建工建材科技集团股份有限公司	二等奖
5	双向交叉叠放大跨胶合木网壳—索组合结构设计建造关键技术与应用	上海建筑设计研究院有限公司、同济大学、上海思卡福建筑科技有限公司、苏州昆仑绿建木结构科技股份有限公司、巨力索具股份有限公司、广东坚朗五金制品股份有限公司、太原植物园	二等奖
6	大型国际交通枢纽复杂交通智能调控技术与示范	上海市政工程设计研究总院（集团）有限公司、上海申虹投资发展有限公司、同济大学、上海城市交通设计院有限公司、北京大希科技有限公司	二等奖
7	垂直运输机械防坠安全保护产品全生命周期数智管控关键技术研究与应用	上海市建筑科学研究院科技发展有限公司、上海市建筑科学研究院有限公司	二等奖
8	软土逆作深基坑高层建筑双向同步工业化建造技术	上海建工一建集团有限公司	三等奖
9	特大悬挑钢结构施工关键技术研究及示范应用	上海建工七建集团有限公司、上海祥谷钢结构工程有限公司	三等奖
10	高速公路路面动态养护决策支持关键技术研究	上海市市政规划设计研究院有限公司、上海市市政公路工程检测有限公司、上海城投公路投资（集团）有限公司、长沙理工大学	三等奖

第三章　上海市建筑业发展特点

2023 年，上海市努力克服外部环境冲击、市场需求偏弱等困难，经济总体呈现持续恢复、回升向好态势。在全市实现地区生产总值 47 218.66 亿元，比上年增长 5.0% 的情况下，上海市建筑业总产值首次迈上万亿元台阶，达到 10 045.79 亿元，比上年增长 8.9%。全年实现建筑业增加值 882.25 亿元，比上年增长 16.8%，为全市经济实现质的有效提升和量的合理增长提供了有力支撑。但在固定资产投资增速放缓，特别是在房地产开发投资连续下降的情况下，作为产业链前端的勘察设计行业增长动力不足，专业发展分化，外省市业务拓展难度加大，工程总承包业务成为企业业务规模拉动关键。建设工程咨询企业监理、造价、招标代理业务规模总体上涨，进入全国前百名企业数量多，企业多元化发展趋势明显，以监理为代表的建设工程咨询企业人才结构进一步优化。

一、勘察设计

（一）固定资产投资增速放缓，行业增长动力不足

2023 年，全国固定资产投资同比增长 3.0%，增速同比降低 2.1 个百分

点；2024 年上半年，全国固定资产投资同比增长 3.9%，略高于上一年同期水平。全国基础设施投资增速放缓，2022 年固定资产投资增速达 9.4%，2023 年为 5.9%，2024 年上半年为 5.4%。全国房地产开发投资于 2022 年开始连续下降，2022 年、2023 年、2024 年上半年分别下降 10.0%、9.6% 和 10.1%。

固定资产投资增速放缓导致勘察设计行业增长动力不足，增长压力加大。根据上海市勘察设计行业协会统计数据，2023 年上海勘察设计企业新签工程设计合同额比 2022 年减少 4.36%，比 2021 年减少 8.18%；2023 年实现工程设计收入虽然相比 2022 年增长了 9.06%，但相比 2021 年仍减少了 1.47%。此外，根据对 54 家含工程技术服务业务的上市企业半年报分析，上述企业 2024 年上半年实现营收同比下降 8.7%，实现净利润同比下降 19.2%，应收账款周转天数也由 59.3 天延长至 305.3 天。由此可以看出，虽然上海勘察设计行业 2023 年部分数据依旧有增长趋势，但因全国固定资产投资增速下滑，特别是全国房地产开发投资连续下降，依靠基础设施投资和房地产投资的高速发展不再持续，作为产业链最前端的勘察设计行业增长压力加大。

（二）工程总承包业务占比增高，成为企业业务规模拉动关键

根据上海市勘察设计行业协会统计数据，2023 年，上海纳入行业统计的 1 333 家企业（有勘察设计资质的企业）中，主营业务为勘察的企业占 5.63%，主营业务为设计的企业占 59.71%，主营业务为施工的企业占比达 34.28%。2018—2023 年，纳入行业统计的勘察设计企业实现勘察设计收入占比在 6% 左右，而工程总承包业务占比则高达 40%。

根据上海 20 家大型勘察设计样本企业抽样统计结果，2018—2023 年，上

海大型勘察设计样本企业实现营业收入年均复合增长约15%，而工程总承包收入年均复合增长达27%；工程总承包业务占比由2018年的31.78%逐年提升至2023年的56.09%。2018—2023年，大型勘察设计样本企业在上海以外区域收入中，工程总承包业务占比也由17.73%增长至60.93%。工程总承包业务规模占比高、业务增速快，成为勘察设计企业业务规模拉动关键。

（三）上海市以外区域业务占比维持高位，但外地业务拓展难度加大

根据上海市建设市场管理信息平台数据，2019年至今，上海工程设计发包金额基本在60亿元上下，完成设计合同信息报送的项目合同总额在80亿元左右，上海本地设计发包额、设计合同信息报送金额均无明显增长。在本地业务规模相对有限的情况下，上海勘察设计企业为谋求业务增长，积极布局全国市场，拓展上海以外区域业务。根据勘察设计企业抽样统计结果，2018—2023年，大型勘察设计样本企业在上海以外区域实现的业务收入占比由40.74%持续增长至2023年的63.58%。2023年上海大型勘察设计样本企业上海以外区域当年新签合同额占当年新签合同额的比重也达到了62.23%。虽然上海勘察设计企业在上海以外区域业务占比持续维持高位，但受全国固定资产投资增速放缓、行业经济环境下行等因素影响，外地业务拓展难度加大。2018—2023年，大型勘察设计样本企业上海以外区域当年新签合同额占比在2022年达到最高点75.36%后，2023年外地区域新签合同额占比下滑了13.13个百分点。此外，在房地产转型和地方政府债务压力影响下，部分地区存在项目停工或延期支付等问题，外省市业务回款压力大，也对业务拓展造成不利影响。

（四）专业发展分化，电力、核工程等细分领域增长明显

根据上海市建设市场管理信息平台数据，2023 年，上海设计发包金额 56.37 亿元，同比减少 8.40%；房屋建筑工程专业设计发包金额 26.24 亿元，同比减少 29.65%。2017—2023 年，上海房屋建筑工程专业设计发包金额占比由 65.65% 下降至 46.55%。从样本企业看，2023 年，房建类设计院当年新签合同额增速为 2.29%，市政类设计院当年新签合同额增速为 6.27%；而电力类设计院当年新签合同额增速为 11.39%，核工程类设计院当年新签合同额增速为 52.28%。从营业收入增速看，2023 年房建类设计院营业收入同比降低 0.18%，连续两年下滑；市政类设计院同比下滑 4.54%；电力类设计院同比增长 20.86%；核工程类设计院同比增长 36.22%。

因传统房建领域业务竞争激烈，设计费压低情况更为严重，导致房建领域设计院人均产值也远低于市政、电力、核工程等领域。2017—2023 年，某房建领域设计单位在营业收入累计增长了 50.44% 的情况下，人均产值仅增长了 17.4%（基本在 70 万元 / 人上下）。而市政类设计院、电力类设计院和核工程类设计院在此期间，人均产值分别增加了 66.5%、72.1% 和 612.6%，达到 226.6 万元 / 人、1 352.8 万元 / 人和 567.5 万元 / 人。

（五）人才优势明显，专业技术人员、高级职称人员占比均超全国平均水平

根据上海市勘察设计行业协会统计数据，2019—2023 年，上海勘察设计企业专业技术人员占比由 61.39% 提升至 63.24%；高级职称人员占比由 9.03% 提升至 12.20%，中级职称人员占比由 17.13% 提升至 22.54%；注册人

员占比由 12.79% 提升至 20.66%。上海建筑行业高端人才水平居于全国前列，以全国工程勘察大师为例：自 1990 年开始，住房和城乡建设部组织全国工程勘察设计大师评选，目前已选出全国大师 10 批共 602 人，上海有 61 人，位列全国第二。为巩固人才优势、形成梯度培养体系，2023 年培育选树首届上海市工程勘察设计大师 30 人。

根据全国工程勘察设计统计公报，2023 年，全国勘察设计企业专业技术人员占比为 49.87%；而上海勘察设计企业专业技术人员占比 63.24%，超出全国平均水平 13.37 个百分点。2023 年上海大型勘察设计样本企业专业技术人员占比达 89.30%，超出全国平均水平 39.43 个百分点，超出上海行业平均水平 26.06 个百分点。2023 年，大型勘察设计样本企业高级职称人员占从业人员的比重为 28.35%，超出全国平均水平 16.42 个百分点，超出上海行业平均水平 16.15 个百分点。上海勘察设计企业人才优势比较明显，专业技术人员、高级职称人员占比均超过全国平均水平，大型勘察设计企业人才优势更为突出。

二、建筑施工

（一）建筑业总产值突破万亿元，建筑业增加值增速提升

2023 年，上海建筑业完成总产值 10 045.8 亿元，首次突破万亿元，同比增长 8.9%；增速较上年提高 8.5 个百分点，高于全国 3.1 个百分点。在全国 31 个省市中，上海建筑业总产值规模位列 14 位。2018—2023 年，上海建筑业总产值从 7 千亿元迈上 1 万亿元，除 2022 年外，本市建筑业总产值同比增速均高于或接近全国建筑业总产值同比增速。

2023 年，上海建筑业实现增加值 882.3 亿元，比上年增长 16.8%；增速高于全市 GDP 增速 11.8 个百分点，高于全国建筑业增速 9.7 个百分点（2023 年全国建筑业增加值增长 7.1%，增速高于国内生产总值 1.9 个百分点）。从建筑业增加值占地区生产总值的比重看，2023 年建筑业占全市和第二产业 GDP 比重均实现提升，分别达 1.9%、7.5%，比上年提高 0.2 和 0.6 个百分点，为全市经济实现质的有效提升和量的合理增长提供了有力支撑。

（二）建筑业财政收入实现高增长，劳动生产率保持全国前列

2023 年，上海实现地方财政收入 8 312.5 亿元，比上年增长 9.3%。其中：第二产业实现财政收入 1 453.5 亿元，比上年增长 17.4%；工业实现财政收入 1 126.3 亿元，比上年增长 15.9%。上海建筑业实现地方财政收入 234.9 亿元，同比增长 22.1%，增速高于全市 12.8 个百分点，高于第二产业 3.7 个百分点。上海建筑业实现财政收入占地方财政收入总量的 2.8%，比上年提高 0.3 个百分点。

根据中国建筑业协会《2023 年建筑业发展统计分析》，2023 年，全国 16 个地区从业人员人数增加，15 个地区从业人员人数减少；其中宁夏、黑龙江、海南的从业人数分别出现了 59.72%、20.57% 和 11.99% 的降幅。全国建筑企业按总产值计算的劳动生产率为 46.5 万元 / 人，比上年降低 3.9%，增速连续两年下降。2023 年，上海按建筑业总产值计算的全员劳动生产率为 68.60 万元 / 人，是全国平均水平的 1.5 倍，继续位居全国 31 个省市第二位，仅次于湖北的 71.3 万元 / 人（北京市 62.2 万元 / 人，排第五位）。2013 年以来，上海市按建筑业总产值计算劳动生产率从全国排名第六位逐步提升，2017 年起稳定在全国第二位。

（三）上海本地施工规模扩大，外向度稳居全国第一梯队

根据上海市建设市场管理信息平台的数据，2023 年，上海市建设工程施工招标发包次数同比增长 83.91%；施工招标发包金额同比增长 33.31%，增幅提升 34.79 个百分点，创 2015 年以来最大涨幅。2023 年，完成上海市内工程施工合同信息报送的工程项目合计 8 320 个，同比增长 18.81%；完成报送的工程施工合同总价 5 582.98 亿元，同比增长 8.34%。2023 年上海市建设工程发放施工许可证 7 280 个，同比增长 20.85%。发放施工许可建筑面积 7 215.71 万平方米，同比增加 10.40%。发放施工许可项目合同总价 7 519.80 亿元，同比增长 22.97%。

从总产值的构成看，2023 年，上海建筑企业在上海本地完成产值 4 492.58 亿元，同比增长 28.5%，占总产值的 44.7%；在外省市完成产值 5 553.21 亿元，同比降低 3.89%，占总产值的比重为 55.28%。根据中国建筑业协会《2023 年建筑业发展统计分析》，2023 年，全国 23 个地区在外省完成产值保持增长，广西、山东、河南、天津的增速均超过 10%；8 个地区在外省完成产值出现下降，西藏、黑龙江分别出现了 36.2% 和 15.0% 的负增长。从外向度（即本地区在外省完成的建筑业产值占本地区建筑业总产值的比例）来看，2023 年，全国有 23 个地区的外向度出现负增长。外向度排名前三位的地区仍然是北京、天津、上海，分别为 72.32%、68.24% 和 55.28%。

（四）当年新签合同额降低，产值利润率持续下滑

根据中国建筑业协会《2023 年建筑业发展统计分析》数据，2023 年，全国建筑业企业签订合同总额比上年增长 2.78%，其中当年新签合同额同比下

降 0.91%，增速比上年降低 5.19 个百分点。当年新签合同额占签订合同总额的比例为 49.13%，比上年下降了 1.83 个百分点，连续三年下降。2023 年，全国 14 个地区新签合同额下降，其中广西、贵州、新疆新签合同额均出现了超过 10% 的下降。2023 年，上海市建筑施工企业签订合同额同比增长 6.48%，增速下滑 4.69 个百分点。当年新签合同额同比减少 4.20%，当年新签合同额降幅超过全国平均水平；这也是自 2016 年以来，上海建筑施工企业当年新签合同额首次出现下降的情况。

2023 年，全国建筑业企业实现利润总额比上年微增 0.2%，产值利润率（利润总额与总产值之比）自 2014 年达到最高值 3.63% 之后总体呈下降趋势。2023 年全国建筑业产值利润率为 2.64%，连续五年下降。2023 年，上海建筑施工企业实现利润总额同比上涨 1.68%，超过全国平均水平 1.48 个百分点。上海建筑施工企业产值利润率为 2.51%，同比减少 0.16 个百分点，略低于全国平均水平 0.13 个百分点。上海建筑施工企业产值利润率自 2016 年达到最高值 3.68% 后，除 2022 年产值利润率有微量提升外，一路下滑至 2023 年的 2.51%。

（五）中小企业发展提速，重点企业产值贡献大

2023 年，在上海建筑业总产值同比增长 8.90% 的情况下，一级资质施工企业完成总产值同比增长 11.46%，二级资质企业完成总产值同比增长 28.38%，三级资质企业完成总产值同比增长 23.63%。在上海建筑业企业在外省市完成产值同比减少 3.89% 的情况下，二级资质企业在外省完成产值同比增长 5.75%，三级资质企业在外省完成产值同比增长 15.71%。从当年新签合同额看，在 2023 年上海建筑施工企业当年新签合同额同比减少 4.20% 的情况

下，一级资质企业当年新签合同额同比增长 11.43%，二级资质企业当年新签合同额同比增长 17.13%，三级资质企业当年新签合同额同比增长 13.88%。

虽然中小型企业完成产值、当年新签合同额增速较大，但从绝对值看，重点企业、龙头企业对产值的贡献依旧明显。2023 年，202 家重点企业完成建筑业产值 8 246.33 亿元，同比增长 2.8%，占全市建筑业总产值的 82.1%。年产值 50 亿元以上的 34 家龙头企业，完成产值 5 948.04 亿元，同比增长 2.5%；其中，19 家驻沪央企 2023 年完成产值 4 232.91 亿元，同比增长 3.2%，占比 42.1%。年产值 5 亿元以上、50 亿元以下的 168 家重点企业，完成产值 2 298.29 亿元，同比增长 3.6%。

三、建设工程咨询

（一）监理、造价、招标代理业务规模总体上涨，监理业务规模创新高

根据住房和城乡建设部《建设工程监理统计公报》数据，全国工程监理企业监理合同额近三年连续呈现负增长，增速分别为 -2.87%、-2.24% 和 -1.58%。自 2022 年全国监理企业实现的监理业务收入首次出现下滑（同比下降 2.49%）后，2023 年监理业务收入同比下降 0.07%。根据上海市建设工程咨询行业协会统计数据，近三年上海工程监理企业承揽的监理合同额增速分别为 2.98%、-6.43% 和 3.41%，2023 年增速超过全国平均水平 4.99 个百分点。近三年上海工程监理企业实现监理业务收入增速分别为 8.39%、-6.13% 和 8.55%，2023 年增速超过全国平均水平 8.62 个百分点。2023 年，上海建设工程监理企业承揽的监理合同额以及实现的监理业务收入均创新高。

根据住房和城乡建设部《工程造价咨询统计公报》数据，2022 年全国

工程造价咨询企业实现工程造价咨询业务收入同比增长 0.17%，2023 年则同比减少 2.01%。2022 年上海工程造价咨询企业实现造价业务收入同比减少 5.54%，2023 年则同比增长 3.60%，超过全国水平 5.61 个百分点。上海工程招标代理行业也存在类似情况，2022 年上海工程招标代理企业实现工程招标代理收入同比增长 0.22%，2023 年同比增长 4.23%，达到近三年新高。

（二）进入全国前百名企业数量多，规模企业数量持续增长

根据住房和城乡建设部《建设工程监理统计公报》，2023 年，全国有 19 717 家工程监理企业参与统计，其中上海 283 家，占纳入统计企业总量的 1.44%。而根据 2023 年全国监理业务收入前百名清单，2023 年广东省上榜 17 家（企业总数 1 355 家），四川省上榜 16 家（企业总数 978 家），北京上榜 12 家（企业总数 430 家），上海上榜 12 家（上榜企业同比增加 1 家，企业总数 283 家）。上海在全国监理业务收入前百名清单中上榜企业数量仅低于广东、四川两地，与北京持平，占比达到 12%。工程造价咨询行业 2021 年及以后不再进行业务收入排名，但上海造价咨询企业一般也可在前百名清单中上榜 10 家左右。

从企业业务规模上看，2017—2023 年，上海工程监理业务收入在 1 亿元以上的企业由 17 家增长至 25 家，业务收入在 5 000 万元—1 亿元的企业由 23 家增加至 39 家。上海工程造价咨询业务收入在 1 亿元以上的企业由 8 家增加至 12 家，业务收入在 5 000 万元—1 亿元的企业由 11 家增加至 19 家。上海工程监理、工程造价咨询规模以上企业数量持续增长。

（三）企业多元化发展趋势明显，综合服务能力显著提升

以建设工程监理企业为例，根据上海市建设工程咨询行业协会统计数

据，2017—2023 年，上海建设工程监理企业承揽合同额由 212.54 亿元增长至 865.95 亿元，累计增长 307.43%，工程监理合同额由 107.08 亿元增长至 129.16 亿元，累计增长 20.62%；监理合同占比由 2017 年的 50.38% 下降至 2023 年的 14.92%。2017—2023 年，上海建设工程监理企业实现营业收入由 214.27 亿元增长至 601.45 亿元，累计增长 180.70%，实现监理业务收入由 78.76 亿元增长至 112.71 亿元，累计增长 43.11%；监理业务收入占比由 2017 年的 36.76% 下降至 2023 年的 18.74%。

相比之下，上海工程监理企业的勘察设计、工程造价咨询和全过程工程咨询业务增幅明显，2023 年合同额分别增长 10.94%、12.75% 和 10.20%，业务收入分别增长 18.40%、10.44% 和 8.23%。特别是 2023 年，上海监理企业新签勘察设计合同额 134.90 亿元，首次超过了工程监理合同额。上海市工程监理企业往综合性、多元化方向发展的趋势明显。2017 年，住房和城乡建设部公布的首批 40 家全过程工程咨询试点名单中，同济大学建筑设计研究院（集团）有限公司、华东建筑设计研究院有限公司、上海市政工程设计研究总院（集团）有限公司、上海华城工程建设管理有限公司、上海建科工程咨询有限公司、上海市建设工程监理咨询有限公司、上海同济工程咨询有限公司等 7 家公司入选。之后，这些企业成为上海市全过程工程咨询领域的领头羊，在前期决策、勘察设计、工程建造、运营维护等项目全生命周期的各个阶段，提供全方位、专业化和个性化的咨询服务。

（四）造价咨询、监理人均产值上升且优于全国水平，工程招标代理人均产值则连续两年下降

根据住房和城乡建设部《工程造价咨询统计公报》数据，2022 年全国工

程造价咨询企业人均造价产值为 36.91 万元 / 人，2023 年为 39.96 万元 / 人。而同期上海工程造价咨询企业人均造价产值分别为 53.44 万元 / 人、57.25 万元 / 人，是全国平均水平的 1.4 倍左右。近几年，全国监理平均取费率在 0.75% 左右，上海监理取费率低于全国平均水平，2023 年上海监理取费率只有 0.42%。在上海监理取费率低于全国平均水平的情况下，2023 年上海监理企业人均监理业务产值为 27.75 万元 / 人，全国监理企业人均监理业务产值为 19.42 万元 / 人。上海监理企业人均监理业务产值同样是全国平均水平的 1.4 倍左右。

上海工程造价咨询、工程监理人均产值持续增长且优于全国平均水平的情况下，上海工程招标代理人均产值则连续两年下降，2021 年上海招标代理人均产值达 71.28 万元 / 人，为 2015 年以来最高值；而 2022 年为 64.10 万元 / 人，同比下降 10.08%；2023 年为 52.42 万元 / 人，同比下降 18.22%，创 2015 年以来最大降幅。

（五）以监理为代表的建设工程咨询企业人才结构进一步优化，但对年轻人的吸引力下降

根据住房和城乡建设部《建设工程监理统计公报》数据，2017—2023 年，全国监理企业专业技术人员占比由 85.33% 一路下降至 58.67%。而上海工程监理企业专业技术人员占比基本维持在 80% 左右，上海在监理企业专业技术人员方面有一定的优势。从对监理业务开展有直接影响的监理人员及注册监理工程师数量看，2022 年、2023 年，上海监理企业监理人员数量连续两年减少，降幅分别为 2.89% 和 1.02%；而上海监理企业注册监理工程师数量由 2017 年的 7 434 人增长至 2023 年的 13 005 人，其中仅 2023 年注册监理工

程师数量就增长了 19.10%。上海监理企业注册监理工程师数量占比也由 2017 年的 20.52% 提升至 2023 年的 32.02%，上海监理企业注册监理工程师数量及占比均创新高。这些数据不仅凸显了上海工程监理企业在行业中的领先地位，也反映出上海在推动工程监理行业高质量发展方面的积极努力和显著成效。

但从监理企业从业人员年龄组成看，2017—2023 年，全国监理企业 30 岁以下从业人员 2022 年、2023 年数量增速明显放缓，增速分别只有 2.53% 和 1.35%（全国监理企业从业人员增速分别为 15.63% 和 9.17%）。全国监理企业 30 岁以下人员占比由 2017 年的 27.37% 降低至 2023 年的 19.39%。而上海监理企业 30 岁以下人员 2023 年同比减少 4.59%，2022 年同比减少 8.35%。上海监理企业 30 岁以下人员占比在 2021 年达到最高值 25.53% 后，连续三年下降，2023 年占比为 22.60%。上海监理企业 30 岁以下人员占比虽然略好于全国平均水平，但监理企业对年轻人的吸引力整体下降，且短期内趋势难以扭转。

第四章 上海市建筑业发展展望

2023 年上海经济总体呈现持续恢复、回升向好态势，上海建筑业也逐步恢复，增速快于全市 GDP，快于全国行业平均水平，对全市经济稳增长发挥了重要作用。2023 年，上海市建筑业增加值 882.25 亿元，比上年增长 16.8%，同时在上海市地区生产总值中的比例连续 6 年稳定在 1.85% 左右。2024 年上半年，本市建筑业增加值同比增长 5.6%，高于全市 GDP 增速 0.8 个百分点；截至 6 月底，市重大工程累计完成投资 1 226.4 亿元，完成全年计划的 53.3%。

虽然 2023 年以来上海建筑业相关数据呈现出回升向好的趋势，但由于建筑行业是典型的投资拉动型行业，其发展情况与宏观经济环境高度相关，景气度与固定资产投资、房地产业等紧密相关，受到多重因素影响，建筑业企业整体发展还是受到制约。

一、上海市建筑业发展面临的挑战和机遇

（一）固定资产投资增速放缓，建筑业发展趋缓

建筑业的发展与宏观经济环境高度相关，受到固定资产投资变动情况的直接影响。随着经济增速下行，尤其是城市基础设施投资放缓、房地产开发投资下降，给建筑业带来了较大压力。2023 年，全国固定资产投资比上年增长 3.0%，其中，基础设施投资增长 5.9%，全国房地产开发投资比上年下降 9.6%，因此，2023 年建筑业总产值同比仅增长 5.77%，全国建筑业房屋建筑施工面积同比减少 1.5%，新签合同额同比下降 0.91%。2024 年前三季度，全国固定资产投资同比增长 3.4%，其中基础设施投资同比增长 4.1%，房地产开发投资同比下降 10.1%，受此影响，2024 年 1—9 月建筑业总产值同比增长 4.1%，低于去年同期 1.4 个百分点。

上海建筑业受固定资产投资，尤其是房地产投资影响更为明显。据统计，2022 年是上海市近 10 年来房地产投资唯一一次下滑（为−1.10%），当年建筑业总产值增长率也滑落至近 10 年最低点 0.4%。2023 年至今，上海出台多项房地产调控政策举措，对建筑业影响显著：2023 年，上海市固定资产投资比上年增长 13.8%，其中，城市基础设施投资增长 3.3%，房地产开发投资增长 18.2%，当年建筑业总产值同比增加 8.9%，建筑业增加值同比增加 16.8%。2024 年前三季度，上海市固定资产投资同比增长 6.7%，其中，城市基础设施投资下降 2.8%，房地产开发投资仅增长 7.8%，因此同期上海市建筑业总产值同比下降 0.9%，建筑业增加值同比增长 2.4%。由此可见房地产投资对上海建筑业的影响程度。

随着我国城镇化水平提升到一定阶段，城市基础设施投资及房地产开发投资的下降是必然趋势。有研究表明：当城镇化率达到65%以后，建筑业发展增速会下降；当城镇化率达到75%以后，建筑业增速将再次放缓。目前，上海城镇化率已高达91.3%，将对建筑业带来深远影响，无论从建设规模还是建筑业增速来看，必将逐步进入发展趋缓态势。如何在这种情况下转型发展，是建筑业尤其是建筑企业面临的巨大挑战。

（二）外部市场景气度下降，建筑业外向度降低

近几年，上海积极推动本土建筑企业拓展外地业务，走出去步伐加快，本市建筑业企业在外省完成产值年均增长6.8%，外向度在全国31个省市中长期排在前三位，其中2022年外向度达到历史最高点62.3%。然而受到经济波动影响，全国全社会固定资产投资同比增速放缓，且呈现低速增长的趋势，外省市建筑市场普遍不景气，使得本市建筑业企业对外拓展步伐有所减缓。据悉，在房地产经济下行、地方政府债务压力影响下，收费困难成为普遍现象，工程建设企业面临较大的资金压力。2023年建筑企业经营现金流、利润仍受困于回款风险。受此影响，本市建筑业外向度在连续多年上升后，2023年，由高位跌至55.3%，同比下降了7个百分点，成为近8年来的最低点。2024年上半年，上海市建筑业外向度虽仍保持全国前三，但企业在外省完成产值比去年同期下降0.7%，外向度再次下降到53.1%。

外向度是地区的建筑业市场竞争力和对外拓展能力的一种体现，受外部市场各种因素影响，本市建筑业整体上显示出了较强的发展韧性和潜力，但还是面临很大的挑战。对于建筑业企业、特别是布局全国市场的头部企业来

说，尤其需要通过进一步优化结构，提高效率，以适应市场变化和经济发展的新要求。

（三）行业吸引力下降，建筑业面临人才结构调整

近几年，受房地产市场调整和建筑行业变化影响，工程建设行业人才吸引力持续下滑，从业人员面临行业变革带来的挑战。据不完全统计，相比2019年，近年来房地产开发从业人员减少40万，房地产开发上下游产业减少约600万个岗位，许多房地产从业人员开始寻求转行。同样全国建筑业农民工数量也在减少，《2023年农民工监测调查报告》显示，全国建筑业农民工从2021年的5 557.7万人，减少到2023年的4 582万人，两年间减少975.7万人，其中仅2022年到2023年，从事建业的农民工就减少650万人。与此同时，农民工平均年龄继续提高，2023年50岁以上农民工占比30.6%，比2022年提高1.4个百分点，比2021年提高15.4个百分点。在上海，近年建筑业用工市场也发生明显变化：一是新老交接难，老一代工人逐渐退休，新生代工人虽然文化水平普遍提高，但从事以体力为主的传统建筑业工作的意愿不强；二是项目招工难，推动了装配式建筑、机器人建造等新型生产方式替代了更多基础劳动力。

与此同时，各类高校建筑类专业的招生情况呈现出明显下滑趋势。以某国家"985工程"、"211工程"重点建筑特色高校在高考大省河南的录取分数线为例，2021年其在河南最低录取名次要排在全省1 730名内，而2022年，短短一年时间，其在河南分数线就下滑了4万多名，跌至该省43 252名内，分数线暴跌100多分。与此同时，在行业转型的背景下，一些高校也在调整或缩减建筑相关专业的招生规模。据统计，2024年共有397所高校开设建筑

类专业，相比去年减少了 17 所，全国高校建筑类专业计划招生人数超过 3.9 万人，相较于去年下降了 6.1%。

一方面是建筑业相关岗位减少，另一方面是招工难，行业吸引力降低，上海建筑业的业务发展离不开从业人员队伍，由于人口红利消失、行业吸引力下降等引起的人员结构性短缺问题，势必将对建筑业造成深远影响。随着建筑行业进入科技化时代，为了适应建筑行业的绿色化、工业化和智能化发展趋势，建筑行业对智力型人才的需求大幅增加，更需要行业加紧转型、更新行业人才结构，做好人才储备。

（四）加快培育新质生产力，建筑业高质量发展带来机遇

2023 年 9 月，习近平总书记在黑龙江考察时首次提出"新质生产力"，强调要积极培育新能源、新材料、先进制造、电子信息等战略性新兴产业，积极培育未来产业，加快形成新质生产力，增强发展新动能。2023 年底召开的中央经济工作会议，明确"要以科技创新推动产业创新，特别是以颠覆性技术和前沿技术催生新产业、新模式、新动能，发展新质生产力"。2024 年 1 月 31 日，习近平总书记在中共中央政治局第十一次集体学习时强调，加快发展新质生产力，扎实推进高质量发展。

新质生产力是生产力现代化的具体体现，即新的高水平现代化生产力（新类型、新结构、高技术水平、高质量、高效率、可持续的生产力），是以前没有的新的生产力种类和结构，相比于传统生产力，其技术水平更高、质量更好、效率更高、更可持续；新质生产力以全要素生产率大幅提升为核心标志，特点是创新，关键在质优，本质是先进生产力。

什么是建筑行业的新质生产力，建筑业又如何利用新质生产力推动建筑

业高质量发展？住房城乡建设部原总工程师、中国建筑业协会原会长王铁宏在媒体上提出，建筑产业的新质生产力可以围绕三"新"来思考：一是新型建造方式，先是装配化，要结构—机电—装饰装修全装配化，进而实现建筑产业工业化、标准化、部品化、模块化、智能化；二是新型服务业，建筑产业以高附加值生产性服务业为代表的新服务重点十分突出，如市场模式创新的设计施工总承包模式 EPC，以及 PPP 模式，又如新型全过程咨询服务业，数字技术包括 BIM、ERP、CIM 服务业等；三是新型业态，要突出关注城市更新，关注装配化＋，关注数字化转型升级，关注建筑产业"双碳"，还要关注"双循环"等。

当前，建筑领域正经历深刻的变革，行业面临工业化建造、智能建造、绿色建造和精益建造融合发展，传统建筑业的建造方式、组织方式、乃至工作流程都面临新的挑战，因此加快推动新一代信息技术与建筑工业化技术协同发展，在建造全过程加大建筑信息模型（BIM）、互联网、物联网、大数据、云计算、移动通信、人工智能、区块链等新技术的集成与创新应用势在必行。培育建筑业的新质生产力，以新质生产力推动建筑业的高质量发展，建筑业将迎来新的发展机遇。

（五）城市更新步伐加快，建筑业拥抱发展契机

2019 年 12 月召开的中央经济工作会议首次强调了"城市更新"，提出加强城市更新和存量住房改造。2020 年 10 月，"十四五"规划建议明确提出实施城市更新行动。2021 年，"城市更新"首次写入政府工作报告，正式提升为国家战略。2022 年，党的二十大报告指出，加快转变超大特大城市发展方式，实施城市更新行动，加强城市基础设施建设，打造宜居、韧性、智慧城市。

这为新时代我国城市发展指明了新方向、提出了新要求。实施城市更新行动，对全面提升城市发展质量、不断满足人民日益增长的美好生活需要、促进经济社会持续健康发展，具有重要而深远的意义。2024 年 7 月，国务院印发《深入实施以人为本的新型城镇化战略五年行动计划》（国发〔2024〕17 号）再次明确提出，要以人口规模大密度高的中心城区和影响面广的关键领域为重点，深入实施城市更新行动，加强城市基础设施建设，具体包括推进城镇老旧小区改造，加快推进保障性住房建设、"平急两用"公共基础设施建设、城中村改造，推进基于数字化、网络化、智能化的新型城市基础设施建设等。

自 2023 年起至 2024 年 7 月，全国已实施城市更新项目超过 6.6 万个，完成投资 2.6 万亿元，城市更新行动带来的综合性成效正在逐步显现。具体来看，围绕既有建筑改造利用，目前已改造 78 亿平方米建筑，进一步提升建筑安全和节能水平。围绕城镇老旧小区改造，2023 年新开工改造城镇老旧小区5.37 万个，加装电梯 3.6 万部。2024 年前 5 个月，中国新开工改造城镇老旧小区已达 2.26 万个。分地区看，江苏、山东、河北、辽宁、浙江、上海、湖北、重庆等 8 个地区开工率超过 50%。从 2024 年起，中央财政支持部分城市开展城市更新示范工作，首批共涉及石家庄、太原、沈阳、上海、南京等 15 个示范城市。

目前，上海在持续推动城市更新实践、立法保障及创新规划资源政策供给等方面都取得了显著的成效。2023 年，在深入开展调查研究的基础上，市委出台了《关于深入实施城市更新行动　加快推动高质量发展的意见》，明确了上海下一步城市更新工作的目标和原则；还出台了《上海市城市更新行动方案（2023—2025 年）》，强调以区域更新为重点，分层、分类、分区域、系统化推进城市更新，提出综合区域整体焕新、人居环境品质提升、公共空间设施优化、历史风貌魅力重塑、产业园区提质增效和商业商务活力再造等六项行动。同时加快推进外滩"第二立面"、北外滩、吴淞创新城、虹桥国际中央商务区、松江经济技术开发区等多个区域更新项目，提出建立具有上海特色的"三师联创"机制，推动城市更新向新、向实、向远。2024 年年初，上海召开全市城市更新推进大会，对城市更新工作作出全面部署，必将为上海建筑业发展带来新的机遇。

城市更新不仅关注物质环境的改善，更聚焦于社会、经济和文化等多维度的全面更新，这对建筑业企业来说既是新要求、新挑战，同样也是新形势、新机遇，建筑业要不断提升专业能力，着力拓展服务领域，在城镇老旧小区改造、保障性住房建设、城中村改造，以及新型城市基础设施建设等城市更新行动中发挥重要作用。

（六）数字化驱动建筑业转型升级，行业迎来深刻变革

2020 年 7 月，住房和城乡建设部等 13 部门联合印发的《关于推动智能建造与建筑工业化协同发展的指导意见》提出，要显著提高建筑工业化、数字化、智能化水平，到 2035 年使我国迈入智能建造世界强国行列。2021 年 12 月，国务院印发《"十四五"数字经济发展规划》，提出数字经济是继农业经济、工业经济之后的主要经济形态，并指出以数据要素为核心引擎推动数字经济深化发展，这是当前做强做优做大我国数字经济迫切需要完成的重大任务之一。2022 年 1 月，住房城乡和建设部发布的《"十四五"建筑业发展规划》指出，建筑业在与先进制造业、新一代信息技术深度融合发展方面有着巨大的潜力和发展空间，需要"加快建筑业转型升级"。

数字化正式成为驱动建筑业转型升级的重要力量，作为中国经济的重要

产业，建筑业的数字化成为行业发展的必然趋势，推进建筑业工业化、数字化和智能化，促进建筑业转型升级成为实现建筑业高质量发展的必然要求。《2023—2024年中国数字建筑产业发展研究年度报告》显示，2023年，中国建筑建造施工数字化产业应用场景中，精细化管理应用规模达157.5亿元，占比65.8%；智能化建造应用规模63.4亿元，占比26.5%。以精细化管理为目标的数字化转型已成为建筑行业发展的新模式。

在持续推动数字经济战略的背景下，建筑业已步入了以数字化引领创新、以数字化为基础重构产业发展的新阶段。随着新一代信息技术的飞速发展，工程建设领域数字化转型发展成为必然发展趋势，建筑企业应努力探索新的发展模式，积极应对未来的挑战和机遇。

二、上海市促进建筑业改革和发展的总体思路

（一）优化营商环境助推转型发展

1. 推进工程建设项目审批制度改革

对接高标准国际经贸规则，对照"获取经营场所""促进市场竞争"指标，加快推进各项改革任务的分解立项、跟踪落实，积极筹备世界银行优化营商环境评估工作。升级优化上海市工程建设项目审批系统功能，结合世行新一轮测评中关于审批服务便利度、在线服务的可靠性和可用性等内容，以实现协同高效办理为突破口和着力点，提升工程建设项目审批审查中心运行能级，完善数据交换标准、优化工程建设项目审批系统功能，推动线上线下政务服务深度融合和审批服务流程跨部门、跨区域重构。

2. 加快建设工程招投标制度创新

加快世行对标改革，聚焦政府采购工程项目，建立符合测评点要求的政策体系、交易流程及监管措施。聚焦公共服务透明度，完成电子合同网上签订、合同变更公告，线上支付投标保证金和履约保证金等招投标平台功能的开发，统计中标企业拥有者信息，持续清理投标人参与本市建设工程招投标活动相关门槛与壁垒。贯彻落实招投标改革政策文件，根据新发布的《上海市建设工程招标投标管理办法实施细则》《上海市房屋建筑和市政公用工程施工招标评标办法》等文件，配套完成招标文件示范文本的修订和电子招投标平台的升级改造。推进招投标电子化平台建设，实现事前信息融合，深化事中智慧监管，强化事后履约管理。开展部分重点项目合同履约评价及评价结果的应用，推广跨区域 CA 数字证书及电子营业执照的应用，通过远程智慧帮办实现招投标情况报告备案智能化预审。

3. 持续加强建筑市场监管服务

建立完善市场、现场联动惩戒机制，严厉打击建筑市场违法行为。提升实名制管理能级，建立覆盖勘察、设计、施工、监理等注册执业人员的"一人一码""一人一档"管理服务机制，探索个人业绩、职称评定、履职经历与企业资质管理、项目招投标等多方联动和全周期监督管理。加强企业资质审批监管，构建"宽进、严管、重罚"的市场监管机制。强化信用体系建设，持续健全覆盖勘察、设计、施工、监理、检测等各类企业和从业人员信用档案，完善信用信息的记录、公开、评价和应用制度，形成以全覆盖信用体系为基础的事中事后监管模式。推动建筑业产值稳步增长，积极鼓励企业走出去承揽业务，实施稳增长信用激励措施，对建筑业产值达到一定金额，且增速超过全年建筑业总产值同比增速的企业，给予信用加分。

（二）提升发展能级推进城市建设

1. 加快推进实施城市更新行动

坚持以城市总规为统领，加强更新任务、更新模式、更新资源、更新政策、更新力量的统筹，进一步完善城市更新可持续发展模式。促进项目生成，建立市、区两级城市更新项目库，实行项目常态化入库申报和动态管理机制，优化项目全周期审批流程，加大审批全过程信息共享。制定更新计划，推动各区编制三年行动方案，加快推进外滩"第二立面"、提篮桥片区、吴淞创新城等典型区域更新项目。完善配套政策，搭建资源支持类、统筹管理类、业务指导类三大政策体系，发挥专家委员会和智库作用，通过第三方调研等对政策举措进行效果评估和赋能。健全推进机制，细化考核方案和实施细则，加强考核评估和结果应用，推动统筹管理提效、项目推进提速、数据资源整合。

2. 多管齐下加快"两旧一村"改造

创新机制、拓宽路径、压实责任，推动市区联手、政企合作，灵活采用征收、拆除重建、内部设施改造升级、腾退更新等方式有力有序推进零星旧改工作。推广旧住房成套改造成熟经验，健全"民事＋行政"司法保障机制，加快推进吴泾小区、海防新村等重点项目，补齐区域功能短板。进一步完善城中村改造政策体系，优先启动涉及中心城周边及五个新城的城中村改造项目，加快已批项目启动改造、动迁收尾和后续开发等工作。

3. 持续推进建筑师负责制扩大试点

持续完善出台相关配套措施，出台建筑师负责制试点项目评标办法，成立建筑师负责制试点工作专家委员会，出台成本测算指导意见行业自律文件等3项措施。同时，积极探索研究适应建筑师负责制发展的现场监管模式；与银保监会及相关保险企业开展建筑师负责制执业责任保险研究，完善相应的保险产品。加大项目试点推进，指导督促各区建设管理委、特定地区管委会及相关单位落实推进责任做好建筑师负责制试点推广应用工作，定期梳理形成所辖区域试点项目清单。支持浦东新区开展地区立法工作，在执业资格、材料选择、技术审查等方面破题，形成更多可复制可推广的工作经验，为国家层面立法提供"上海方案"。鼓励行业协会、学会积极组织开展与建筑师负责制相关的技术培训和交流研讨；积极推广试点优秀典型案例，扩大建筑师负责制试点工作的社会影响力。同时做好试点项目的跟踪评估，更好地发挥建筑师负责制管理模式效能。

4. 进一步完善地方标准体系

继续梳理工程建设地方标准体系，启动地方标准体系表修编工作。以行业和专业为切口，指导交通、绿化、水务、民防等专业部门梳理专业工程标准体系，不断优化标准分类和结构，系统性地谋划标准化发展方向。按照标准编制计划，持续推进各在编标准、标准设计的编制进度和质量把控；根据管理需要、技术水平进步及社会关切，进一步优化标准制定、修订计划，完善标准供给。针对关注度较高、涉及民生的国家全文强制性工程建设规范，深入开展国家工程建设全文强制性规范实施影响评估。推进工程建设标准国际化工作，制定标准国际化工作计划，开展标准国际化调研工作，指导企业牵头编写国际化标准规范。研究制定《长三角区域工程建设标准一体化发展工作方案》，积极推动长三角区域造价数据信息共享工作，引领长三角区域建筑业高质量发展。推进《上海市深化工程造价管理改革实施方案》落地实施。

5. 稳中提速推进重大工程建设

进一步完善市重大工程建设推进机制，依托市重大工程项目信息管理系统，加强综合协调、深化"六票"统筹、解决瓶颈难题，促进提升有效投资和实物工作量。进一步用好平台合力、市区合力、建管合力，推动市域铁路南枫线、原水西环线、特斯拉储能、上海电力大学临港校区三期等重点项目开工建设，完成沪苏湖铁路上海段、机场联络线先期开通段、罗泾港改造一期、泰和污水厂扩建工程等建设任务，加快推进长三角生态绿色一体化发展示范区、自由贸易试验区临港新片区、虹桥国际开放枢纽、五个新城和"一江一河"等重点区域项目建设。进一步提升市重大工程建设管理工作标准，完善立功竞赛活动规则，提高评选工作组织水平，持续发挥市重大工程在党建引领、科技支撑、机制创新、文明施工、品质提升等方面的引领示范作用。

（三）深化供给侧改革促进提质转型

1. 积极探索建筑信息模型技术应用

根据《上海市全面推进建筑信息模型技术深化应用的实施意见》，完善相关配套措施。对应当应用 BIM 技术的各类项目试行 BIM 审查，在房建工程中试行 BIM 技术辅助施工图设计文件审查、抽查，将模型辅助审查的内容纳入施工图设计文件联合审查合格书或抽查意见书中，同步研究基于国际通用格式的 BIM 辅助审查体系。继续完善标准规范体系，在"1+N"标准体系的基础上，完善运维建筑信息模型标准等立项，并升级完善相关 BIM 技术应用指南，指导企业和参建各方编制企业级、项目级应用标准，推动项目深化应用落地。进一步完善建设工程招标文件示范文本，对应当应用 BIM 技术的建设工程，招标文件中应明确应用范围、深度、交付标准和具体要求，并列入评标评审因素，投标文件应当予以实质性响应。持续推进全市 BIM 应用情况抽查和五个新城重点区域项目检查工作，对全市 BIM 技术应用情况进行全面评估，为后续政策制定和落地提供支撑。

2. 稳步推进行业绿色低碳发展任务

深化城乡建设领域碳达峰方案落地。持续推进绿色建筑标准体系迭代升级，推动绿色建筑评价、设计、审图、验收等相关标准的修订工作，进一步强化绿色建筑全生命期减碳目标，引导技术措施创新发展，探索绿色建筑体系与"好房子"建设体系的协调性。开展《既有建筑绿色改造评价标准》编制，结合城市更新工作，试点推进既有建筑绿色改造，提高人居建筑环境品质。建立绿色生态城区验收机制，推动前滩国际商务区等符合进度要求的试点城区完成验收，形成首批有亮点、有实效、可推广的示范城区。探索建筑领域绿色金融推进机制，研究建筑领域绿色低碳产业链对绿色金融产品的需求，以及绿色信贷、绿色保险对绿色建筑的支持路径，分析供给端、需求端的有效匹配问题，探索基于企业的绿色建筑信用评估体系，并结合绿色建筑标识申报系统，逐步建立绿色建筑信息披露机制。加强建筑能耗限额管理，完善新建建筑碳排放限额体系，推动近零能耗和零碳建筑试点，完善既有公共建筑节能改造技术目录。拓展光伏等可再生能源和空气源热泵等技术应用，开展"光储直柔"建筑试点，提升建筑与可再生能源一体化水平。鼓励新材料新产品研发应用，提高绿色建材应用比例，支持鼓励专精特新"小巨人"及"隐形冠军"等建材企业发展。新建建筑外窗全面实施备案管理，推进成品门窗使用和建筑门窗品质性能提升。加强建筑废弃混凝土回收利用管理，推进建筑垃圾高附加值资源化利用。

3. 持续推动住建行业数字化转型

加强"数字住建"顶层设计，编制 2024—2026 年数字化转型实施方案，为住建领域数据共享服务、业务工作协同、应用集成创新和安全运行维护提供支撑。深化市 CIM 平台建设，优化提升平台功能，规范"CIM+"场景应用，有效支撑城市体检、城市更新、海绵城市、地下管线等工作。加快智慧工地建设和推广覆盖，配套工地安全质量管理需求，探索差异化监督巡查和分级管理。升级城市维护项目管理信息系统，整合全市基础设施管理平台，提高城维工作科技含量和管养水平。组织开展住建行业数字化转型优秀案例征集评选工作。立足实战实效，加强新技术应用和数据治理，不断提高"两张网"运行效能。

（四）全面落实责任确保质量安全

1. 守牢施工质量安全品质

全面落实全员安全责任和项目人员到岗履职要求，全面落实施工、勘察、设计、监理等各方质量责任和建设单位首要责任，通过"四不两直"检查、市场现场联动等多种形式加大检查巡查和事故隐患处置力度。健全安全质量管理体系，深化实施建设工程安全生产责任保险、住宅工程质量潜在缺陷保险，推进全过程风险管理。推进建筑工地标准化建设和"安全晨会"数字化建设，持续开展工地安全隐患排查治理，研究完善大型、新型机械管理机制，突出抓好危大工程管控。实施审图、住宅工程、深基坑工程、装配式建筑等工程质量专项提升行动，加强工程材料构件、建筑工程防水、工程质量检测等质量领域专项治理。开展典型事故案例警示教育，加强一线作业人员工伤预防安全培训，全面落实健康体检制度，持续改善现场住宿环境。完善消防审验工作制度、联动机制和政策宣贯，探索限额以下一般项目告知承诺制，支持既有建筑活化利用和城市更新工作。

2. 加强质量安全数智赋能

深化数智赋能，依托质量安全"一网统管"业务系统，结合市—区—项目传统模式管理业务需求，逐步加强多平台系统之间互联互通，实现数据汇集及统计分析赋能各级管理决策，建立政府和行业参与各方共生治理的现代化管理模式。完善数字化基础设施建设，配套工地管理需求，推动现场网络专线布设、视频点位接入等基础条件覆盖，全方位提升工地安全管理平台数据质量，为智慧工地建设应用提供前端数据保障。加快智慧工地场景论证，开展智慧工地试验室建设，通过现场论证孵化、技术迭代，形成管理有效、技术稳定、成本合理的安全管理智慧场景。促进工地安全治理方式转型升级，依托现场智慧工地应用数据形成工地画像，促进差异化监督巡查和分级管理，同步配套政策引导和评优激励制度。

3. 进一步加强劳务用工管理

加强劳务用工管理，试行用工管理和信用记分结合，从工程款支付担保、用工合同签订、银行专户开设、失信黑名单惩戒方面，有效保障工人工薪支付权益。加快培育新时代建筑产业工人队伍，积极深化建设行业用工制度改革，支持临港新片区、五个新城、南北转型等建设重点区域开展培育新时代建筑产业工人队伍试点。鼓励施工总承包企业、专业承包单位积极发展企业自有产业工人，建立相对稳定的核心技术工人队伍。

第五章 重点专题

一、上海市持续深入推进建筑师负责制试点

（一）试点起步

2015年，中共中央、国务院出台《关于进一步加强城市规划建设管理工作的若干意见》，特别提出要培养既有国际视野，又有民族自信的建筑师队伍，进一步明确建筑师的权利和责任，提高建筑师的地位。推行建筑师负责制的本质就是要充分发挥建筑师的专业优势和技术主导作用，从前期咨询、设计施工到后期运维管理等建设全过程加强管控，提升工程建设品质和价值，助力城市建设高质量发展。2016年，住房和城乡建设部批复设立浦东新区建筑业综合改革示范区，上海市住房和城乡建设管理委员会会同浦东新区政府以市场化、专业化、国际化为导向，把推进浦东新区建筑师负责制试点工作作为一项重要内容，进行了研究和部署，提出建筑师负责制实施路径和实施内容，并结合浦东新区的一些项目建设，开始组织探索实施。

（二）扩大试点范围

经过在浦东新区的探索，上海建筑行业建筑师负责制模式有了基本框架。2021年9月，国务院部署在北京、上海等六个城市开展国家首批营商环境创新试点，要求将推行建筑师负责制作为与国际规则接轨、优化营商环境创建的举措之一。2021年11月，国务院发布《关于开展营商环境创新试点工作的意见》，提出探索在民用建筑工程领域推进和完善建筑师负责制，并作为持续提升投资和建设便利度的措施。2022年5月，住房和城乡建设部发布《"十四五"工程勘察设计行业发展规划》，将建筑师负责制作为推进多元服务模式和完善发展方式的一项重要举措。根据党中央、国务院和市委、市政府工作部署，上海市住房和城乡建设管理委员会会同市规划和自然资源局等单位全力推进建筑师负责制模式创新，加快构建与国际通行规则相衔接的营商环境制度体系，积极开展政策创新与模式创新，秉持"经济、适用、绿色、美观"的建筑方针，创新项目审批流程和组织模式，推动建筑师负责制从"浦东试点"迈向"全市试点"，充分发挥建筑师的专业优势和全过程技术主导作用，有效提升工程建设质量和品质。

（三）主要做法

一是加强组织保障，稳步推进建筑师负责制工作扎实展开。市委、市政府高度重视建筑师负责制试点推广工作，坚持全市"一盘棋"统筹协调，上下协同、整体联动，确保建筑师负责制试点各项工作落地。上海市住房和城乡建设管理委员会会同上海市规划和自然资源局等单位，持续开展多维度、多角度的政策宣贯，召开全市建筑师负责制试点工作推进会及政策宣贯会，夯实各区建设管理部门、管委会推进责任，在全市范围推进建筑师负责制落地。指导行业协会、学会组织开展技术培训和交流研讨，提升责任建筑师技术能力和综合能力，提高社会各界对建筑师负责制模式的知晓度、认可度和参与度。

二是实行分级分类管理，引导扩大推广试点范围。在浦东新区试点的基础上，2022年底，上海市住房和城乡建设管理委员会与上海市规划和自然资源局联合发布《上海市建筑师负责制扩大试点实施办法（试行）》，将试点范围进一步扩大到全市范围，形成上海市推进建筑师负责制试点的纲领性文件。在全市范围内的乡村建设类项目、城市更新类项目、教科文卫等项目，五个新城及列入市重大工程的基础设施类建设项目开展先行先试。进一步聚焦城市更新，要求文物和历史建筑保护修缮项目、历史风貌保护区域内保留保护项目以及限额以下项目率先推行建筑师负责制试点，积累试点经验、提升工程品质。2023年下半年以来，相继发布2批试点项目清单，包含全市16个区64个项目试点应用。

三是以提升品质为导向，强化制度体系支撑。在评估总结浦东新区建筑师负责制试点经验的基础上，明确了建筑师负责制的定义、团队构成、工作内容和相关责任等内容；同时，进一步优化项目审批流程，赋予建筑师更多权利，充分发挥建筑师的主观能动性，如经责任建筑师告知承诺，优化规划方案审查，免于施工图设计文件审查；授权由责任建筑师组织开展部分专项评估评审工作；建设单位自主选择开工放样复验或备案等。2023年制定出台《上海市建筑师负责制工作指引（试行）》，进一步细化建筑师在规划设计、策划咨询、工程设计、采购质量管理、施工技术管理、运营维护等六大阶段工作的服务范围、职责权利、责任义务等具体内容，共计177项子任务，全面指导建筑师负责制试点工作开展。针对本市城市更新单元范围内更新改造项目，上海市规划和自然资源局发布《关于建立"三师"联创工作机制推进城市更新高质量发展的指导意见（试行）》，细化责任规划师、责任建筑师、责任评估师在项目推进中的作用，由责任建筑师负责开展规划阶段技术文件审查等工作，推动建筑师负责制向城市更新项目的前端和后端延伸。

四是以创新点位为牵引，优化全过程管理服务。为推进实施建筑师负责制，上海市住房和城乡建设管理委员会在优化营商环境工作中，紧紧抓住制度创新的核心环节，细化明确不同类别的工程建设项目建筑师负责制应用的具体路径，健全信息化支撑保障，跟踪评估落实情况，全力推动本市建筑师负责制落地见效。制定发布《上海市建筑师负责制试点项目招标文件示范文本（试行）》，合理规范设置责任建筑师及其团队的投标资格条件、权力责任、合同条款等内容；鼓励招标人采用评定分离的定标方式。出台《上海市建筑师负责制试点项目招标评标办法（试行）》，充分考虑建筑师及其团队能力、设计方案总体思路，淡化设计费价格竞争，引导建设单位择优确定优秀的责任建筑师及其团队。针对本市优秀历史建筑修缮项目，上海市住房和城乡建设管理委员会联合上海市房屋管理局制定发布《关于优秀历史建筑修缮（装修改造）试点建筑师负责制的指导意见（试行）》，细化了责任建筑师在涉及优秀历史建筑保护应具体实施的工作内容。对于与法律法规或相关规范标准不适配或与保护要求不一致的设计，责任建筑师需组织专家和部门研究后提出综合解决方案，并开展技术论证；相关管理部门可凭责任建筑师签字的技术审查意见，出具行业管理意见等。结合国内实际、借鉴国际经验，发布了《上海市建筑师负责制服务成本测算办法（试行）》，指导行业协会开展成本测算工作，为施行建筑师负责制项目的各方提供参考。同时，组建专家咨询团队，协助开展试点项目的技术指导和示范推广，以及试点工作的后评估，总结试点经验。建立考核机制，各区建筑师负责制试点开展情况及成效的考核已纳入全市工程建设领域营商环境改革考核评价之中。

（四）下一步推进重点

下一步，上海市住房和城乡建设管理委员会将会同市相关单位，在规划许可、招投标、施工许可、竣工验收等阶段，进一步落实和完善优化试点政策，优化项目审批流程，加强事中事后监管，稳步推进建筑师负责制的全面展开。重点是完善信用体系，加强事中事后监管。将以企业为主的信用评价体系向以建筑师个人为主的信用评价转变，建立完善个人业绩库。与上海银保监局及相关保险企业开展建筑师负责制职业责任保险研究，创新完善相应的保险产品。继续指导督促各区建设管理委及相关单位做好建筑师负责制试点推广应用工作，定期梳理形成试点项目清单。兼顾试点项目的数量和质量，吸引更多优秀的、有能力的建筑师能参与试点工作。同时，指导浦东新区相关部门，持续推动浦东新区建筑师负责制地区试点立法草案制定，计划2024年年内完成立法。在项目全过程管理、行政审批、事中事后监管、经费保障等方面明确要求，更加清晰定位责任建筑师的责任、权利。将探索形成的创新政策经验在法律制度中固化下来，为试点推广提供依据，形成更多可复制可推广的工作经验，为国家层面立法贡献"上海方案"。

二、上海市推进城市体检工作的主要情况

（一）上海推进城市体检工作的简要过程

2017年，习近平总书记要求建立城市体检的评估机制。2020年，上海入

选全国城市体检样本城市。根据住房和城乡建设部和上海市政府的部署，上海市住房和城乡建设管理委员会开始探索城市体检工作，力求通过开展城市体检工作，建立健全"发现问题—解决问题—巩固提升"的工作机制，推动转变城市发展方式，整体推动城市结构优化，打造宜居、韧性、智慧城市。上海市住房和城乡建设管理委员会牵头相关部门，于 2020 年开展市级城市体检试点，2021 年推广到 16 区的全覆盖体检。2021 年，中共中央办公厅、国务院办公厅印发了《关于推动城乡建设绿色发展的意见》，要求建立健全"一年一体检、五年一评估"的城市体检评估制度，上海市于 2022 年首次试点 10 个街镇，2023 年进一步扩大街镇体检范围，形成全市 48 个街镇体检报告，开展 10 个社区级体检。城市体检工作逐步成为统筹上海城市建设发展的重要抓手。

（二）探索完善城市体检的主要工作

城市体检工作必须贯穿于城市规划、建设、治理全生命周期，需要设立一系列指标并通过相应的数据采集分析，客观准确地反映城市基础设施和运行维护现状及存在的问题，才能为城市更新工作展开提供依据，进而转变城市发展方式，优化城市结构，完善城市功能，提升城市品质。针对上海超大型城市的特点，首先，确定了"市—区—街镇—社区"四级体检体系，力求通过分层分类的方式，逐步探索实现对上海超大型城市现状的完整准确把握。构建"1+4"操作指导文件，印发《城市体检工作方案》，编制了《上海城市体检导则》《上海区级体检工作手册》《上海街镇体检工作手册》《上海城市体检 50 问》等配套文件，规范体检工作流程。其次，针对上海城市未来发展的目标，确立了宜居共建、安全韧性、品质更新、绿色低碳、交通便捷、多元共享、精细共治、智慧高效等八个方面内容，设计编制相应的评价指标体系。通过实践探索，2023年，结合住房和城乡建设部提出的建筑、小区（社区）、街区、城区（城市）4个空间维度指标，构建四类指标体系，包含93个市级地方性指标、31个住房和城乡建设部指导性指标、各区268个特色性指标及31个有针对性的专项体检指标。按照住房和城乡建设部"坚持问题导向，划细城市体检单元，从住房到小区、社区、街区、城区，查找群众反映强烈的难点、堵点、痛点问题"的工作要求，制定了56个区级必选指标，并遴选出住房和小区普查类指标下沉至街镇、社区，主要包括存在使用安全隐患的住宅数量、有高坠隐患的住宅小区数量、存在管线管道破损的住宅数量、存在楼道安全隐患的住宅数量等，将城市体检从全域宏观评估延伸到社区住房层面的微观把握。

第三，坚持主客观相结合原则，组织开展评价工作。从2021年市级层次城市评价的试点工作开始，上海市城市体检就引入社会满意度调查机制，坚持问计于民，通过市民群众的眼睛来评价上海城市的现状和存在的问题，了解市民群众对城市更新的真实需求。同时，综合行业标准、地区发展规划、国内外城市横向对标等方式，科学选取指标参考值，建立"红—浅橙—黄—浅绿—深绿"状态评估标准，组织专家、城市建设管理从业者进行专业评价，形成城市体检报告。2023年以"上海发布"等市区政府及部门官方微信公众号为主要线上发布平台，通过区、街镇全面动员市民参与线上和线下的社会满意度调查。累计发放问卷55 471份，回收有效问卷54 730份，问卷有效率98.7%。调查对象首次实现社会面全覆盖，包括不同年龄层、不同职业、不同学历、不同收入的人群，问卷结构更加均衡合理。一张问卷覆盖"市—区—街镇—社区"四个层面，问题设计从城市维度深入到小区、住房维度，全面了解市民在住房安全、住宅小区改造等方面的问题和建议，客观、真实、全面反映群众在人居环境质量提升等方面的诉求，为城市体检工作编制行动计划和项目清单提供重要参考。通过主客观的评价，编制各层级年度城市体检报告、专项体检报告、社会满意度调查报告，制定城市体检指标评估表、优势清单、问题清单、问题整改的行动计划与项目清单，形成一套"3份市级体检报告+16份区级体检报告+48份街镇报告+10份社区体检报告"完整的分级成果体系。

第四，深化开展城市更新专项体检。市级层面聚焦"人居环境品质提升"和"产业园区提质增效"两大更新行动组织开展专项体检。人居专项关注房屋与人，房屋与就业，房屋与交通，构建宜居舒适、职住平衡、交通便捷等三大维度16项指标体系，提出优化上海住房保障体系、推进青年发展型城市建设等行动建议。产业专项关注产业发展与园区建设两大方向，聚焦高能级产业园区，构建15项指标体系，提出建立产业"街区—社区—园区"分层级布局体系等优化建议。部分区结合自身实际，开展具有区域特点的专项体检。

（三）上海城市体检工作取得的初步成效

城市体检工作的有效开展，为上海整合城乡建设发展重点工作，更好地服务"规划—建设—更新—治理"全生命周期城市工作创造了条件。

一是统筹规划建设。通过开展"市—区—街镇—社区"四级体检，以"一表三清单"为依据，市级、区级层面突出目标导向，对标国际先进城市经验和社会经济发展规划，以产城融合、职住平衡、生态宜居等为目标，查找影响城市竞争力、承载力和可持续发展的短板弱项，聚焦重点领域的对策研究和方向性指导，建立行动建议和项目库。2023年度市级体检综合指标分析评估与满意度调查结果，形成急难愁盼、难点堵点、长期谋划三大类20个问题，开展54项行动76类项目，如针对健身中心覆盖率不足、保租房供需不匹配等问题，依托体检评估结果识别薄弱区域和发展需求，制定健身设施建设、保障性租赁住房因地制宜优化供应等行动计划，并推进市民健身中心、新时代城市建设者管理者之家等民生实事项目。

二是统筹城市更新。住房和小区（社区）层级，以风险隐患排查和社区设施环境整治为重点，推动完整社区建设和老旧小区改造。街区和城区层级，以体检报告"一表三清单"为抓手，发挥城市体检在资源底数排摸、问题清单识别、居民意愿征集等方面的技术优势，评估城市更新潜力，识别更新对象，将城市体检出来的问题作为城市更新的重点，支撑划定城市更新重点区域，生成更新项目。如黄浦区外滩街道对外滩第二立面区域现有商业活力、沿街开放性等进行体检，结合片区老大楼产权关系、建筑年代的基础信息，形成"第二立面更新管理底数图集"，为外滩街道管理商户业态、产权变更、慢行道路管理等提供信息底数，为黄浦区制定更新行动计划提供依据。又如青浦区重固镇划定城市更新重点区域。结合城市更新计划编制，采集20余项城市更新重点指标数据，包括自来水管裸露的小区数量、生活污水收集设施完整比例、存在室外厨房的小区数量、室外杂物乱堆乱放整治比例、群租治理比例、装修垃圾纯净度、生活垃圾分类纯净度等，根据居民满意度反馈和现场调研情况，提出以福泉山路周边为城市更新重点区域，重点推进该片区的"美丽街区"打造、公共服务设施提升、历史文化资源活化利用等城市更新项目实施。

三是统筹系统治理。将城市体检发现的问题和短板作为城市更新和精细化管理工作的重点，整合多部门建设任务，推动系统治理城市病。2023年市级城市体检报告抄送各相关部门和各区政府，要求加强问题的落实整改，推动项目和行动计划实施。杨浦区结合 2023 年城市体检成果反映出的住房改造、排水管网合格率低、供水燃气高危管道存量大等问题，形成美丽家园改造、智能燃气表安装、小区积水点改造等项目清单，纳入 2024 年杨浦区实事项目，并在新一轮"美丽家园"计划中推进功能复合提质，统筹考虑雨污混接、绿化、道路、运动设施、活动空间等多项改造内容，推动提高"美丽家园"建设标准。黄浦区对淮海中路街道围绕淡水路社区沿街空间开放性、商业活力、共享单车停放等方面开展城市体检，研究制定了整治措施和项目计划。其中，"花园公寓美丽家园""41 街坊外立面改建"等项目纳入 2024 年度"一街一路"精细化建设项目计划，区建管委负责实施淡水路（自忠路—建国东路）道板翻新，区房管局负责开展祥茂新村、鸿泉里和花园公寓 3 处居民社区大修工程，区绿化市容局负责开展四明里绿地改造等工作，集成行动协助淡水路沿线社区成功打造完整社区，并入选住房和城乡建设部第一批完整社区试点名单。

下一步，上海将按照住房和城乡建设部《关于全面开展城市体检工作的指导意见》，坚持早谋划、早实施，编制本市城市体检工作方案，强化工作统筹督导，指导推进各街镇、社区的体检工作，逐步完善城市体检工作机制。持续开展社会问卷调查，结合指标体系进一步优化问卷设计，通过网络问卷调查、社会感知数据采集、社区访谈、重点人群访谈等多种方式获取调查数据，常态化引进人民建议征集和市民热线数据，增加城市体检问题分析维度，校核城市体检结果。推动发布《城市体检可复制经验做法清单》《本市城市体检工作实施意见》及体检成果应用指引等文件，明确城市体检工作内容流程、责任分工等，优化城市体检工作长效机制、实施模式和配套政策。启动

《上海城市体检工作手册》修编，加强对体检工作的规范指引。完善城市体检信息系统，构建跨平台多终端指标数据汇集路径，强化与城市更新信息系统和城市体征指标的联动，归集指标模型所需空间数据，完成相关自动计算指标运算，将城市体检发现的"城市病"精准落图，支撑更新单元划定，探索"动态监测—定期体检、评估—查找问题—整治措施—跟踪落实"的在线闭环管理功能。

三、上海市建筑建材领域绿色低碳发展情况

上海市全面贯彻党的二十大关于"积极稳妥推进碳达峰碳中和"的战略部署，将碳达峰碳中和的战略导向和目标要求贯穿于城乡建设的各方面和全过程，积极推进上海建筑领域绿色低碳发展。

（一）近年来开展的主要工作

一是着力提升新建建筑绿色低碳水平。主要包括：强制执行绿色建筑要求，新建民用建筑按照绿色建筑基本级及以上标准建设，其中国家机关办公建筑、大型公共建筑及其他 5 000 平方米以上政府投资项目按照绿色建筑二星级及以上标准建设，截至 2023 年底，本市绿色建筑累计总量已达到 3.76 亿平方米；推动绿色建筑规模化发展，推进绿色生态城区建设，全市已成功创建 26 个，占地 72.6 平方公里，其中虹桥商务区核心区成为全国首个三星级绿色生态示范城区；提高新建建筑节能设计标准，在全国率先推行建筑能耗限额设计，其中居住建筑节能率指标提至 75%，属夏热冬冷地区先进水平，推动居住建筑从"相对节能"走向"实效节能"；全面推进超低能耗建筑发展，

2023 年本市设计方案阶段落实超低能耗建筑面积达到 1 360 万平方米，依托超低能耗建筑扶持政策，布局近零能耗、零碳建筑等新技术试点，目前本市已有近零能耗建筑面积 86 万平方米。

二是加快推进既有建筑节能降碳。重点是：推动既有建筑节能改造，推动装饰装修工程同步强制实施建筑节能改造，2023 年推动落实 430 万平方米既有公共建筑节能改造，针对不同改造项目特点，对管理要求进行细化深化；开展大型公共建筑用能监测，建成全市大型公共建筑能耗监测系统，覆盖楼宇达到 2 203 栋，覆盖面积 1.05 亿平方米，成为全国第一个、覆盖公共建筑数量最多、覆盖建筑面积最大、运行最稳定的建筑能耗监测系统；探索建立用能约束机制，基于能耗监测大数据分析，编制发布不同建筑类型的合理用能指南，为能源审计、能效公示奠定基础，助力既有建筑节能改造。

三是积极推动建造方式变革。大力发展装配式建筑，装配式建筑已成为本市主要建造方式，连续三年在新开工项目中占比超过 90%（占比居全国首位，2021 年全国平均约为 23.7%）。加快装配式建筑产业培育，本市预制构件生产企业达 127 家，年实际产能约 670 万立方米，可满足建设需要。本市共有 12 家国家级装配式建筑产业基地，23 家市级装配式建筑产业基地，产业链发展形成集聚效应。推进智能建造发展，已落实 32 个试点项目，建筑面积 150 万平方米。

四是积极撬动建材行业绿色低碳转型。推进绿色低碳建材发展，本市率先在预拌混凝土材料中试点推广绿色低碳建材，取得良好成效。目前本市共有 91 家绿色低碳预拌混凝土生产企业，占预拌混凝土总备案家数 2/3 以上，产能占比超过 4/5，规模位居全国前列。推进建筑垃圾资源化利用，完善收运处用闭环管理机制，每年 500 万吨左右建筑废弃混凝土已实现全量资源化利用。出台建筑垃圾资源化利用建材产品应用指南，促进建材业循环经济发展。

（二）主要做法

一是坚持政策市场双轮驱动。一方面，在《绿色建筑三年行动计划》、"十三五""十四五"发展规划等文件中明确了绿色建筑、建筑节能、装配式建筑、可再生能源应用等实施要求，并纳入土地出让合同以及建设管理流程进行把关。另一方面，依托财政补贴、容积率计算支持、提前预售扶持等政策，有效激发市场主体采用绿色低碳创新技术的积极性。

二是抓好绿色低碳项目全过程监管。建立了覆盖项目全过程的闭环管理机制。申请容积率计算支持的超低能耗项目需在方案设计、施工图设计、竣工验收阶段开展超低能耗专项技术论证并接受政府委托的第三方测评机构审核。审核未通过的项目，将取消其容积率计算支持。为防范政策风险，着力强化项目建设过程监管。聚焦超低能耗建筑关键性能指标和节点，对项目责任主体及属地质监部门提出全过程监管要求。比如将超低能耗建筑的围护结构热工性能、气密性隐蔽工程等 7 个性能指标纳入专项测评，并严格节能材料进场复验，突出重点强化日常抽查抽测。对建设、施工、监理、质检等责任主体分别提出严控设计变更、全过程资料留存、编制专项施工方案、专项监理细则、关键工序影像摄制等要求。

三是夯实绿色低碳技术支撑。逐步完善设计、审图、施工、验收等全过程标准规范，为建筑领域绿色低碳发展提供支撑。以超低能耗建筑为例，已基于《上海市超低能耗建筑技术导则》和工程实践启动编制超低能耗建筑设计标准、竣工验收技术导则。同时，为保障超低能耗建筑围护结构安全及热工性能，规范施工管理，促进新材料研发应用，编制了外墙保温一体化系统（反打、免模体系）应用技术标准并修订《预制混凝土夹心保温外墙板应用技术标准》。

四是注重全产业链能力建设。持续开展相关领域管理、开发、设计、审图、施工、物业、评价等专业人员的培训宣贯工作，如针对全市物业人员开展绿色建筑运行维护管理能力系列培训，助力绿色建筑理念和技术落地。注重产业工人培育，对装配式建筑灌浆施工人员开展考核管理、装配式相关技术培训，举办长三角装配式混凝土结构灌浆连接职业技能竞赛等。

下一步，上海市将加快绿色建筑发展法治化进程，加快制订并实施好《上海市绿色建筑条例》。做好绿色低碳新技术攻关、推广、转化，明确建筑领域绿色低碳产业导向，积极探索消费端市场激励创新制度，系统推进超低能耗建筑发展，全面提高上海建筑领域绿色低碳发展的水平和质量。

四、上海市新时代城市建设者管理者之家工作情况

随着上海市成片旧改全面完成、"两旧一村"改造加速、城市更新深入推进，上海市保障性租赁房已形成"一套房、一间房、一张床"的供应体系，但主要以"一套房、一间房"为主，重点面向各类的专业人才供应，面向城市一线劳动者"一张床"的职工宿舍极度短缺。收入相对较低的一线劳动者，特别是外来务工人员是城市建设管理和运行维护不可或缺的组成部分，完善"一张床"供应，留得住这些人员，服务保障好这些从事一线工作的劳动者，既关系到城市建设运行的质量，也关系到上海的长远发展。近年来，上海各

区在解决外来一线务工人员在沪期间居住问题方面进行了积极的探索尝试，其中，闵行区新时代城市建设者管理者之家就是突出的代表。2023年11月29日，习近平总书记到闵行区新时代城市建设者管理者之家考察，听取情况汇报，习近平总书记从体现城市温度、实现共同富裕的高度，给予新时代城市建设者管理者之家工作充分肯定，并指出，"外来务工人员来上海作贡献，同样是城市的主人。要践行人民城市理念，不断满足人民群众对住房的多样化、多元化需求，确保外来人口进得来、留得下、住得安、能成业"。习近平总书记的重要指示为上海推进新时代城市建设者管理者之家工作提供重要的精神动力，为完善上海"一套房、一间房、一张床"保障性租赁房供应体系指明了方向。

上海市委、市政府高度重视新时代城市建设者管理者之家工作，明确由上海市住房和城乡建设管理委员会牵头，各相关部门和区共同负责推进。陈吉宁书记多次实地调研新时代城市建设者管理者之家工作，提出工作要求，强调"要高度重视一线劳动者在上海的'净收入'"，"千方百计创造条件，积极挖掘各类资源，建设一批、改造一批、筹措一批低租金、可负担的新时代城市建设者管理者之家，让他们更安全、更有尊严、更加舒心地在城市居住生活和工作"。龚正市长明确提出，"要加大新时代城市建设者管理者之家床位供应力度"，立足当前、着眼长远、顺势而为，谋划好深化供应体系这篇文章，体现上海城市温度。

上海市住房和城乡建设管理委员会组织力量对外来务工人员在沪就业期间临时住宿情况的现状及问题进行全面调研，明确了新时代城市建设者管理者之家工作的定位、范围及边界。

一是明晰了新时代城市建设者管理者之家的保障定位。新时代城市建设者管理者之家是以宿舍床位供应为主的租赁住房项目，是我市"一张床、一间房、一套房"多层次租赁住房供应体系的重要组成部分和示范标杆项目；建在工地红线外临时用地上的集中居住点提标改造后也可作为新时代城市建设者管理者之家。点位布局上，优先在配套成熟、交通便利、产业集中、人口导入等区域布点，努力将入住对象的上下班单程通勤时间控制在30分钟以内；在有长期多个项目建设集聚的区域，在临时用地上布点建设新时代城市建设者管理者之家，推动建筑行业一线工人宿舍共享化、集约化、绿色化。建设配套上，以四人一间、带有独立卫浴设施的宿舍为主，合理配置双人间、单人间，因地制宜配置共享空间和公共设施，特别注重营造"家"的温馨舒适氛围。运营管理上，由社会力量参与投资建设运营，主要供用人单位共享租赁、员工拎包入住，并纳入基层社区治理和城市精细化管理。租金标准上，兼顾劳动者可负担和项目运营可持续，人均床位月租金基本控制在入住人员月均收入的10%—15%。

二是明确了新时代城市建设者管理者之家的受益对象。主要面向建筑施工、交通运行、市政、环卫、绿化、物业、快递、外卖、家政、医护等城市建设、运行和市民生活服务保障等行业一线人员，以及来沪新就业、初创业的人员供应。该群体人数众多、对城市发展运行不可或缺，其中的外来人员目前主要通过在老旧住房、城中村、工地临时宿舍等租住，有的甚至通过群租解决居住问题，普遍存在"住得远、住得贵、租房难、环境差"等痛点，对提高居住品质的需求较强烈。

三是厘清了新时代城市建设者管理者之家的实现路径。梳理了供地新建（利用国有建设用地、企事业单位自有闲置土地、产业园区配套用地、集体经营性建设用地新建）、存量改建（非居住存量房屋改建、"平急两用"设施转化）、大型临时居住设施迭代升级等实现路径。基本弄清了发展新时代城市建设者管理者之家在规划、土地、资金、标准、治理等方面面临的很节挑战。

在调查研究的基础，上海市住房和城乡建设管理委员会牵头相关部门，在全市范围开展新时代城市建设者管理者之家建设的试点推进。一是明确工作任务，加强责任落实。坚持边调研边实践，研究率先从上海市既有保租房项目中遴选打造一批新时代城市建设者管理者之家试点项目。明确工作要求，向各区下达年度筹措指标，并纳入绩效考核和重点工作监督。临时建筑方面，严格落实建设单位和施工总承包单位主体责任，全面实施《本市建筑工地务工人员现场居住环境提升标准》，采取物业化管理措施，积极改善工地红线内工人宿舍的居住条件。

二是指导统筹推进，加快试点落地。建立工作推进机制，扎实推动各条路径分类施策、分层推进。指导中心城区以分散式、嵌入式为主，千方百计挖掘存量资源，打造新时代城市建设者管理者之家；指导郊区全力以赴打造集中式、社区式的新时代城市建设者管理者之家，并试点筹建居委会，夯实基层组织，提升治理能力。支持国有企业、民营租赁住房企业等多元主体参与，推动从新建保租房社区、非居住存量房屋改建、旧住房改造、农村宅基地住房整体改造、"平急两用"设施等项目中遴选了首批25个新时代城市建设者管理者之家项目，筹措床位1.1万张，覆盖全市16个区，目前已全部向社会供应。试点项目通过争取中央财政补贴、在区域保租房项目统筹平衡等方式，把床位租金价格控制在500—1 000元/月。

三是坚持精细管理，加大宣传力度。指导各区建立"白名单"制度，精准匹配需求、对接供给。针对"一张床"项目入住人员流动性强、居住密度大等特点，引入专业物业加强管理，以信息化赋能管理能级提升，以党建引领导入服务资源。依托"随申办"App，提供在线看房选房、申请预约、签约备案等一站式服务。开展社会宣传，提升工作知晓度。

经过各区的努力和试点推进，2023 年 7 月 12 日，上海首批新时代城市建设者管理者之家项目举行集中揭牌仪式，张小宏副市长、王为人副秘书长、住房和城乡建设部住房保障司有关领导等出席活动，为全市首批项目揭牌。上海进一步落实筹措供应任务，将"新增筹措供应 3 万张以上新时代城市建设者管理者之家床位"列入 2024 年度为民办实事项目，通过从既有保租房中遴选改造（1.8 万张以上）、转化部分"平急两用"公共服务租赁性配套用房（0.7 万张以上）、新建或提标改造建筑一线务工人员集中居住床位（0.5 万张以上）等措施筹措新时代城市建设者管理者之家床位。探索可持续发展模式，在排摸需求底数的基础上，结合区域产城融合、职住平衡，确定三年行动计划，有序推进标准制定、项目落地、精准供应、精细治理。深入开展《新时代城市建设者管理者之家可持续发展推进机制创新研究》课题调研，会同有关部门和重点区，聚焦规划、土地、资金、财税、治理、金融等制约社会力量参与的根节瓶颈开展联动破题、联手攻坚，研究创新可持续发展的机制模式，出台相关支持政策，进一步调动属地政府和市场主体的积极性。支持各区、大型国有企业、行业单位敢为先锋、勇挑重担，重点聚焦"一江一河"、五个新城、南北转型、东方枢纽等需求较强的地区，打造样板项目，试点发行不动产投资信托基金（REITs），加强典型选树和示范推广。

五、2023 年上海市上市建企经营业绩分析

2023 年，全球经济低迷，国际格局复杂演变，地缘政治冲突频发，外部环境复杂性、严峻性、不确定性上升。国内周期性、结构性矛盾比较多。在这种复杂情况下，各地区各部门坚持稳中求进工作总基调，加大宏观调控力度，着力扩大内需、优化结构、提振信心、防范化解风险。从经济增长看，2023 年我国 GDP 超过 126 万亿元。分季度看呈现前低、中高、后稳的态势，向好趋势进一步巩固。投资呈现较强韧性。重大项目、重点工程建设加快推进，有效投资规模不断扩大，对稳增长的关键作用持续发挥。

2023 年底召开的中央经济会议强调，要加快推进保障性住房建设、"平急两用"公共基础设施建设、城中村改造等"三大工程"。"三大工程"不仅是构建房地产发展新模式的着力点，同时有助于改善民生、拉动内需，对实现城市高质量发展有重要意义。

（一）全国上市建筑企业总体情况

根据国家统计局数据统计，2023 年，全国建筑业总产值 31.59 万亿元，同比增长 5.77%，全年建筑业增加值 8.57 万亿元，比上年增长 7.10%。全国具有资质等级的总承包和专业承包建筑业企业利润 8 326 亿元。房屋建筑施工面积 151.34 亿平方米，同比减少 2.84%。

分地区看，2023 年，区域建筑业总产值总体态势不变，东部地区建筑业产值 182 938.50 亿元，占全国建筑业总产值的 57.91%，远超中部地区（总产值 70 081.51 亿元）、西部地区（总产值 62 891.83 亿元），中部和西部地区总

产值分别占比 22.18% 和 19.91%。

从省级分布情况来看，2023 年，建筑业总产值排名第一的是江苏省，达到 43 140.15 亿元，再次刷新了历史纪录。广东省位居第二，建筑业总产值为 25 195.26 亿元，表现出良好的发展势头。浙江省以 24 593.51 亿元的建筑业总产值排名第三。排名前十省份的建筑业总产值合计贡献了约 66.37% 的全国建筑业总产值。

从各地建筑业总产值增长情况看，2023 年，25 个省市实现建筑业总产值正向增长。江苏、广东、山东和上海等省市在建筑业总产值方面表现出色，保持了稳定的增长态势。这些地区的建筑业持续发展，为中国建筑业的繁荣做出了重要贡献。

表 99　2022—2023 年全国各省市建筑业总产值（按 2023 年建筑业总产值排序）

地区	建筑业总产值（亿元）		2023 年比上年增长
	2023 年	2022 年	
江苏省	43 140.15	40 660.05	6.70%
广东省	25 195.26	22 956.50	9.80%
浙江省	24 593.51	23 861.07	4.00%
湖北省	21 348.24	21 154.96	6.10%
山东省	18 686.57	17 559.63	6.40%
四川省	17 401.54	17 845.61	四川省统计局未公布
福建省	17 383.36	16 850.97	4.80%
湖南省	15 176.07	14 481	4.80%
北京市	14 272.51	13 866.11	4.00%
安徽省	12 466.83	11 702.63	6.50%
河南省	11 476.84	13 414.43	河南省统计局未公布
江西省	10 827.77	10 694.84	江西省统计局未公布

续　表

地区	建筑业总产值（亿元）		2023年比上年增长
	2023年	2022年	
陕西省	10 340.51	10 067.87	5.00%
上海市	10 045.79	9 273.90	8.90%
重庆市	9 709.72	9 746.96	6.90%
云南省	7 890.88	8 168.65	0.70%
河北省	7 261.26	6 951.34	河北省统计局未公布
山西省	6 147.13	6 145.48	与上年持平
广西壮族自治区	5 933.07	7 194.35	4.20%
天津市	5 072.26	4 751.30	6.80%
辽宁省	4 326.58	3 936.87	辽宁省统计局未公布
贵州省	3 938.99	4 260.24	6.70%
新疆维吾尔自治区	3 405.87	3 101.50	新疆维吾尔自治区统计局未公布
甘肃省	2 686.73	2 477.68	8.40%
吉林省	2 219.87	2 100.75	5.70%
内蒙古自治区	1 459.54	1 332.84	内蒙古自治区统计局未公布
黑龙江省	1 426.05	1 414.53	黑龙江省统计局未公布
宁夏回族自治区	741.55	725.85	2.20%
青海省	614.08	566.46	青海省统计局未公布
海南省	494.42	467.21	6.60%
西藏自治区	228.89	203.79	西藏自治区统计局未公布

注：比上年增长参考各省市公开发布的统计公报数据。

根据中国证券监督管理委员会公布的上市企业名单，以及对相关企业公开的年报数据进行统计，2023年123家上市建企营业收入达94 831.26亿元，同比增长5.46%。

根据各家企业年报数据统计，123家上市建筑企业实现主营业务利润11 144.93亿元，同比增长19.17%；净利润2 500.23亿元，同比增长0.35%；

营业成本 83 686.33 亿元，同比增长 3.87%；期间费用共计 5 879.53 亿元，同比增长 7.33%；经营性现金净额 742.29 亿元，同比下降 65.56%；应收账款 18 110.93 亿元，同比增长 10.20%；毛利率 11.75%，增加 1.35 个百分点；净利率 2.64%，降低 0.13 个百分点。

表 100　上市建筑企业 2023 年经营业绩关键指标汇总表

（单位：亿元）

	2023 年	2022 年	2023 年较 2022 年增减情况
营业收入	94 831.26	89 917.57	5.46%
营业成本	83 686.33	80 565.24	3.87%
主营业务利润	11 144.93	9 352.33	19.17%
净利润	2 500.23	2 491.61	0.35%
归属母公司净利润	2 008.78	1 975.145 426	1.70%
期间费用	5 879.53	5 477.951 765	7.33%
毛利率	11.75%	10.40%	上升 1.35 个百分点
净利率	2.64%	2.77%	减少 0.13 个百分点
经营活动产生的现金流量净额	742.29	2 155.23	−65.56%
应收账款	1 811.93	16 434.03	10.20%
负债率	67.48%	65.71%	上升 1.77 个百分点

（二）上海市建筑企业经营业绩

根据 2023 年上海市国民经济和社会发展统计公报，2023 年，上海市全年完成建筑业总产值 10 045.79 亿元，比上年增长 8.90%，占全国建筑业总产值的 3.22%，建筑业总产值规模排名第 14，排名比上年有所上升。房屋建筑施工面积 56 244.45 万平方米，下降 3.0%。

表 101　2023 年上海市建筑业产值和上市建筑企业经营情况

	2023 年	同比增减
上海市地区生产总值（GDP）（亿元）	47 218.66	5.00%
上海市建筑业总产值（亿元）	10 045.79	8.90%
上海市上市建筑企业营业收入（亿元）	9 050.18	−3.81%
上海市上市建筑企业净利润（亿元）	−14.90	−111.50%

2023 年，上海市重大工程投资规模再创新高，全年共完成投资 2 257.4 亿元，超计划投资额 5%；新开工 31 项，比原计划多开工 16 项，基本建成 33 项，超计划完成 7 个项目。其中，东方枢纽上海东站地下工程全面开工，沪渝蓉高铁、沪通二期、沪苏湖铁路等加快建设，机场联络线先期开通段全线主体结构贯通。2024 年，上海市重大工程共安排正式项目 191 项，年度计划投资 2 300 亿元。下一步将创新优化审批流程，着力提升重大工程项目审批服务便利度，加快项目开工、竣工。在重大工程中推广"桩基＋围护先行"和提前启动招标，拓展规划资源竣工验收"一证多验"适用范围，并扩大"分期竣工验收"实施范围等。

上海建筑业主要包括勘察、设计、建筑施工、监理、设计与施工一体化、造价咨询、装饰装修等类别，其中以建筑施工企业最多。以上海建工为代表的大型施工企业紧抓发展机遇，大力开拓城市更新板块，推进数字化转型，进行智慧设计、智慧建造、智慧更新、智慧运维的探索。以隧道股份为代表的专注基建工程的企业，持续推进产业结构优化调整，深耕轨道交通、大型公路与市政工程等业务，保持竞争优势，向"内外部资源全面协同融合的城市建设运营资源集成商"目标迈进。以华建集团为代表的工程设计咨询企业，聚焦大客户，关注重点区域、重要专项、重大项目，聚焦服务"长三角一体化"，积极参与商务部对外援助成套项目建设任务；推进管理数字化、业务数字化和数字化业务。

基于中国证券监督管理委员会的统计名单，注册在上海市的上市建筑企业共 14 家，分别是上海建工（房建）、隧道股份（路桥隧道）、中国海诚（设计）、同济科技（房建）、浦东建设（路桥隧道）、全筑股份（装饰装修）、中船科技（勘察设计）、创兴资源（装饰装修）、绿地控股（房地产）、中国核建（建筑安装）、上海港湾（基础设施）、华建集团（设计）、霍普股份（设计）、尤安设计（设计）。2023 年，14 家企业实现营业收入 9 050.18 亿元，同比下降 3.81%，营收增幅低于 123 家上市建筑企业（5.46%）。分企业来看，上海市上市建筑企业营业收入前三名为绿地控股（3 602.45 亿元，同比下降 17.28%）、上海建工（3 046.28 亿元，同比增长 6.5%）、中国核建（1 093.85 亿元，同比增长 10.34%）。

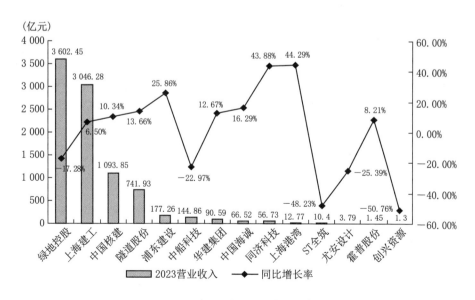

图 80　2023 年上海市上市建筑企业营业收入

建筑企业净利润显著下降，亟须提升盈利能力。2023年，上海市上市建筑企业净利润为−14.90亿元，同比降低111.88%，降速较去年进一步增大，主要受绿地控股净利润波动影响。

各企业表现也有所不同，2023年，绿地控股受部分地方政府债务压力加大、上游房地产市场持续低迷等因素影响，公司基建板块营收比去年同期减少30%，净利润下降341.98%。创兴资源的建筑装饰业务同样受房地产市场影响，相关产业链的流动性面临压力，公司工程回款放缓，其净利润减少。

而中国海诚基于轻工业工程建设行业优势，实现近50%的利润同比增长。全筑股份因子公司破产清算不纳入合并范围，结算的利润相比同期增长。尽管上海市部分上市建筑企业在经济增长方面表现良好，积极抓住发展机遇，然而整体市场的盈利能力亟须提升。

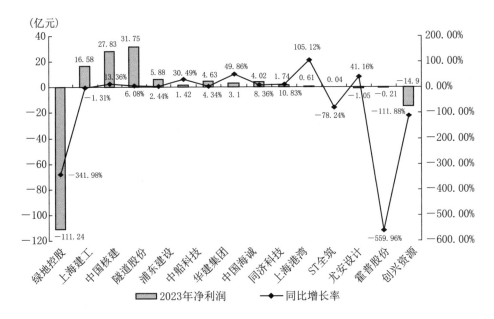

图81　2023年上海市上市建筑企业净利润

毛利率有所上升、净利率降低减弱。2023 年上海市上市建筑企业的净利率为－0.16%，较上年下降 1.50 个百分点，低于同期全国 123 家上市建筑企业净利率（2.64%）。全年上海市上市建筑企业的毛利率为 10.48%，较上年上升 2.67 个百分点，低于同期全国 123 家上市建筑企业毛利率（11.75%）。

分企业来看，在建筑业大类下净利率排名前三位的企业为上海港湾（13.63%）、同济科技（7.09%）和全筑股份（5.87%）；除绿地控股、创兴资源、霍普股份三家外，其他企业净利率均为维持在正，有一定盈利能力。在一些外部市场环境影响之下，部分企业亏损较多，其中霍普股份净利率低于－70%。

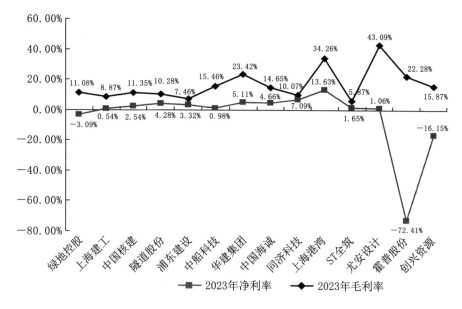

图 82　2023 年上海市上市建筑企业毛利率与净利率

营业成本、期间费用均有所下降。2023 年，上海市 14 家上市建筑公司的营业成本为 8 101.38 亿元，同比下降 2.38%，降幅略少于营业收入降幅（－3.81%）。2023 年期间费用为 631.71 亿元，同比下降 1.32%。其中，创兴资源营业成本同比减少52.59%，主要受行业周期性因素等影响，工程项目工程量减少；中船科技完成重大资产重组工作，在原有业务的基础上，新增风电业务，其成本增加较多。

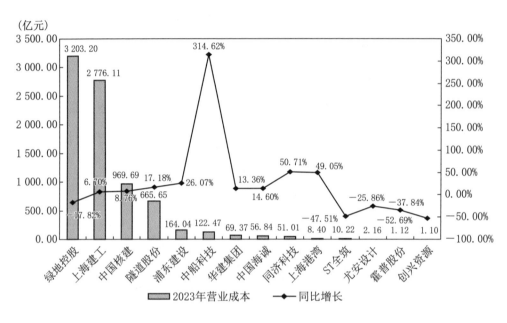

图 83　2023 年上海市上市建筑企业营业成本

经营性现金流情况有所回涨，各企业表现分化显著。2023 年，上海市上市建筑企业经营性现金流净额为 173.39 亿元，同比减少 58.50%。分企业来看，上海市上市建筑企业的经营性现金流表现分化显著。中船科技因其风机装备制造业板块市场竞争局势加剧，中标价格处于振荡下跌趋势，利润空间进一步压缩，经营性现金流净额同比下降 632.71%。同济科技经营性现金流净额同样下降较多（−214.06%），主要为房产项目资金回笼减少，且房产项目购买土地所致；上海建工经营活动产生的现金流量净额同比增加 134.23%，主要通过加强项目结算，公司收取的工程款、预收房产销售款较上年增加。

表 102　2023 年上海市上市建筑企业经营性现金流净额

企业	2023 年经营性现金流净额（亿元）	同比增速
绿地控股	−20.79	107.58%
上海建工	209.81	134.23%
中国核建	−3.15	92.84%
隧道股份	31.78	−21.47%
浦东建设	−5.94	−124.22%
中船科技	−19.43	−632.71%
华建集团	4.57	−1.01%
中国海诚	−2.37	−126.19%
同济科技	−22.77	−214.06%
上海港湾	1.34	0.24%
全筑股份	0.14	−72.43%
尤安设计	1.15	104.47%
霍普股份	−0.61	−172.45%
创兴资源	−0.34	48.44%
总计	173.39	−58.50%

　　研发费用稳步提升，步幅较上年有所增加。2023 年，上海市 13 家上市建筑企业（创兴资源研发费用未公开，此处不计入统计）研发费用合计 200.99 亿元，同比增长 17.01%，占整体营业收入的 2.22%；其中，中船科技资产重组，收购多家公司股权，其研发费用纳入公司合并范围。此外，中国核建（研发费用同比增速 76.53%）高度重视科技创新的支撑作用，在核电等重点施工领域加大研发；同济科技（74.16%）新增研发项目。而绿地控股、全筑股份、尤安设计和霍普股份的研发费用则均有不同程度下降。在面对严峻的外部市场考验与新机遇时，13 家企业选择重整业务，部分企业通过开辟新业务改善经营，增加研发投入，以提升自身竞争力。

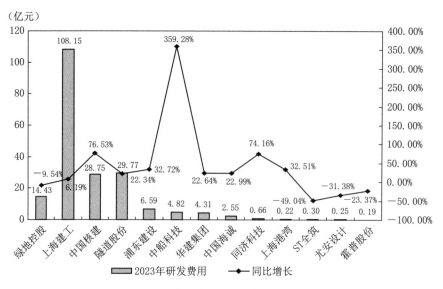

图 84　2023 年上海市上市建筑企业研发费用

人均营收有所下降。2023 年，上海市 14 家上市建筑企业员工数量为 201 607 人，同比减少 2.83%，人均营业收入为 448.90 万元，同比下降 1.01%。根据 14 家企业经营数据对比可看出，浦东建设的人均营收连续三年排名第一，达 1 178.59 万元 / 人；同济科技人均营收增长最快，增速为 37.41%。由于企业业务调整与外部政策和市场影响，部分上海市上市建企的员工数量有所下降，大部分企业较为稳定。其中，中船科技因收购其他公司，导致公司员工数量、研发人员数量和结构发生较大变化，出现近 200% 的增长。

表 103　2023 年上海市上市建筑企业员工数量及人均营收

企业	2023 年员工数量	员工数量同比增减	2023 年人均营收（万元）	人均营收同比增长
绿地控股	59 970	−14.54%	600.71	−3.21%
上海建工	51 272	−0.16%	594.14	6.67%
中国核建	45 068	3.94%	242.71	6.15%
隧道股份	17 978	5.91%	412.69	7.32%

续　表

企业	2023年员工数量	员工数量同比增减	2023年人均营收（万元）	人均营收同比增长
浦东建设	1 504	0.27%	1 178.59	25.52%
中船科技	4 699	198.92%	308.28	−74.23%
华建集团	10 959	0.12%	82.66	12.54%
中国海诚	4 666	−3.79%	142.56	20.88%
同济科技	3 047	4.71%	186.18	37.41%
上海港湾	736	20.85%	173.51	19.40%
ST 全筑	702	−42.60%	148.15	−9.81%
尤安设计	557	−27.57%	68.04	3.00%
霍普股份	361	−11.95%	40.17	22.90%
创兴资源	77	32.76%	168.83	−62.91%
合计	201 596	−2.83%	448.93	−1.00%

（三）重点企业观察

1. 上海建工

上海建工是一家有着 60 多年历史的大型建设集团，参与了大量的国内知名建筑物的建设。2023 年，公司深度融合 ESG 和公司经营发展，开展"十四五"规划中期评估，提出了"十四五"后期高质量发展的思路和举措。

全年实现营业收入 3 046.28 亿元（同比增长 6.5%），实现归母净利润 15.58 亿元（同比增长 14.9%），效益增速高于规模增速。公司加大力度推动在手订单实施，建材工业毛利保持高增速，建筑施工、城市建设投资业务毛利维持增长趋势。年内，公司全面梳理房产开发与投资业务情况，适度压控新增业务，加速在手房产项目销售，强化运营项目效益管理。受房地产行业景气度低迷及调控政策影响，房产开发业务结转毛利率下降，部分存货进行了较大额的减值计提。

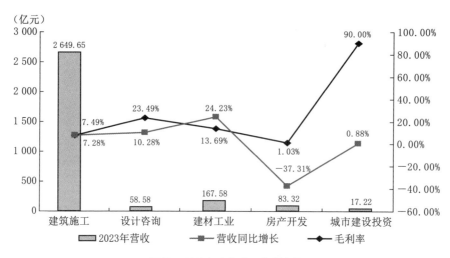

图 85 2023 年上海建工营收情况

2023 年，上海建工市场拓展有新成效，重大项目数量增长。公司全年累计新签合同 4 318 亿元，上海市场占比 71%，战略合作伙伴及老客户项目占新签合同额比重 66%；建筑施工新签合同中，政府和国企投资项目占比达到85%。房产开发业务加速项目去化，加快资金回收。2023 年度公司中标 10 亿元以上重大工程施工项目 60 项，增加近 10%。

分业务看，公司业务布局持续优化，新兴业务快速成长。2023 年，集团五大事业群稳步发展，建筑施工、设计咨询、建材工业事业群累计新签合同额 4 005 亿元，约占集团新签合同总额 92%，发展"基石"作用进一步增强，有效应对了房地产市场供求关系重大变化以及"PPP 新机制"改革带来的影响。集团六大新兴业务完成新签合同额 955 亿元，占集团新签合同总额 22%，在建合同额两位数增长。

2. 隧道股份

隧道股份主要从事隧道、轨道交通、路桥、燃气及新能源、水务、地下空间等城市基础设施的设计、施工、投资、传统及智慧运营养护业务，以及与智慧城市、智能交通相关的新兴数字信息业务。公司运营业务包括两方面，一是 PPP 等重资产项目的运营，二是以提供专业运营服务为主的轻资产运营。

2023 年，隧道股份在"十四五"战略规划指引下，向"内外部资源全面协同融合的城市建设运营资源集成商"目标加速迈进。隧道股份为客户提供基础设施"规划—投资—设计咨询—建设—运营"全生命周期增值服务的能力不断提升。形成城市更新、数字盾构、智慧运营、新材料、双碳五大科创中心，作为成果转化、产业孵化的基地。

2023 年度，隧道股份实现营业收入 741.93 亿元，比上年同期增长 2.62%；实现归属于上市公司股东的净利润 29.39 亿元，比上年同期增长 2.92%；归属于上市公司股东的扣除非经常性损益的净利润为 27.13 亿元，比上年同期增长 10.35%。截至 2023 年末，公司总资产达到 1 619.16 亿元，归属于上市公司股东的净资产 289.37 亿元。

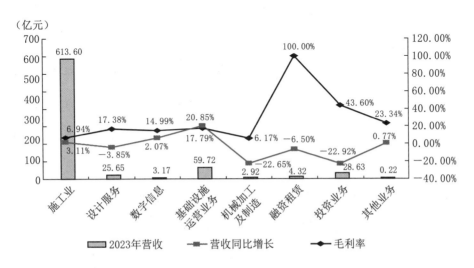

图 86　2023 年隧道股份营收情况

隧道股份作为投资、设计、施工、运营一体化的城市建设运营生态圈资源集成商，持续贯彻"技术引领、资本推动、数字赋能、协同发展"的经营理念，同时不断完善产业链，补齐运营业务短板，并稳步推进融资租赁和保理业务。2023年度，隧道股份累计新签各类施工、设计、运营业务订单总量为953.80亿元，增长14.11%。施工仍为公司主业，其营业收入占比保持在80%左右。地域分布上，主要业务收入来源集中在江浙沪等长三角区域，上海地区的营业收入占比60%左右。

2023年，隧道股份营业成本共计665.65亿元，同比增长17.18%，营业成本的变化与其营业收入的变化（同比增长13.66%）相匹配。隧道股份主营业务成本各板块之间变化不大。施工作为公司主业，成本占比86%左右，与其收入占比相符，施工业务成本项目构成之间比例变动较小，分包成本和材料成本为其中主要项目，二者合计占施工业务成本的73%左右。在此期间内，管理费用18.74亿元，较上年上升11.26%，主要是职工薪酬增加；由于研发立项增加，研发费用共计29.77亿元，较上年增加10.81%。

3. 华建集团

华建集团定位为以工程设计咨询为核心，为城乡建设提供高品质综合解决方案的集成服务商。公司业务领域覆盖工程建设项目全过程，包括规划、建筑、水利、市政、风景园林、室内装饰、岩土、建筑声学等各类设计咨询服务，以及设计、采购、施工一体化（EPC）工程总承包服务。旗下拥有华东院、上海院、上海市水利院等机构。2023年成立华建集团上海科技分公司。华建集团长期深耕超高层建筑、医疗康养建筑、机场交通建筑、轨交与立体城市（TOD）、体育建筑、公共文化建筑、数据中心建筑、历史保护建筑、城市景观、室内装饰、水务水利工程、城市更新等专项化领域。

2023 年，公司更加聚焦于主责主业的竞争优势来推动公司的高质量发展。实现营业收入 90.59 亿元，同比增长 12.68%；归母净利润 4.25 亿元，同比增长 10.35%。新签合同 123.72 亿元，同比增长 3.66%。

面对复杂严峻的市场环境，公司聚焦大客户，关注重点区域、重要专项、重大项目，围绕"品牌赋能"和"重大项目"统筹大经营工作。2023 年，公司在长三角地区（上海以外）签约额合计 17.96 亿元，占外地合同额的 46.29%。积极参与商务部对外援助成套项目建设任务，完成海外项目新签合同额 8 161 万元。

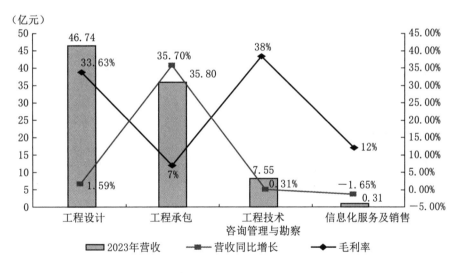

图 87　2023 年华建集团营收情况

2023 年，公司面对严峻复杂的形势，以政策为导向，聚焦本地市场，开拓重点战略区域。全年在上海本地市场新签合同额 84.1 亿元，占新签合同的 68%，较上年增长 11.5%。同时稳固设计咨询主业，在重点专项业务上发挥传统优势。2023 年，公司实现设计咨询收入 54.29 亿元。

同时，公司综合毛利率较 2022 年同期下降，一方面是工程承包板块毛利率下降 1.08 个百分点，另一方面毛利率相对较低的工程承包板块收入占比较去年同期有所提升，从 2022 年的 33% 提升至 40%。

在营业成本方面，2023 年，华建集团继续加大创新投入，通过推进创新项目和数字化转型，开展关键领域核心技术攻关，全年研发费用 4.31 亿元，同比增长 22.64%。

（四）总结

2023 年，上海市上市建筑企业均在不同程度上进行了改革创新，发展新板块，加大对研发的投入与新技术的应用。上海市建筑产业在工业化、数字化、绿色化转型上不断突破，努力打造"中国建造"升级版。2023 年，上海市聚力基础设施建设，优化基础设施布局、结构、功能和系统集成，深入实施城市更新行动和乡村建设行动。2024 年，将持续以重大工程为牵引拉动基础设施投资建设，以重点区域为先导打造现代化城市建设标杆，全面推进五个新城建设。以"两旧一村"改造为抓手深入推动城市更新。以乡村建设行动为依托推进宜居宜业和美乡村建设。房地产市场方面，保持平稳发展，支持刚性和改善性住房需求，促进房地产市场平稳健康发展和良性循环。加大保障性租赁住房供给。

注：文中数据来源国家统计局以及各相关企业公司公开的年报。

附录

附录一 大事记

2023 年大事记

1 月

● 3 日，临港新片区 2023 年第一季度重点建设项目开工仪式举行。本次开工项目 33 个，总投资约 316 亿元，项目涵盖产业、住宅、市政交通、能源保障、生态环境、商文体旅、社会民生等多个领域。

● 17 日，全国住房和城乡建设工作会议在北京召开。会议以习近平新时代中国特色社会主义思想为指导，全面学习贯彻党的二十大精神，认真落实中央经济工作会议精神，总结回顾 2022 年住房和城乡建设工作与新时代 10 年住房和城乡建设事业发展成就，坚持稳字当头、稳中求进，加强城市基础设施建设，以稳增长为主要着力点牵引带动促发展、保民生、抓转型三大任务，高效推动城乡建设、住房民生、行业转型和城市管理等领域高质量发展，助力建设宜居、韧性、智慧城市。

● 28日，上海优化营商环境"6.0版"行动方案公布，聚焦重点领域、重点地区、重点对象，从四个方面入手推出27个大项、190多个小项的任务措施。新方案中提出，要在上海全面推行"桩基先行"，在建设工程的许可办理中，将桩基与主体工程的审批分开。

● 28日，市生态环境局、市发展改革委、市经济和信息化委、市交通委、市住房城乡建设管理委、市农业农村委、市绿化市容局、市市场监管局联合印发《上海市减污降碳协同增效实施方案》，通过开展超低能耗建筑集中示范区建设、长三角一体化示范区水乡客厅近零碳试点示范项目建设、二氧化碳资源化利用示范项目建设、氢能试点示范工程建设等，为新技术、新模式的落地推广应用提供样板。

2月

● 15日，2022年度上海市重点工程实事立功竞赛表彰大会举行。会前，市委书记陈吉宁，市委副书记、市长龚正会见了先进集体和先进个人代表。陈吉宁指出，要深入学习贯彻党的二十大和习近平总书记考察上海重要讲话精神，认真践行人民城市理念，以排头兵的姿态、先行者的担当，把城市高起点规划好、高水平设计好、高质量建设好、高标准管理好，更好谱写"城市，让生活更美好"的新篇章。

3月

● 1日起，上海市《建筑施工企业安全生产许可证》电子证照正式启用全国一体化政务服务平台标准，进一步深化"放管服"改革，贯彻落实国务院关于加快推进电子证照扩大应用领域和全国互通互认的要求，提升建筑施工安全监管数字化水平。

● 17 日，上海建工集团股份有限公司、上海隧道工程股份有限公司、华东建筑集团股份有限公司、上海建科集团股份有限公司等 7 家单位共同发起成立上海市建筑信息模型技术协会，助力建筑业高质量发展，推进数字孪生城市建设。

4 月

● 12 日，上海市政府新闻办举行的新闻发布会上公布，依托市"一网通办"平台，上海市住房和城乡建设管理委员会会同相关部门，着力打造工程建设领域审批服务的"一个系统"，推行各阶段"一套材料、一表申请"，并通过"高效办成一件事"等手段，多角度提升用户体验。

5 月

● 1 日，《上海市建筑工程施工许可管理规定》正式施行，主要明确了施工许可的适用范围职责分工、申请条件、全程网办、审批程序、信息公示和共享、监督检查和法律责任等内容。

6 月

● 1 日，为满足工程建设需要，落实工程建设标准体制改革总体要求，根据工程建设规范体系表，住房和城乡建设部组织制定了《2023 年工程建设规范标准编制及相关工作计划》。

● 12 日，以"城市更新·欧洲"为主题的 2023 上海集成营造设计论坛在沪举行，聚焦欧洲城市更新经验，邀请世界知名规划建筑领域设计大师，针对城市更新开展国际案例分享和圆桌论道，为上海城市更新工作提供国际视野、设计力量。

● 截至 30 日，上半年市重大工程累计完成投资 1 100.4 亿元，为全年计划的 51.2%，同比增长 62.3%。

7 月

● 12 日，上海市"新时代城市建设者管理者之家"首批项目集中揭牌仪式在松江举行。建设筹措新时代城市建设者管理者之家，是构筑新时代宜居宜业"人民之城"的重要举措。

8 月

● 1 日，浦东新区已有 19 个项目试点建筑师负责制，基本涵盖医疗、住宅、办公、商业等各类型，达到"政府部门提升了审批效率、建设单位节省了成本、建筑师团队得到了培养锻炼"的多方共赢效果，首创的 50 多条举措通过住房和城乡建设部《建筑师负责制可复制做法清单（第一批）》《上海市建筑师负责制扩大试点实施办法（试行）》等形式在全国和全市得到推广。

● 22 日，上海市住房和城乡建设管理委员会印发《关于开展本市农村住房建筑活动管理试点工作的指导意见》，推进乡村振兴、城乡融合发展，落实《上海市农村村民住房建设管理办法》（沪府令 16 号）精神，着力加强宅基地上村民自建的农村住房建筑活动全过程管理。

9 月

● 1 日起，《上海市住房租赁公共服务平台管理规定》正式实施，从职责分工、平台建设、经营主体备案、实名从业、房源核验、网上签约和登记备案及管理要求等方面，对住房租赁平台管理服务内容进行优化。

● 5日，第十九届中国土木工程詹天佑奖在北京揭晓，上海浦东国际机场卫星厅及捷运系统工程、上证所金桥技术中心基地项目及黄浦江上游水源地工程等42项土木工程领域杰出的代表性工程获奖。

● 25日，《上海市海绵城市规划建设管理办法》发布，适用于本市行政辖区内新、改、扩建建设项目和海绵城市规划、设计、建设、运营及管理活动，加快推进上海市海绵城市建设，充分发挥建筑、道路和公园绿地、水系等生态系统对雨水的吸纳、蓄渗和缓释作用，有效控制雨水径流，实现自然积存、自然渗透、自然净化的城市发展方式，改善城市生态环境，推进城市绿色发展。

10 月

● 26日，上海市工程建设规范《建筑碳排放核算标准》启动暨编制大纲评审会召开，本标准的编制将建立本市统一规范的碳排放核算方法和构建碳排放系数数据库，帮助建筑行业更好地识别、监测和管理碳排放，有助于促进行业绿色低碳转型升级，为本市建筑领域实现双碳目标提供技术支撑。

● 27日，上海市第十六届人民代表大会常务委员会通过了《上海市人民代表大会常务委员会关于促进和保障"五个新城"建设的决定》，旨在举全市之力推进嘉定、青浦、松江、奉贤、南汇等五个新城的建设，以实现新城作为独立的综合性节点城市的发展定位。

● 30日，2023年上海国际城市与建筑博览会在上海世博展览馆举办。本届城博会的主题为"绿色低碳城市，智慧转型发展"，由联合国人居署、上海市住房和城乡建设管理委员会主办，上海世界城市日事务协调中心协办，上海市绿色建筑协会承办。

11 月

● 17 日，上海市燃气行业第十五届安全用气百日活动在浦东新区张江镇长泰广场正式启动，上海市燃气行业将集中开展燃气安全宣传、安全普查，加强督促隐患整改，减少用气事故发生。

● 18 日，上海市住房和城乡建设行业职业技能大赛落下帷幕，共有来自住建行业近 150 家企业的 332 名选手参加最终角逐，产生了 8 个一等奖，14 个二等奖，21 个三等奖。

● 25 日，上海市住房城乡建设行业科技大会暨长三角建设科技发展论坛在上海中心举办。大会以"科技赋能，创新发展"为主题，深入贯彻落实党的二十大精神，践行人民城市理念，坚持创新驱动发展，推动长三角建设领域高质量发展。

● 27 日，第十四届上海市决策咨询研究成果奖获奖名单正式公布，上海市房地产科学研究院研究成果《上海市保障性租赁住房发展机制研究》荣获一等奖。该研究深入调研本市保障性租赁住房需求情况，科学分析发展中面临的挑战，认真剖析存在的瓶颈问题，立足于推动形成保障性租赁住房全生命周期发展机制，广泛借鉴国内外城市相关发展经验，创新性地提出了建立健全以若干子机制为抓手的保障性租赁住房发展机制的总体思路和具体建议。

12 月

● 3 日，以"超大城市发展：挑战与未来"为主题的第六届大都市规划国际咨询会在上海召开，旨在推进全球大都市间沟通交流，共同探讨大都市地区发展面临的突出问题和挑战，探寻大都市地区发展的规划策略和行动方案。

● 12 日，2023 年上海杰出工程师选树颁证，10 人获得"上海杰出工程师"称号，10 人获得"上海杰出工程师（青年）"称号，其中华东建筑设计研究院有限公司包联进因攻克建筑消能减震及高性能结构材料应用等关键技术，支撑了复杂高层建筑结构工程实践而入选。

● 20 日，香港发展局局长宁汉豪、香港立法会发展事务委员会主席谢伟铨率代表团来沪访问，了解上海城市规划、建设与管理工作最新进展情况。中共上海市城乡建设和交通工作党委书记、上海市住房和城乡建设管理委员会主任胡广杰与代表团进行了交流，副主任金晨参加交流研讨。

● 21 日，由同济大学、深圳大学、上海市土木工程学会、中国土木工程学会市政工程分会共同主办的世界城市日系列活动——第十届国际地下空间开发大会在上海召开。会议聚焦城市地下空间前沿理论、智能化应用、关键共性技术、颠覆性创新技术、未来发展趋势等内容，与 300 多位来自全国知名高校、科研院所、行业学会协会、企事业单位的业界代表，共同开启了一场全球地下空间领域的巅峰对话。

附录二　2023 年上海市建筑业行业政策法规

一、2023① 年新增政策、法规、标准一览

（一）2023 年国家层面新增政策法律法规办法

文件归类	文件名称
综合管理	中华人民共和国行政复议法（修订）
	住房和城乡建设部办公厅关于印发部 2023 年信用体系建设工作要点的通知
	住房和城乡建设部办公厅关于印发政府信息公开指南的通知
	住房城乡建设部办公厅关于进一步加强全国建筑市场监管公共服务平台项目信息管理的通知
	国家发展改革委等部门关于完善招标投标交易担保制度进一步降低招标投标交易成本的通知
	住房城乡建设部办公厅关于印发培育新时代建筑产业工人可复制经验做法清单（第一批）的通知
	住房城乡建设部　金融监管总局关于建立城市房地产融资协调机制的通知
	住房城乡建设部办公厅关于印发城市更新典型案例（第一批）的通知
	关于加快构建废弃物循环利用体系的意见

---

① 为保证时效性，国家层面新增政策法律法规办法、上海层面新增政策法规办法收集范围为 2023 年 1 月 1 日—2024 年 6 月 30 日。

续　表

文件归类	文件名称
综合管理	关于转发国家发展改革委、住房城乡建设部《加快推动建筑领域节能降碳工作方案》的通知
	关于印发《扎实推进高水平对外开放更大力度吸引和利用外资行动方案》的通知
	关于印发《统筹融资信用服务平台建设提升中小微企业融资便利水平实施方案》的通知
	关于印发《2024—2025 年节能降碳行动方案》的通知
	关于印发推进建筑和市政基础设施设备更新工作实施方案的通知
	基础设施和公用事业特许经营管理办法
	关于进一步加强规划土地政策支持老旧小区改造更新工作的通知
	关于印发《口袋公园建设指南（试行）》的通知
建筑市场管理	住房城乡建设部关于进一步加强建设工程企业资质审批管理工作的通知
	住房城乡建设部办公厅关于开展工程建设项目全生命周期数字化管理改革试点工作的通知
	关于创新完善体制机制推动招标投标市场规范健康发展的意见
	招标投标领域公平竞争审查规则
	中央预算内投资项目监督管理办法
	关于印发《历史文化名城和街区等保护提升项目建设指南（试行）》的通知
	关于印发《房屋建筑和市政基础设施项目工程建设全过程咨询服务合同（示范文本）》的通知
	关于修订印发社会领域中央预算内投资相关专项管理办法的通知
	关于深化智慧城市发展推进城市全域数字化转型的指导意见
工程质量和安全管理	住房和城乡建设部关于修改《建设工程消防设计审查验收管理暂行规定》的决定
	住房和城乡建设部关于印发《建设工程质量检测机构资质标准》的通知
	住房和城乡建设部关于进一步加强城市房屋室内装饰装修安全管理的通知
	住房和城乡建设部办公厅关于做好房屋市政工程安全生产治理行动　巩固提升工作的通知
	住房和城乡建设部办公厅关于做好建设工程质量检测机构新旧资质标准过渡工作的通知
	国务院安委会办公室　住房和城乡建设部　交通运输部　水利部　国务院国有资产监督管理委员会　国家铁路局　中国民用航空局　中国国家铁路集团有限公司关于进一步加强隧道工程安全管理的指导意见

续　表

文件归类	文件名称
工程质量和安全管理	生产安全事故罚款处罚规定
	关于加强高校学生宿舍建设的指导意见
	关于印发《铁路工程建设工法管理办法》的通知
	关于开展房屋市政工程安全生产治本攻坚三年行动的通知
	关于印发《关于实施公共安全标准化筑底工程的指导意见》的通知
建筑节能和建筑材料管理	工业和信息化部　国家发展改革委　财政部　自然资源部　生态环境部　住房城乡建设部　商务部　金融监管总局关于印发《建材行业稳增长工作方案》的通知
	工业和信息化部等十部门关于印发绿色建材产业高质量发展实施方案的通知
	国家发展改革委等部门关于统筹节能降碳和回收利用　加快重点领域产品设备更新改造的指导意见
	关于印发《绿色低碳先进技术示范工程实施方案》的通知
	关于多氯萘等 5 种类持久性有机污染物环境风险管控要求的公告
	财政部办公厅　住房城乡建设部办公厅　工业和信息化部办公厅关于印发《政府采购支持绿色建材促进建筑品质提升政策项目实施指南》的通知
标准定额管理	住房和城乡建设部关于废止和宣布失效部分行政规范性文件的公告
	住房城乡建设部关于印发《装配式建筑工程投资估算指标》的通知
	住房和城乡建设部关于印发 2023 年工程建设规范标准编制及相关工作计划的通知
城乡规划和管理	中华人民共和国无障碍环境建设法
	住房城乡建设部关于扎实有序推进城市更新工作的通知
	住房城乡建设部关于全面开展城市体检工作的指导意见
	住房城乡建设部　人力资源社会保障部关于加强乡村建设工匠培训和管理的指导意见
	住房和城乡建设部等 15 部门关于加强经营性自建房安全管理的通知
	住房城乡建设部办公厅关于印发发展智能建造可复制经验做法清单（第二批）的通知
	住房和城乡建设部办公厅关于印发城市地下综合管廊建设规划技术导则的通知

续　表

文件归类	文件名称
城乡规划和管理	住房和城乡建设部办公厅关于印发城镇老旧小区改造可复制政策机制清单（第七批）的通知
	住房城乡建设部办公厅关于印发城镇老旧小区改造可复制政策机制清单（第八批）的通知
	住房和城乡建设部办公厅关于印发传统村落保护利用可复制经验清单（第一批）的通知
	住房城乡建设部办公厅关于印发设计下乡可复制经验清单（第二批）的通知
	住房城乡建设部办公厅关于印发实施城市更新行动可复制经验做法清单（第二批）的通知
	住房城乡建设部办公厅等关于印发完整社区建设试点名单的通知
	体育总局　中央文明办　发展改革委　教育部　国家民委　财政部　住房城乡建设部　农业农村部　文化和旅游部　卫生健康委　共青团中央　全国妇联关于推进体育助力乡村振兴工作的指导意见
房屋管理	住房和城乡建设部　市场监管总局关于规范房地产经纪服务的意见
	住房城乡建设部　中国人民银行　金融监管总局关于优化个人住房贷款中住房套数认定标准的通知
	住房城乡建设部办公厅关于做好新版永久居留身份证办理房屋交易网签备案工作的通知
	关于保障性住房有关税费政策的公告
	关于延续实施支持居民换购住房有关个人所得税政策的公告
	关于印发《农村产权流转交易规范化试点工作方案》的通知
燃气管理	住房城乡建设部关于印发城镇燃气经营安全重大隐患判定标准的通知
	住房城乡建设部关于印发全国城镇燃气安全专项整治燃气管理部门专项方案的通知
	住房和城乡建设部办公厅关于印发城市燃气管道等老化更新改造可复制政策机制清单（第一批）的通知
	住房和城乡建设部办公厅关于加快排查整改燃气橡胶软管安全隐患的通知
	住房城乡建设部办公厅　国家发展改革委办公厅关于扎实推进城市燃气管道等老化更新改造工作的通知

文件归类	文件名称
水务管理	住房城乡建设部　生态环境部关于城市黑臭水体治理责任人名单的通告
	国家发展改革委　住房城乡建设部　生态环境部关于推进污水处理减污降碳协同增效的实施意见
行政审批改革	住房城乡建设部关于推进工程建设项目审批标准化规范化便利化的通知
	住房城乡建设部办公厅关于开展建筑起重机械使用登记证书电子证照试运行工作的通知
	住房和城乡建设部办公厅关于推行勘察设计工程师和监理工程师注册申请"掌上办"的通知

（二）2023年上海层面新增政策法规办法

文件归类	文件名称
综合管理	上海市无障碍环境建设条例
	上海市行政执法监督办法
	上海市人民政府关于印发修订后的《上海市企业投资项目核准管理办法》的通知
	上海市人民政府关于印发修订后的《上海市企业投资项目备案管理办法》的通知
	关于印发《上海市住房和城乡建设领域轻微违法行为不予行政处罚清单（第一批）》的通知
	上海市住房和城乡建设管理委员会关于印发《上海市住房和城乡建设管理委员会2023年数字化转型工作要点》的通知
	上海市住房和城乡建设管理委员会关于开展2023年度科研项目申报工作的通知
	关于发布本市城管综合执法领域行政处罚事项清单和划分执法权限的通知
	上海市高级人民法院等关于印发《上海市加强改革系统集成　提升办理破产便利度的若干措施》的通知
	关于印发嘉定、青浦、松江、奉贤、南汇新城《绿色生态规划建设导则》的通知
	关于印发《关于坚持对标一流持续优化上海市工程建设领域营商环境的行动方案》的通知
	关于印发《上海市住房和城乡建设管理行业数字化转型实施方案（2024—2026年）》的通知

文件归类	文件名称
建筑市场管理	上海市人民政府办公厅关于印发《上海市市重大工程建设管理办法》的通知
	上海市住房和城乡建设管理委员会关于印发《上海市建筑工程施工许可管理规定》的通知
	上海市住房和城乡建设管理委员会关于印发《上海市建设工程施工项目经理和总监理工程师质量安全违法违规行为记分管理办法》的通知
	关于印发《上海市全面推进建筑信息模型技术深化应用的实施意见》的通知
	上海市住房和城乡建设管理委员会关于印发《上海市建筑工地务工人员现场居住环境提升标准》的通知
	上海市住房和城乡建设管理委员会关于在建设工程招标投标中应用在沪建设工程勘察设计企业信用评价结果的通知
	关于印发《上海市建筑师负责制工作指引（试行）》的通知
	上海市住房和城乡建设管理委员会关于修订《上海市在沪建筑业企业信用评价标准（2020 版）》和《关于在建设工程招标投标中使用在沪建筑业企业信用评价结果的通知》有关条款的通知
	关于印发《关于进一步完善本市工程建设领域从业人员管理服务体系的实施意见》的通知
	上海市住房和城乡建设管理委员会关于进一步加强本市建设工程企业资质审批管理工作的通知
	上海市住房和城乡建设管理委员会关于开展本市建筑工程领域保障农民工工资支付冬季专项行动的通知
	关于在本市试行 BIM 智能辅助审查的通知
	上海市住房和城乡建设管理委员会关于废止《关于政府投资项目择优选择检测机构的通知》的通知
	关于印发《上海市在沪工程监理企业信用评价标准（2024 版）》的通知
	关于印发修订后的《上海市在沪建筑业企业信用评价标准（2024 版）》的通知
	关于印发《上海市特殊消防设计专家评审管理规定（试行）》的通知
	关于印发《上海市建设工程竣工验收消防查验表（2023 版）》的通知
	关于印发《关于进一步深化本市建设工程招投标制度改革工作的实施意见》的通知
	关于印发《上海市建设工程招标投标管理办法实施细则》的通知
	关于优秀历史建筑修缮（装修改造）试点建筑师负责制的指导意见（试行）
	关于印发《上海市推进住宅工程质量潜在缺陷保险实施办法》的通知

文件归类	文件名称
建筑市场管理	关于印发《上海市住宅工程质量分户验收管理办法》的通知
	关于调整本市城市基础设施养护维修工程规费项目设置及费用计算等相关事项的通知
	关于印发《上海市住宅工程业主房屋质量预看房管理办法》的通知
工程质量和安全管理	上海市人民政府关于修改《上海市危险化学品安全管理办法》的决定
	上海市电梯安全管理办法
	上海市人民政府关于印发《上海市实施〈生产安全事故报告和调查处理条例〉的若干规定》的通知
	上海市人民政府办公厅印发《关于进一步加强本市消防基础设施建设的实施意见》的通知
	上海市住房和城乡建设管理委员会关于印发《上海市建设工程生产安全事故管理规定》的通知
	上海市住房和城乡建设管理委员会关于印发《上海市建筑施工企业主要负责人、项目负责人和专职安全生产管理人员安全生产考核发证管理办法》的通知
	上海市住房和城乡建设管理委员会关于印发《上海市建设工程质量风险管理机构管理规定》的通知
	关于印发《上海市建设工程危险性较大的分部分项工程安全管理实施细则》的通知
	上海市住房和城乡建设管理委员会关于印发《上海市建筑施工企业安全生产许可证告知承诺电子化审批实施细则》的通知
	上海市住房和城乡建设管理委员会关于印发《上海市建设工程消防设计审查验收管理办法》的通知
	上海市住房和城乡建设管理委员会关于本市房屋排查系统数据第七轮滚动质检情况的通报
	关于印发《上海市房屋高空坠物安全隐患排查整治三年行动计划（2023—2025）》的通知
	上海市住房和城乡建设管理委员会关于印发修订后的《上海市处置建设工程事故应急预案》的通知
	关于做好低温雨雪冰冻天气防范应对工作的通知
	上海市住房和城乡建设管理委员会关于全面统筹做好本市建筑工地疫情防控、安全生产和文明施工工作的通知
	上海市住房和城乡建设管理委员会关于本市《建筑施工特种作业操作资格证》电子证书启用全国一体化政务服务平台标准的通知

文件归类	文件名称
工程质量和安全管理	关于印发《上海市旧住房成套改造项目施工图设计文件技术审查要点（拆除重建篇）》的通知
	上海市住房和城乡建设管理委员会关于印发《上海市房屋建筑工程施工图设计文件技术审查要点（3.0 版）（建筑、结构篇）》的通知
	上海市住房和城乡建设管理委员会关于印发《上海市基坑工程信息化监测实施方案》的通知
	上海市住房和城乡建设管理委员会关于印发《上海市智慧工地建设指引（试行）》的通知
	关于加强本市轨道交通安全保护区施工安全管理工作的通知
	上海市住房和城乡建设管理委员会关于开展 2023 年建设工程领域消防产品质量专项整治行动的通知
	上海市住房和城乡建设管理委员会关于印发《上海市建设工程施工图无障碍设计文件技术审查要点》的通知
	上海市住房和城乡建设管理委员会关于印发《上海市既有建筑玻璃幕墙区级巡查工作导则》的通知
	上海市住房和城乡建设管理委员会关于做好 2023 年本市既有建筑玻璃幕墙安全排查整治的通知
	上海市住房和城乡建设管理委员会关于本市建筑工地安全隐患排查整治专项行动市级督查情况的通报
	关于进一步加强对本市建筑工地燃气及危险化学品安全防范工作的通知
	关于做好本市建筑工地务工人员健康管理的通知
	关于加强中秋国庆期间本市建筑工地安全生产工作的通知
	上海市住房和城乡建设管理委员会关于进一步加强本市既有多层住宅加装电梯工程质量安全管理的通知
	上海市住房和城乡建设管理委员会关于印发《上海市智慧工地场景试验室建设实施细则（试行）》的通知
	上海市安全生产委员会建设安全专业委员会关于加强本市建设工程施工期间燃气管线保护工作的通知
	上海市房屋管理局关于进一步做好本市修缮、拆房工地复工复产安全生产工作的通知
	上海市房屋管理局关于印发《上海市住宅修缮和拆房工程安全生产治理行动巩固提升工作方案》的通知

续　表

文件归类	文件名称
工程质量和安全管理	上海市房屋管理局关于印发《上海市住宅修缮、拆房工地安全突发事件应急预案》的通知
	关于印发《上海市既有建筑改造工程消防技术指南》的通知
	关于印发《上海市建筑工程施工质量资料统一用表》(1.0版)的通知
	关于进一步加强本市建设工程实名制考勤管理工作的通知
	关于整治本市建筑工地违规堆载堆料管理工作的提示
建筑节能和建筑材料管理	关于印发《关于推进本市绿色生态城区建设的指导意见》的通知
	上海市住房和城乡建设管理委员会关于印发《上海市超低能耗建筑项目第三方测评机构管理办法（试行）》的通知
	上海市住房和城乡建设管理委员会关于公布上海市超低能耗建筑项目第三方测评机构的通知
	上海市住房和城乡建设管理委员会关于印发2023年各区和相关委托管理单位推进建筑领域绿色低碳发展工作任务分解目标的通知
	关于发布《2022年上海市国家机关办公建筑和大型公共建筑能耗监测及分析报告》的通知
	上海市住房和城乡建设管理委员会关于2023年第三季度建筑废弃混凝土回收利用不良行为项目的通报
标准定额管理	上海市住房和城乡建设管理委员会关于发布《上海市建设工程工程量清单数据文件标准（VER1.2-2023）》的通知
	关于调整本市建设工程规费项目设置等相关事项的通知
	上海市住房和城乡建设管理委员会关于批准发布《上海市市政工程养护维修预算定额第二册城市快速路（SHA1-41（02）-2023）》的通知
	上海市住房和城乡建设管理委员会关于印发《上海市二级注册造价工程师继续教育实施细则》的通知
	关于印发《2023年上海市工程建设标准编制计划（第二批）》的通知
	关于发布本市建设工程概算相关费率的通知
	上海市住房和城乡建设管理委员会关于公布2023年度上海市工程建设规范复审结果的通知
城乡规划和管理	上海市城市建设档案管理办法
	上海市人民政府办公厅关于印发《上海市城市更新行动方案（2023—2025年）》的通知

文件归类	文件名称
城乡规划和管理	关于印发《上海市海绵城市规划建设管理办法》的通知
	上海市住房和城乡建设管理委员会关于评选本市村内道路长效管护星级村的通知
	上海市住房和城乡建设管理委员会关于下达 2023 年本市村内道路建设管护任务的函
	上海市住房和城乡建设管理委员会关于印发《关于开展本市农村住房建筑活动管理试点工作的指导意见》的通知
	上海市住房和城乡建设管理委员会关于进一步加强本市建设工程海绵城市施工图设计审查和竣工验收管理的有关通知
	关于印发《上海市旧住房成套改造和拆除重建实施管理办法（试行）》的通知
	关于印发《上海市优秀历史建筑修缮（装修改造）设计方案审批管理办法》的通知
	关于进一步加强损坏房屋承重结构行政执法协同工作的通知
	关于印发《2023 年各区城市管理精细化工作考核方案》的通知
	上海市地下空间管理联席会议关于印发修订后的《上海市地下空间突发事件应急预案》的通知
	关于印发《苏州河中心城段文旅功能提升工作方案（近期）》的通知
	关于印发《"一江一河"儿童友好滨水空间建设指导意见》的通知
房屋管理	关于优化我市个人住房贷款中住房套数认定标准的通知
	关于调整本市普通住房标准的通知
	上海市房屋管理局关于对本市房地产估价机构进行检查的通知
	关于进一步做好本市住房租赁和房地产经纪行业从业人员实名从业的工作通知
	上海市房屋管理局关于废止部分规范性文件的通知
	上海市房屋管理局关于印发《上海市物业服务企业和项目经理信用信息管理办法》的通知
	上海市房屋管理局关于印发《上海市物业服务企业和项目经理失信行为记分规则》的通知
	上海市房屋管理局关于印发《上海市在沪住宅修缮企业信用评价实施细则》的通知
	上海市房屋管理局关于印发《上海市住房租赁公共服务平台管理规定》的通知

文件归类	文件名称
房屋管理	上海市房屋管理局关于延长《上海市国有土地上房屋征收评估报告鉴定若干规定》《关于贯彻〈住房城乡建设部关于进一步规范房地产估价机构管理工作的通知〉的实施意见》有效期的通知
	关于印发《关于进一步规范住房租赁和房地产经纪领域城管执法工作的意见》的通知
燃气管理	上海市人民政府办公厅关于转发市住房城乡建设管理委制订的《上海市瓶装液化石油气替代改造工作方案》的通知
	上海市住房和城乡建设管理委员会关于印发《上海市施工作业保护燃气管道管理规定》的通知
	关于联合印发《长三角生态绿色一体化发展示范区燃气专项规划（2021—2035年）》的通知
	上海市住房和城乡建设管理委员会关于加强家用液化石油气调压器、燃气泄漏报警保护装置等产品使用管理的通知
	关于印发《上海市城镇燃气安全专项整治燃气管理部门专项实施方案》的通知
	上海市住房和城乡建设管理委员会关于进一步加强本市瓶装液化石油气用户安全管理的通知
	上海市住房和城乡建设管理委员会关于本市非居民用户天然气销售价格调整后天然气销售企业结算价相应调整的通知
	上海市住房和城乡建设管理委员会关于本市非居民用户天然气销售价格调整后天然气销售企业结算价格相应调整的通知
	上海市安全生产委员会建设安全专业委员会关于加强本市建设工程施工期间燃气管线保护工作的通知
园林绿化市容环卫管理	上海市道路和公共场所清扫保洁服务管理办法（2023年修正）
	上海市查处乱张贴乱涂写乱刻画乱悬挂乱散发规定（2023年修正）
	上海市户外招牌设置管理办法（2023年修正）
	上海市市容环境卫生责任区管理办法（2023年修正）
	上海市人民政府关于发布上海市生态保护红线的通知
	关于印发《外环绿带及沿线地区慢行空间贯通专项规划》的通知
	关于调整本市生活垃圾运输处置结算价格标准的通知
	关于印发《上海市户外招牌设置技术规范》的通知
	关于印发《上海市户外广告设施设置技术规范》的通知
	关于进一步加强本市装修垃圾、拆房垃圾全程治理和资源化利用的通知

续　表

文件归类	文件名称
园林绿化市容环卫管理	关于开展建筑垃圾管理领域违法违规行为专项整治行动的通知
	关于依托网格化管理进一步加强建筑垃圾综合治理的通知
	关于印发修订后的《上海市居住区绿化调整实施办法》的通知
	关于印发《上海市临时性户外广告设施设置管理办法》的通知
	上海市绿化和市容管理局关于印发《关于进一步规范设摊经营活动的指导意见（试行）》的通知
水务管理	《上海市人民政府关于修改〈上海市原水引水管渠保护办法〉的决定》
	上海市人民政府关于同意《上海市水网建设规划》的批复
	上海市人民政府办公厅转发市水务局修订的《关于本市市管河道及其管理范围的规定》的通知
	上海市人民政府办公厅关于印发《上海市加强入河入海排污口监督管理工作方案》的通知
	上海市住房和城乡建设管理委员会关于印发《上海市住房和城乡建设管理委员会防汛防台工作预案（2023 年版）》的通知
	关于进一步做好本市住建行业防汛工作的通知
行政审批改革	关于印发《关于深化系统集成推动上海市工程建设领域营商环境一体化改革的实施意见》的通知
住房公积金管理	关于在沪工作的香港澳门台湾居民住房公积金个人住房贷款若干问题的通知
	上海市住房公积金个人购买征收安置住房贷款管理办法
	上海市住房公积金缴存管理办法
	上海市住房公积金提取管理办法
	上海市住房公积金个人住房贷款管理办法
	关于本市住房公积金提取业务月提取限额等事项的通知
	关于本市实施多子女家庭住房公积金支持政策的通知
	关于 2023 年度上海市调整住房公积金缴存基数、比例以及月缴存额上下限的通知
	关于调整本市住房公积金购买存量住房最长贷款期限的通知
	关于本市住房公积金支持城市更新有关政策的通知
	关于优化本市住房公积金个人住房贷款套数认定标准的通知

二、2023 年度批准发布的国家及上海市工程建设规范及定额

（一）2023 年度批准发布的国家工程建设规范

序号	标准名称	编号	发布日期	实施日期	发布单位	标准类型
1	石油化工金属管道工程施工质量验收规范（局部修订）	GB50517-2010	2023 年 1 月 5 日	2023 年 5 月 1 日	住房城乡建设部	国家标准
2	涤纶、锦纶、丙纶设备工程安装与质量验收规范（局部修订）	GB50695-2011	2023 年 1 月 5 日	2023 年 5 月 1 日	住房城乡建设部	国家标准
3	水利水电工程地质勘察规范（局部修订）	GB50487-2008	2023 年 1 月 5 日	2023 年 5 月 1 日	住房城乡建设部	国家标准
4	薄膜晶体管液晶显示器工厂设计规范（英文版）	GB51136-2015	2023 年 1 月 5 日	2023 年 5 月 1 日	住房城乡建设部	国家标准
5	建筑防腐蚀工程施工规范（英文版）	GB50212-2014	2023 年 4 月 3 日		住房城乡建设部	国家标准
6	建筑防腐蚀工程施工质量验收标准（英文版）	GB/T50224-2018	2023 年 4 月 3 日		住房城乡建设部	国家标准
7	城市轨道交通自动售票系统工程质量验收标准（英文版）	GB/T50381-2018	2023 年 4 月 5 日		住房城乡建设部	国家标准
8	城乡历史文化保护利用项目规范	GB55035-2023	2023 年 5 月 23 日	2023 年 12 月 1 日	住房城乡建设部	国家标准
9	建筑物移动通信基础设施工程技术标准	GB51456-2023	2023 年 5 月 23 日	2023 年 9 月 1 日	住房城乡建设部	国家标准

续　表

序号	标准名称	编号	发布日期	实施日期	发布单位	标准类型
10	工业设备及管道防腐蚀工程技术标准	GB/T50726-2023	2023 年 5 月 23 日	2023 年 9 月 1 日	住房城乡建设部	国家标准
11	城镇燃气输配工程施工及验收标准	GB/T51455-2023	2023 年 5 月 23 日	2023 年 9 月 1 日	住房城乡建设部	国家标准
12	城市居民生活用水量标准（局部修订）	GB/T50331-2002	2023 年 7 月 30 日	2023 年 11 月 1 日	住房城乡建设部	国家标准
13	服装工厂设计规范（局部修订）	GB50705-2012	2023 年 7 月 30 日	2023 年 11 月 1 日	住房城乡建设部	国家标准
14	机井工程技术标准	GB/T50625-2023	2023 年 9 月 25 日	2024 年 5 月 1 日	住房城乡建设部	国家标准
15	医院建筑运行维护技术标准	GB/T51454-2023	2023 年 9 月 25 日	2024 年 5 月 1 日	住房城乡建设部	国家标准
16	建筑与市政工程绿色施工评价标准	GB/T50640-2023	2023 年 9 月 25 日	2024 年 5 月 1 日	住房城乡建设部	国家标准
17	地下水监测工程技术标准	GB/T51040-2023	2023 年 9 月 25 日	2024 年 5 月 1 日	住房城乡建设部	国家标准
18	核电厂工程测量标准	GB/T50633-2023	2023 年 9 月 25 日	2024 年 5 月 1 日	住房城乡建设部	国家标准
19	核工业铀矿冶工程技术标准	GB50521-2023	2023 年 11 月 9 日	2024 年 5 月 1 日	住房城乡建设部	国家标准
20	水利水电工程节能设计规范（局部修订）	GB/T50649-2011	2023 年 12 月 26 日	2024 年 5 月 1 日	住房城乡建设部	国家标准
21	水工建筑物抗震设计标准（英文版）	GB51247-2018	2023 年 12 月 26 日		住房城乡建设部	国家标准
22	小型水电站施工安全标准（英文版）	GB51304-2018	2023 年 12 月 26 日		住房城乡建设部	国家标准

续　表

序号	标准名称	编号	发布日期	实施日期	发布单位	标准类型
23	河流流量测验鉴规范（英文版）	GB50179-2015	2023 年 12 月 26 日		住房城乡建设部	国家标准
24	节水灌溉工程技术标准（英文版）	GB/T50363-2018	2023 年 12 月 26 日		住房城乡建设部	国家标准
25	节段预制混凝土桥梁技术标准	CJ/T111-2023	2023 年 1 月 5 日	2023 年 5 月 1 日	住房城乡建设部	行业标准
26	超长混凝土结构无缝施工标准	JGJ/T492-2023	2023 年 1 月 5 日	2023 年 5 月 1 日	住房城乡建设部	行业标准
27	中低速磁浮交通车辆通用技术条件（英文版）	CJ/T375-2011	2023 年 4 月 5 日		住房城乡建设部	行业标准
28	中低速磁浮交通车辆电气系统技术条件（英文版）	CJ/T411-2012	2023 年 4 月 5 日		住房城乡建设部	行业标准
29	中低速磁浮交通道岔系统设备技术条件（英文版）	CJ/T412-2012	2023 年 4 月 5 日		住房城乡建设部	行业标准
30	中低速磁浮交通轨排通用技术条件（英文版）	CJ/T413-2012	2023 年 4 月 5 日		住房城乡建设部	行业标准
31	中低速磁浮交通车辆悬浮控制系统技术条件（英文版）	CJ/T458-2014	2023 年 4 月 5 日		住房城乡建设部	行业标准
32	城市运行管理服务平台管理监督指标及评价标准	CJ/T551-2023	2023 年 7 月 19 日	2023 年 11 月 1 日	住房城乡建设部	行业标准
33	城市运行管理服务平台运行监测指标及评价标准	CJ/T552-2023	2023 年 7 月 19 日	2023 年 11 月 1 日	住房城乡建设部	行业标准
34	钢筋套筒灌浆连接应用技术规程（局部修订）	JGJ355-2015	2023 年 7 月 30 日	2023 年 11 月 1 日	住房城乡建设部	行业标准

续 表

序号	标准名称	编号	发布日期	实施日期	发布单位	标准类型
35	透水水泥混凝土路面技术规程（局部修订）	CJJ/T135-2009	2023 年 7 月 30 日	2023 年 11 月 1 日	住房城乡建设部	行业标准
36	生活垃圾焚烧飞灰固化稳定化处理技术标准	CJJ/T316-2023	2023 年 9 月 22 日	2024 年 1 月 1 日	住房城乡建设部	行业标准
37	生活垃圾渗沥液处理技术标准	CJJ/T150-2023	2023 年 9 月 22 日	2024 年 1 月 1 日	住房城乡建设部	行业标准
38	生活垃圾转运站运行维护技术标准	CJJ/T109-2023	2023 年 9 月 22 日	2024 年 1 月 1 日	住房城乡建设部	行业标准
39	生活垃圾焚烧烟气净化用粉状活性炭	CJ/T546-2023	2023 年 9 月 22 日	2024 年 1 月 1 日	住房城乡建设部	行业标准
40	城市道路绿化设计标准	CJJ/T75-2023	2023 年 9 月 22 日	2024 年 1 月 1 日	住房城乡建设部	行业标准
41	预应力钢结构技术标准	JGJ/T497-2023	2023 年 9 月 22 日	2024 年 1 月 1 日	住房城乡建设部	行业标准
42	城市信息模型数据加工技术标准	CJJ/T319-2023	2023 年 9 月 22 日	2024 年 1 月 1 日	住房城乡建设部	行业标准
43	城市信息模型应用统一标准	CJJ/T318-2023	2023 年 9 月 22 日	2024 年 1 月 1 日	住房城乡建设部	行业标准
44	建筑用热轧 H 型钢和剖分 T 型钢	JG/T581-2023	2023 年 9 月 22 日	2024 年 1 月 1 日	住房城乡建设部	行业标准
45	城市管理执法制式服装 鞋	CJ/T550-2023	2023 年 9 月 22 日	2024 年 1 月 1 日	住房城乡建设部	行业标准
46	城市管理执法制式服装 帽	CJ/T549-2023	2023 年 9 月 22 日	2024 年 1 月 1 日	住房城乡建设部	行业标准
47	城市管理执法制式服装 服饰	CJ/T548-2023	2023 年 9 月 22 日	2024 年 1 月 1 日	住房城乡建设部	行业标准
48	城市管理执法制式服装 制服	CJ/T547-2023	2023 年 9 月 22 日	2024 年 1 月 1 日	住房城乡建设部	行业标准
49	城镇污泥标准检验方法	CJ/T221-2023	2023 年 12 月 26 日	2024 年 5 月 1 日	住房城乡建设部	行业标准

（二）2023 年度批准发布的上海市工程建设规范

序号	标准名称	编号	发布日期	实施日期	发布单位	标准类型
1	建筑抗震设计标准	DG/TJ08-9-2023	2023 年 1 月 12 日	2023 年 6 月 1 日	上海市住房和城乡建设管理委	地方标准
2	预制混凝土夹心保温外墙板应用技术标准	DG/TJ08-2158-2023	2023 年 1 月 12 日	2023 年 6 月 1 日	上海市住房和城乡建设管理委	地方标准
3	生态公益林养护标准	DG/TJ08-2096-2022	2023 年 1 月 12 日	2023 年 6 月 1 日	上海市住房和城乡建设管理委	地方标准
4	住宅区和住宅建筑通信配套工程技术标准	DG/TJ08-606-2023	2023 年 1 月 17 日	2023 年 6 月 1 日	上海市住房和城乡建设管理委	地方标准
5	地下结构隔排水主动抗浮技术标准	DG/TJ08-2411-2023	2023 年 1 月 17 日	2023 年 6 月 1 日	上海市住房和城乡建设管理委	地方标准
6	建设工程招标代理标准	DG/TJ08-2072-2022	2023 年 1 月 17 日	2023 年 6 月 1 日	上海市住房和城乡建设管理委	地方标准
7	粒化高炉矿渣粉在水泥混凝土中应用技术标准	DG/TJ08-501-2023	2023 年 1 月 17 日	2023 年 6 月 1 日	上海市住房和城乡建设管理委	地方标准
8	土体硬化剂应用技术标准	DG/TJ08-2082-2023	2023 年 1 月 17 日	2023 年 6 月 1 日	上海市住房和城乡建设管理委	地方标准
9	优秀历史建筑外墙修缮技术标准	DG/TJ08-2413-2023	2023 年 1 月 17 日	2023 年 6 月 1 日	上海市住房和城乡建设管理委	地方标准
10	城镇供水和燃气管网泄漏声学检测与评估技术标准	DG/TJ08-2412-2023	2023 年 1 月 19 日	2023 年 6 月 1 日	上海市住房和城乡建设管理委	地方标准
11	黄浦江两岸滨江公共空间建设标准	DG/TJ08-2373-2023	2023 年 1 月 31 日	2023 年 7 月 1 日	上海市住房和城乡建设管理委	地方标准

续　表

序号	标准名称	编号	发布日期	实施日期	发布单位	标准类型
12	道路声屏障结构技术标准	DG/TJ08-2086-2023	2023 年 1 月 31 日	2023 年 7 月 1 日	上海市住房和城乡建设管理委	地方标准
13	民防工程运行维护技术标准	DG/TJ08-2418-2023	2023 年 2 月 13 日	2023 年 7 月 1 日	上海市住房和城乡建设管理委	地方标准
14	人防疏散基地建设技术标准	DG/TJ08-2419-2023	2023 年 2 月 13 日	2023 年 7 月 1 日	上海市住房和城乡建设管理委	地方标准
15	既有公共建筑调适标准	DG/TJ08-2426-2023	2023 年 3 月 8 日	2023 年 8 月 1 日	上海市住房和城乡建设管理委	地方标准
16	节约集约建设用地标准	DG/TJ08-2422-2023	2023 年 3 月 8 日	2023 年 8 月 1 日	上海市住房和城乡建设管理委	地方标准
17	装配式部分包覆钢一混凝土组合结构技术标准	DG/TJ08-2421-2023	2023 年 3 月 8 日	2023 年 8 月 1 日	上海市住房和城乡建设管理委	地方标准
18	道路隧道养护运行评价技术标准	DG/TJ08-2425-2023	2023 年 4 月 13 日	2023 年 10 月 1 日	上海市住房和城乡建设管理委	地方标准
19	成型钢筋混凝土结构设计标准	DG/TJ08-2414-2023	2023 年 5 月 9 日	2023 年 11 月 1 日	上海市住房和城乡建设管理委	地方标准
20	出租汽车站点设置标准	DG/TJ08-2108-2023	2023 年 5 月 9 日	2023 年 11 月 1 日	上海市住房和城乡建设管理委	地方标准
21	城市轨道交通钢弹簧浮置板轨道施工质量验收标准	DG/TJ08-2416-2023	2023 年 5 月 9 日	2023 年 11 月 1 日	上海市住房和城乡建设管理委	地方标准
22	住宅修缮工程质量检测及评定标准	DG/TJ08-2431-2023	2023 年 5 月 19 日	2023 年 12 月 1 日	上海市住房和城乡建设管理委	地方标准
23	岩土工程勘察标准	DG/TJ08-37-2023	2023 年 5 月 22 日	2023 年 12 月 1 日	上海市住房和城乡建设管理委	地方标准

续 表

序号	标准名称	编号	发布日期	实施日期	发布单位	标准类型
24	园林绿化养护标准	DG/TJ08-19-2023	2023 年 5 月 22 日	2023 年 12 月 1 日	上海市住房和城乡建设管理委	地方标准
25	大空间建筑铝合金结构防火技术标准	DG/TJ08-2420-2023	2023 年 5 月 22 日	2023 年 12 月 1 日	上海市住房和城乡建设管理委	地方标准
26	桥梁工业化评价标准	DG/TJ08-2424-2023	2023 年 5 月 22 日	2023 年 12 月 1 日	上海市住房和城乡建设管理委	地方标准
27	湿垃圾厌氧消化处理工程技术标准	DG/TJ08-2423-2023	2023 年 5 月 30 日	2023 年 12 月 1 日	上海市住房和城乡建设管理委	地方标准
28	海塘维修养护技术标准	DG/TJ08-2427-2023	2023 年 5 月 30 日	2023 年 12 月 1 日	上海市住房和城乡建设管理委	地方标准
29	民防工程平战功能转换技术标准	DG/TJ08-2429-2023	2023 年 5 月 30 日	2023 年 12 月 1 日	上海市住房和城乡建设管理委	地方标准
30	应急避难场所设计标准	DG/TJ08-2188-2023	2023 年 6 月 1 日	2023 年 12 月 1 日	上海市住房和城乡建设管理委	地方标准
31	户外招牌结构设计与安装	DBJT08-111-2023	2023 年 6 月 1 日	2023 年 12 月 1 日	上海市住房和城乡建设管理委	地方标准
32	市域铁路初期运营前安全评估技术标准	DG/TJ08-2417-2023	2023 年 6 月 1 日	2023 年 12 月 1 日	上海市住房和城乡建设管理委	地方标准
33	外墙内保温系统应用技术标准（泡沫玻璃板）	DG/TJ08-2390C-2023	2023 年 6 月 1 日	2023 年 12 月 1 日	上海市住房和城乡建设管理委	地方标准
34	雨水调蓄设施技术标准	DG/TJ08-2432-2023	2023 年 6 月 1 日	2023 年 12 月 1 日	上海市住房和城乡建设管理委	地方标准
35	市域铁路设计标准	DG/TJ08-2435-2023	2023 年 6 月 1 日	2023 年 12 月 1 日	上海市住房和城乡建设管理委	地方标准

续　表

序号	标准名称	编号	发布日期	实施日期	发布单位	标准类型
36	市域铁路工程施工质量验收标准	DG/TJ08-2436-2023	2023 年 6 月 1 日	2023 年 12 月 1 日	上海市住房和城乡建设管理委	地方标准
37	平板膜生物反应器法污水处理工程技术标准	DG/TJ08-2190-2023	2023 年 6 月 20 日	2023 年 12 月 1 日	上海市住房和城乡建设管理委	地方标准
38	公路绿化建设与养护标准	DG/TJ08-2167-2023	2023 年 6 月 25 日	2024 年 1 月 1 日	上海市住房和城乡建设管理委	地方标准
39	外墙保温一体化系统应用技术标准（现浇混凝土保温外墙）	DG/TJ08-2433B-2023	2023 年 7 月 11 日	2023 年 10 月 1 日	上海市住房和城乡建设管理委	地方标准
40	外墙保温一体化系统应用技术标准（预制混凝土反打保温外墙）	DG/TJ08-2433A-2023	2023 年 7 月 11 日	2023 年 10 月 1 日	上海市住房和城乡建设管理委	地方标准
41	排水系统数学模型构建及应用标准	DG/TJ08-2430-2023	2023 年 7 月 11 日	2024 年 2 月 1 日	上海市住房和城乡建设管理委	地方标准
42	城市轨道交通结构安全保护技术标准	DG/TJ08-2434-2023	2023 年 7 月 12 日	2024 年 2 月 1 日	上海市住房和城乡建设管理委	地方标准
43	外墙外保温系统应用技术标准（岩棉）	DG/TJ08-2126-2023	2023 年 7 月 31 日	2024 年 2 月 1 日	上海市住房和城乡建设管理委	地方标准
44	沉井与沉箱施工技术标准	DG/TJ08-2084-2023	2023 年 8 月 4 日	2024 年 2 月 1 日	上海市住房和城乡建设管理委	地方标准
45	公路技术状况评定标准	DG/TJ08-2095-2024	2023 年 8 月 21 日	2024 年 2 月 1 日	上海市住房和城乡建设管理委	地方标准
46	道路照明工程建设技术标准	DG/TJ08-2214-2024	2023 年 8 月 21 日	2024 年 2 月 1 日	上海市住房和城乡建设管理委	地方标准

续　表

序号	标准名称	编号	发布日期	实施日期	发布单位	标准类型
47	建设用砂氯离子含量快速测试技术标准	DG/TJ08-2437-2024	2023 年 8 月 21 日	2024 年 2 月 1 日	上海市住房和城乡建设管理委	地方标准
48	水闸与水利泵站维修养护技术标准	DG/TJ08-2428-2024	2023 年 9 月 11 日	2024 年 3 月 1 日	上海市住房和城乡建设管理委	地方标准
49	桥梁抗震设计标准	DG/TJ08-2440-2023	2023 年 9 月 11 日	2024 年 3 月 1 日	上海市住房和城乡建设管理委	地方标准
50	先张法预应力混凝土空心板（桥梁）	DBJT08-101-2024	2023 年 10 月 8 日	2024 年 2 月 1 日	上海市住房和城乡建设管理委	地方标准
51	轻型钢结构技术标准（设计分册）	DG/TJ08-2089-2023	2023 年 10 月 8 日	2024 年 3 月 1 日	上海市住房和城乡建设管理委	地方标准
52	城市轨道交通全自动运行系统验收标准	DG/TJ08-2442-2023	2023 年 11 月 1 日	2024 年 4 月 1 日	上海市住房和城乡建设管理委	地方标准
53	降水工程技术标准	DG/TJ08-2186-2023	2023 年 11 月 1 日	2024 年 5 月 1 日	上海市住房和城乡建设管理委	地方标准
54	人工湿地水质净化技术标准	DG/TJ08-2100-2024	2023 年 11 月 3 日	2024 年 5 月 1 日	上海市住房和城乡建设管理委	地方标准
55	基础教育学校绿化技术标准	DG/TJ08-2438-2024	2023 年 11 月 3 日	2024 年 5 月 1 日	上海市住房和城乡建设管理委	地方标准
56	建筑工程"多测合一"技术标准	DG/TJ08-2439-2024	2023 年 11 月 27 日	2024 年 5 月 1 日	上海市住房和城乡建设管理委	地方标准
57	绿色建筑工程验收标准	DG/TJ08-2246-2023	2023 年 11 月 27 日	2024 年 6 月 1 日	上海市住房和城乡建设管理委	地方标准

续 表

序号	标准名称	编号	发布日期	实施日期	发布单位	标准类型
58	民用建筑外窗应用技术标准	DG/TJ08-2242-2023	2023 年 12 月 29 日	2024 年 6 月 1 日	上海市住房和城乡建设管理委	地方标准
59	联络通道冻结法技术标准	DG/TJ08-902-2023	2023 年 12 月 29 日	2024 年 7 月 1 日	上海市住房和城乡建设管理委	地方标准
60	建筑工程消防施工质量验收标准	DG/TJ08-2177-2023	2023 年 12 月 29 日	2024 年 7 月 1 日	上海市住房和城乡建设管理委	地方标准

（三）2023 年度国家发布计价依据

序号	标准名称	编号	发布日期	实施日期	发布单位
1	装配式建筑工程投资估算指标	TY01-02-2023	2023 年 7 月 28 日	2023 年 11 月 1 日	住房城乡建设部

（四）2023 年度批准发布的上海市工程建设定额

序号	标准名称	编号	发布日期	实施日期	发布单位
1	上海市市政工程养护维修估算指标 第六册 城市道路交通管理设施	SHA1-42（06）-2023	2023 年 6 月 20 日	2023 年 8 月 1 日	上海市住房和城乡建设管理委
2	上海市市政工程养护维修预算定额 第二册 城市快速路	SHA1-41（02）-2023	2023 年 6 月 20 日	2023 年 8 月 1 日	上海市住房和城乡建设管理委

三、重要文件解读

（一）关于《上海市市重大工程建设管理办法》的文件解读

为进一步完善本市市重大工程推进协调机制，更好发挥重大工程协调机制和平台作用，保障市重大工程高质量推进和高品质建设，经市政府常务会议审议通过，2023 年 12 月 15 日，市政府办公厅印发《上海市市重大工程建设管理办法》（沪府办规〔2023〕26 号），将于 2024 年 1 月 1 日起正式实施。

1. 制定背景

1989 年，上海在全国率先设立了市重大办，有力推动了南浦大桥、浦东国际机场、洋山深水港、东方明珠等一批重大工程顺利快速建成，为协调推进本市重大工程建设发挥了积极作用。进入新时代，市委、市政府对重大工程建设明确了新定位，"重大工程承载国家战略，事关城市发展，与现代化建设大局紧密相连，在城市建设中具有牵引意义和标杆意义"，要求重大工程既要成为城市高质量发展动力来源，本身也要成为高质量发展的具象诠释，强调要着眼最高标准、最好水平推进规划建设；要贴近民生需求、注重科技创新、着力提升品质，为服务构建新发展格局、推动高质量发展提供重要支撑，为加快建成具有世界影响力的社会主义现代化国际大都市发挥重要作用。

与此同时，市重大工程建设面临资源指标日趋紧张、绿色通道政策空间日渐收缩、各方协同难度日益增大等挑战。为适应城市建设发展的内涵和形势变化，根据市领导关于市重大工程"高起点规划、高水平设计、高质量建设、高标准管理"的新要求，亟须出台新制度进一步强化支撑当前市重大工程建设管理工作需求。

综上所述，制定《管理办法》的总体考虑是：一要强化整体协同，深化工作机制，全力构建责任清晰、保障全面的重大工程建设管理新格局，突出发挥市重大工程建设协调平台作用，在明晰各方职责的基础上强化协同合力；二要紧扣问题导向，创新工作方法，全力破解重大工程建设瓶颈难题，不断提升新动力，针对建设推进过程中的关键环节专设具体条款，强化制度支撑；三要践行新发展理念，提升工作标准，全力打造重大工程品质功能引领城市建设发展新高地，发挥市重大工程的引领示范作用，建设优质工程，培育优秀人才。

2. 主要内容

《管理办法》共 19 条，主要包括适用范围、协调机制、各方职责、项目储备与确定、项目推进保障、日常管理等内容。

（1）强调市重大工程功能定位，为全市高质量发展提供重要支撑

一是突出市重大工程落实国家战略、强化"四大功能"、加快"五个中心"建设、全面深化改革开放、加快构建新发展格局、着力推动高质量发展等重要作用；强调市重大工程要在提升城市枢纽功能、改善生态环境、保障城市安全、推动产业转型升级、支撑重点领域基础研究、践行人民城市理念等方面，具有前瞻性、全局性、引领性。二是明确市行业主管部门负责加强本行业市重大工程项目前期储备工作。市发改委编制市重大工程年度投资计划，市重大办相应组织编制市重大工程年度建设计划。

（2）完善协调推进机制，积极发挥市重大办协调平台作用

一是建立市重大工程建设的协调机制，每年组织召开市重大工程建设工作会议，部署年度工作任务。二是明确市重大办负责市重大工程建设的统筹实施、综合协调、资源整合、督促考核，推动开展市重大工程文明施工升级

示范、立功竞赛等工作。三是强调市重大办代表市政府组织召开专题协调推进会议，加强项目难点瓶颈问题协调督促解决。

（3）明确部门、属地、建设单位各方职责，强化责任协同落实

一是明确部门职责：行业主管部门负责本行业市重大工程项目申报和协调推进；工程建设行政审批部门负责办理和推进市重大工程建设全流程审批事项；资源指标主管部门负责市重大工程项目所需资源指标配置，建立资源指标统筹管理和分类保障机制等。二是明确各区属地职责，负责本辖区内市重大工程建设涉及的征收腾地、配套工程等建设保障工作。三是明确建设单位实施主体和第一责任人职责，负责项目组织实施、证照办理、安全保障等，高质量完成工程投资和形象进度任务。

（4）聚焦资源指标保障，落实关键环节各项保障措施

一是促进方案稳定，明确建设单位负责稳定市重大工程建设方案；行业主管部门负责协调督促各方及时稳定市重大工程建设方案；市有关部门负责审批市重大工程建设方案，加强业务指导；各区政府和特定地区管委会负责配合建设单位开展相关建设方案稳定工作；市重大办督促各方主体推动项目建设方案尽早稳定。二是推进征收腾地，明确各区政府及时完成征收腾地，确保满足市重大工程用地需求。三是加强指标保障，明确行业主管部门和建设单位优化项目选址和工程设计方案；资源指标主管部门和各区政府加强相关资源指标的统筹保障，建立资源指标仓，支持优先保障市重大工程所需资源指标；借用资源指标的责任主体应按时按量归还。四是优化项目审批与监督管理，强调行政审批部门在相关环节落实审批改革措施，高效开展审批服务；行政审批、工程监督等部门和技术审查机构加强服务管理和监督执法。五是完善配套工程建设，明确各区政府和特定地区管委会及电力、通信、燃

气、给排水等管线权属单位支持配合市重大工程建设。六是落实施工保障，明确市级部门、各区政府和特定地区管委会在市重大工程连续施工、临时用地、渣土消纳、交通组织等方面保障高效实施。

（5）强化高标准示范引领，突出重大工程建设管理品质提升

一是注重示范引领，提升市重大工程品质，高标准落实安全质量、文明施工、绿色低碳、智能建造、海绵城市等工作，实现高水平建设管理。二是加强信息化运用，强化市重大工程信息管理系统平台应用，全面提高市重大工程精细化管理水平；建立建设行为信息共享机制。三是强化督导推进，行业主管部门和建设单位及时报送建设和投资进展、形象进度等数据信息；市重大办加强综合协调推进，开展检查督查、督导落实。四是突出考核评价，对相关部门、单位和各区推进市重大工程建设和品质提升情况开展考核评价。五是联动立功竞赛，市重大工程参建各方积极参与市重点工程实事立功竞赛并择优推荐。

（二）关于《关于进一步深化本市建设工程招投标制度改革工作的实施意见》起草情况的说明

为深入贯彻党的二十大关于构建高水平社会主义市场经济体制的战略部署，全面落实市委、市政府关于加快推进高标准市场体系建设的工作要求，进一步优化招标投标领域营商环境，市住建委会同市相关单位组织完成了《关于进一步深化本市建设工程招投标制度改革实施意见》(以下简称《实施意见》)起草工作。现将有关情况说明如下：

1. 起草背景

一是国家层面，持续推动制度完善，加快构建全国统一大市场，对工程招

标投标制度的建设提出了更高更全面的要求。二是世行营商环境测评方面，在新一轮 BR 测评中，工程招投标已从原来的观察指标调整为促进市场竞争指标的组成部分，测评范围从以往的公路养护工程案例拓展至所有政府采购工程，对本市建设工程招投标的规则体系、平台建设、实施成效等提出了更具体的要求。三是在本市建筑市场实际情况方面，从 2015 年开始本市工程招投标管理以问题为导向，不断根据市场变化情况和突出问题，适时推进改革创新。改革创新一直是本市工程招投标管理的主基调。2023 年，针对市场出现的新形势新情况，我们坚持以解决问题为导向，又开展了新一轮改革的谋划工作。

通过对标世界银行对营商环境的评价标准找差距，对各招投标市场主体开展深入调研座谈，同时充分挖掘分析近几年招投标监管大数据，梳理现阶段建设工程招投标主要存在以下问题：一是竞争择优不足，市场活跃不够。数据显示，采用资格预审的标段比例相对过高，特别是疫情期间为更快更好推进项目建设，放宽了资格预审和投标人筛选的相关要求；在采用投标人筛选的标段中，部分项目投标人的参与数量紧贴最低人数要求；同时，有些招标人更愿意选择有国资背景的投标人作为中标人。二是围标串标时有发生，扰乱市场秩序。部分招投标市场主体法律意识较为淡薄，为寻求利益最大化铤而走险。三是标后履约偏离，中标流于形式。有些招标人前期研究深度不足，在招标条件不充分的前提下启动招标，造成实施时工程量变动较大；此外，部分项目存在投标人低价中标，高价结算的现象。四是招标人内部监督不足，主体责任待加强。部分招标人的"三重一大"决策流于形式，内部管控制度薄弱，缺乏监督制衡。

综上，亟须开展新一轮建设工程招投标制度改革，进一步健全本市建设工程招投标规则体系，优化招投标监管机制，提升招投标服务质量，促进市场竞争，优化营商环境，助力推动本市建筑业高质量发展。

2. 起草过程

2022 年 9 月起，市住建委即启动招投标制度改革工作，成立招投标改革小组，通过对本市建设工程招投标各类市场主体、评标专家、市区两级管理部门的多轮调研座谈，并对近年来本市招投标数据进行深入分析，摸清目前本市招投标市场的基本情况及主要问题。从完善制度规则体系、推进信息平台建设、强化协同工作机制、提升监管服务效能等多方面综合考量，在深入研究分析的基础上，起草形成征求意见稿。广泛征求了市发改委、市交通委、市水务局、市绿化市容局等相关行业管理部门、各区招投标监管部门、行业协会及市场主体的意见。

经汇总，共收到 14 家部门单位反馈的意见共 26 条，采纳了其中的 14 条意见。根据各部门单位反馈的意见建议，市住建委进行了认真研究并修改完善，形成了《实施意见》(送审稿)。

3. 主要内容

《实施意见》包括四部分内容，指导思想、基本原则、改革主要措施和保障措施。

第一部分指导思想，全面贯彻党的二十大精神、习近平总书记考察上海重要讲话和深入推进长三角一体化发展座谈会重要讲话精神，加快建成有序竞争、权责对等、规范高效、法治保障、协同联动的建设工程招投标制度体系。

第二部分基本原则，包括公平竞争、高效监管、服务便捷、联动协同等四项内容。

第三部分改革主要措施，具体如下：

（一）优化营商环境，促进市场竞争。包括持续推进电子化招投标平台建设，预留份额扶持中小企业，探索招投标领域长三角一体化发展，创新建筑师负责制招标制度。

（二）修订评标规则，维护竞争秩序。包括规范资格预审使用，优化投标人筛选设置，修订现有评标办法。

（三）落实主体责任，规范市场行为。包括规范招标人集体决策使用，规范招标人代表、评标专家、投标人、招标代理行为。

（四）厘清职责权属，完善监管体系。包括建立分类监管体系，细化进场交易范围。

（五）推动数字赋能，深化平台整合。包括实现事前信息融合、强化事中智慧监管、推进事后履约管理。

第四部分保障措施，包括加强市区联动推进、加强执法联动力度、落实考核评价机制、丰富培训宣传形式等四项内容。

（三）关于《上海市建设工程招标投标管理办法实施细则》起草情况的说明

为深入贯彻党的二十大关于构建高水平社会主义市场经济体制的战略部署，全面落实市委、市政府关于加快推进高标准市场体系建设，不断提升本市工程建设领域招投标公开、公平、公正水平，持续优化招标投标领域营商环境，市住建委组织完成了《上海市建设工程招标投标管理办法实施细则》起草工作。现将有关情况说明如下：

1. 起草背景

为规范本市建设工程招标投标活动，贯彻落实《上海市建设工程招标投标管理办法》（市政府50号令），2017年，市住建委制定出台了《上海市建设工程招标投标管理办法实施细则》(沪建管〔2017〕316 号),作为本市开展招标投标活动和监管工作的依据。该文件自实施以来,对规范建设工程招标投标活动,约束市场主体行为起到了积极有效的作用。

近年来,国家持续深化"放管服"改革和优化营商环境工作,强调最大限度减少政府对市场活动的直接干预,加强和规范事中事后监管,着力提升政务服务能力和水平,切实降低制度性交易成本,从而激发市场活力和社会创造力,增强发展动力。党的二十大以来,随着建设高效规范、公平竞争、充分开放的全国统一大市场工作不断推进,对工程招标投标的制度建设提出了更高更全面的要求。

在世界银行最新发布的营商环境成熟度测评中,工程招投标已从原来的观察指标调整为促进市场竞争指标的组成部分,测评范围从以往的公路养护工程案例拓展至所有政府采购工程,新的测评体系从法规框架、公共服务和效率三大支柱对规则体系、平台建设、实施成效等方面提出了具体的要求。

目前,《上海市建设工程招标投标管理办法实施细则》(沪建管〔2017〕316 号)已过有效期,亟须制定出台新的政策文件,在制度层面进一步规范招标投标活动中的各方行为,进一步加强对工程招标投标活动的监管,进一步巩固优化营商环境改革成果,助力推动本市建筑业高质量发展。

2. 起草过程

2022 年 9 月起,市住建委即启动招投标制度改革工作,成立招投标改革小组,通过对本市建设工程招投标各类市场主体、评标专家、市区两级管理部门的多轮调研座谈,以及对外省市招投标监管部门先进经验的调研学习,并对近年来本市招投标数据进行深入分析。针对当前本市工程建设项目招投标领域基本情况和主要问题,研究起草《关于进一步深化本市建设工程招投标制度改革的实施意见》（以下简称"实施意见"）。在实施意见的基础上，同步重新修订《上海市建设工程招标投标管理办法实施细则》（以下简称"实施细则"）。在此期间，根据国家和本市深化改革工作部署，结合世行营商环境成熟度测评体系最新要求，起草形成征求意见稿。2023 年 9 月，征求意见稿广泛征询市发改委、市交通委、市绿化市容局、市水务局、市纪委监委、市国资委、市公安局、市审计局等相关管理部门、各区建管委、特定地区管委会、各行业协会和参建企业代表的意见。

经汇总，《实施细则》共收到 21 家部门单位反馈的意见共 84 条，采纳了其中的 31 条意见。根据各部门单位反馈的意见建议，市住建委进行了认真研究并修改完善，采纳了其中关于资格预审、投标筛选等内容的部分意见，并进行了修改完善，形成了《实施细则》（送审稿）。

3. 主要内容

《实施细则》（送审稿）基本沿用了原文件的框架，主要明确了进场交易范围和监管模式、招标计划、标段划分、招标人决策约束制度、资格预审、材料设备招标、建筑师负责制招标、评标办法、分散评标、合同签订和履约、招投标各方市场主体行为、事中事后监管等内容，共计 29 条。根据"放管服"改革、优化营商环境、建设全国统一大市场和世界银行营商环境成熟度测评体系的要求，结合本市招投标活动管理的实践，对原文件作了补充和调整，具体如下：

（1）明确进场交易范围（第一条、第八条、附件 2）

明确了进场交易的范围和交易平台的服务事项。一是建立分类管理体系，根据项目类型将进场交易项目分为三大类，分别提供不同的交易服务，分别适用不同的监管模式。依法必招项目，严格按照招投标法律法规进行监管；

装修、修缮工程及使用城维资金的工程类项目，参照依法必须进场招标项目纳管；其他使用国有资金的工程类项目，企业有需求自愿进入交易平台进行招标的，平台提供信息发布，监管部门处理投诉。二是明确将工程建设有关的材料、设备招标纳入进场交易范围，建立重要材料、设备名录，并将三通一平、管线搬迁等前期工程及限额以下工程纳入自愿进场交易范围。

（2）固化近年来建设工程招投标中良好的改革成果和实践经验（第二条、第十八条）

将近年来本市招投标管理中符合改革方向或者具有良好实践效果的做法纳入。具体如下：

关于招标计划：在招投标平台进行公开招标的建设工程，应当在施工招标前不少于 40 日且不超过 12 个月，发布该项目的招标计划。

关于分散评标：分散评标是指依托音视频系统在招投标平台实现评标委员会成员多点分布、实时交互的线上评审形式，包括远程分散评标和现场分散评标。

（3）优化招投标活动的流程（第三条、第五条、第十二条、第二十六条、第三十条）

关于标段划分：招标标段应当依据工程项目特点，在保证项目完整性、连续性的前提下，按照有利于项目实施管理、保证进度质量、降低工程造价的原则合理划分。

关于招标人决策约束制度：明确招标人通过招标人集体决策可以启用资格预审、设置投标人筛选条件、进行定标澄清等事项。集体决策情况应当书面报送同级或者上级纪检监察部门，集体决策结果应当书面报送市级或者区级招投标监管部门。

关于工程总承包招标：明确工程总承包招标的启动条件，工程总承包招标范围确定应当根据启动工程总承包时项目实际所处的阶段确定。

关于事中事后监管：明确招投标活动违反法律、法规、规章和规范性文件规定的，招投标监管部门暂停招投标活动的具体情形。

（4）调整资格预审适用范围和审查办法（第六条、附件1）

此次招投标改革方向是进一步规范招标人使用集体决策的权利。

一是严格限制资格预审适用范围。施工或者工程总承包招标标段符合施工技术复杂或者标段规模为大型且经招标人集体决策，可以采用资格预审。以清单形式进一步分类细化了施工技术复杂和标段规模的标准。

二是资格预审合格制审查办法包括合格制或者有限数量制。招标人应当在资格预审文件中明确。改革后，不再通过招标人集体决策决定入围单位，符合资格预审审查标准的所有申请人均通过资格预审，或者由评标委员会确定资格预审入围单位。

（5）明确材料、设备招标要求（第九条）

设备招标标段涉及安装的，安装主要包括设备内部组装、连接以及在施工场地的就位并与相关设备、工程连接。设备招标接受代理商投标的，在同一标段中同一品牌型号的设备，一个制造商仅可委托一个代理商投标。

（6）关于建筑师负责制招标（第十三条）

在开展建筑师负责制试点项目招标时，应当使用本市制定的建筑师负责制招标文件及合同文件示范文本，明确责任建筑师及其团队组成和服务内容等要求，将设计方案和团队能力作为评标办法的主要评审因素。招标人可采用评定分离的定标方式。评标委员会按照招标文件规定，不排序推荐2—3名中标候选人，招标人从中确定中标人。

（7）关于评标办法（第十四条、第十五条、第十六条、第十七条）

关于施工招标评标办法：施工招标评标办法包括经评审的合理低价法、有担保的最低价中标法、澄清低价法、综合评估法和法律、法规、规章允许的其他评标办法。评标办法具体要求由市建设行政管理部门牵头另行制定。进一步明确了各种评标办法的适用范围。

关于工程总承包招标评标办法：明确工程总承包招标应当采用澄清低价法。通过技术商务澄清实现技术方案在合同中对应的权利和义务明确下的最低价中标，并通过严格履约管理体系确保工程建设项目按中标实质性内容实施。

关于服务类招标评审因素：在建设工程的设计、勘察、监理招标中，鼓励招标人采用质优为导向的评标办法，主要评审因素包括项目负责人及其技术团队能力、技术方案等。投标报价不作为主要评审因素，但不得超过最高投标限价。

关于材料设备招标评标办法：材料、设备招标一般采用综合评估法，对通过初步评审的投标人的技术、商务、报价等进行综合评分，按照总得分由高到低的顺序推荐中标候选人。

（8）规范招投标各方行为（第十九条、第二十条、第二十七条）

关于评标澄清：细化明确招标文件的否决条款。投标偏差涉及响应性否决的，评标委员会应当进行投标人评标澄清；经确认为重大偏差的，评标委员会应当否决其投标。评标澄清涉及技术内容的，参与评标澄清的投标人代表应当为拟任该项目的负责人；涉及商务、报价的应当为法定代表人或者其投标授权的被委托人。

关于评标报告审查：招标人应当在定标前审查书面评标报告，如发现评标委员会未按招标文件规定的评标标准和方法进行评标、存在对客观评审因素评分不一致或者随意否决投标情形的，应当重新评标。

关于招标代理管理：健全招标代理机构及其从业人员行为记录办法，在招投标平台实时公开招标代理机构及其从业人员行为记录。

（9）关于合同签订、变更、履约和信息公开（第二十二条、第二十三条、第二十四条、第二十五条）

招标人与中标人签订合同前，应当在招投标平台公示拟签订合同，公示期最短不少于3日。公示后，招标人和中标人应当通过招投标平台签订电子合同。合同双方对合同内容进行更正、修订、补充的，应当在招投标平台完成公示后在招投标平台签订补充合同。招标人应当在招投标平台公开合同和补充合同、合同中止履行和解除、价款结算等内容。

工程实施过程中涉及工程量变化、增加附加工程等变更情形的，应严格履行变更程序。新增内容未经价格竞争的应当招标，符合《上海市建设工程招标投标管理办法》中第十二条不招标情形的除外。

鼓励招标人建立履约管理体系，对中标人在工程实施过程中的履约情况进行评价。

（10）关于施行时间（第二十九条）

本细则自2024年4月15日起施行，有效期至2028年12月31日。

（四）《上海市推进住宅工程质量潜在缺陷保险实施办法》文件解读

1. 修订的背景和意义

为建立健全建设工程的风险保障机制，提升工程的质量水平，有效维护工程所有权人的合法权益，根据住房城乡建设部《关于开展工程质量安全提升行动试点工作的通知》(建质〔2017〕169 号),2016 年和 2019 年,上海市人民政府办公厅发布了由市住建委、市地方金融监管局、上海银保监局三部门联合制定的《关于本市推进商品住宅和保障性住宅工程质量潜在缺陷保险实施意见》(以下简称《实施意见》)。《实施意见》出台以来,将工程质量潜在缺陷保险推广至全市所有住宅工程中,截至 2023 年 11 月 10 日,上海市购买 IDI 保险的住宅目项目累计 1 847 个,保额 8 046 亿,承保面积达到 1.93 亿平方米,为上海的住宅工程竖起坚强的护盾。

《实施意见》于 2024 年 1 月底到期,市住房城乡建设管理委、市地方金融监督管理局和国家金融监督管理总局上海监管局根据行业发展的最新要求及近年来工作中遇到的实际情况,对文件开展了第四次修订工作。

2. 修订情况

2023 年上半年,市住房城乡建设管理委、市地方金融监督管理局和国家金融监督管理总局上海监管局启动开展了文件的修订工作。修订过程中,征询了本市各区建设管理部门、保险行业和风险管理机构意见,形成了《上海市推进住宅工程质量潜在缺陷保险实施办法》。

3. 修订主要内容

一是规范工程质量潜在缺陷保险保障范围。在工程质量潜在缺陷保险已推广至全市所有住宅工程中基础上,结合当前质量监管面临的新形势新要求,将原文件名《关于本市推进商品住宅和保障性住宅工程质量潜在缺陷保险实施意见》修改为《上海市推进住宅工程质量潜在缺陷保险实施办法》,将近年来出现的具有住宅性质的工程如租赁性住宅、其他含住宅性质的工程项目、在同一物业管理区域内保障住宅使用功能的配套建筑均纳入保险保障范围。

二是强化质量风险管理机构设计质量风险管理。根据住建部房屋质量安全全生命周期管理和三项制度试点工作要求，结合住宅工程质量通病，为加强前期方案设计阶段质量管控，切实提高住宅工程设计质量，第八条将投保工程质量潜在缺陷保险的时间节点由办理施工许可手续时间节点前调整至施工图设计文件送审节点前，以弥补设计质量政府监管不足和短板，提高人民群众获得感和满意度，推动行业高质量发展。

三是突出建设单位首要责任进一步明确各方责任界面。进一步突出建设单位首要责任，如将原"施工单位和监理单位应当提供便利条件，不得妨碍风险管理工作"表述修改为"建设单位应督促各参建主体及物业单位为风险管理机构提供便利工作条件"。在理赔申请方面，进一步明确了保险机构和建设单位的责任界面，如第十三条明确了保险公司可在保险合同约定的责任范围内代替建设单位履行质量缺陷维修责任，包括且不限于负责落实维修所需资金，牵头办理维修所需相关手续，组织现场维修施工等工作。此外文件修订，精炼了相关条文，如将第十一条风险管理机构实施检查的具体操作性条文要求删除，拟纳入下阶段实施细则修订。

（五）《上海市建设工程质量风险管理机构管理规定》文件解读

根据《中华人民共和国建筑法》《建设工程质量管理条例》《上海市建设工程质量和安全管理条例》《上海市建筑市场管理条例》《关于本市推进商品住宅和保障性住宅工程质量潜在缺陷保险的实施意见》等有关法律、法规及规范性文件，我委对《上海市建设工程质量风险管理机构管理规定》进行了修订。有关情况如下：

1. 修订《规定》的必要性

为推行建设工程质量潜在缺陷保险，规范风险管理机构的经营活动，因

《上海市建设工程质量风险管理机构管理规定》已到期，我委对原文件进行了修订。

2. 起草情况

我委对原文件进行了修订，完善了风险管理相关工作要求和诚信管理要求等内容，征询并采纳了相关单位的意见和建议，形成了本《规定》（审议稿），经 2023 年 6 月 14 日召开的第 5 次主任办公会议审议通过。

3. 主要内容

本《规定》的主要内容如下：

一是明确了风险管理机构资格条件。风险管理机构应为独立对外承担民事赔偿责任的主体，应当满足下列条件之一：

（1）具有大型建筑工程管理经验，拥有建筑工程监理综合级资质的建设工程管理机构；

（2）具有 5 年以上受保险公司委托开展国内外建设工程质量风险管理经验，并按专业要求配备相应注册工程师的境外工程管理机构；

（3）其他符合条件的工程管理咨询机构。

二是明确人员配置要求。风险管理机构应具有与其所承担建设工程风险管理相匹配的技术能力和人力资源条件。风险管理机构应当按照委托合同的约定，组建项目风险管理团队，包括项目风险管理负责人、风险管理工程师、风险管理专家及其他辅助人员。

三是明确过程风险管理。主承保险公司应按照国家和本市有关法律、法规、技术标准等，制定相关管理导则，规范风险管理机构的过程风险管理行为。风险管理机构应根据委托合同及前期风险管理方案，向主承保险公司提供"初步风险分析报告、过程检查报告、阶段风险评估报告、专项检查报告、竣工最终风险评估报告、回访风险评估报告"。

四是明确诚信管理要求。市住房城乡建设管理委和其他有关单位加强诚信管理，记载风险管理机构和技术人员的信用信息，对风险管理机构进行失信惩戒与守信激励。

对工作质量不能满足相关工作规范要求、因自身原因不予履行合同义务、存在违反廉洁从业纪律、工作中存在弄虚作假降低工程质量的风险管理机构，按照法律、法规的规定，清除出风险管理市场。

4. 法律法规依据

（1）《上海市人民政府办公厅转发市住房城乡建设管理委等三部门〈关于本市推进商品住宅和保障性住宅工程质量潜在缺陷保险的实施意见〉的通知》。

（2）《上海市住宅工程质量潜在缺陷保险实施细则》。

（3）《上海市建设工程质量风险管理机构管理办法（试行）》。

附录三　典型案例和典型企业

一、典型案例

（一）打造全产业链绿色工程——长三角一体化绿色科技示范楼建设

长三角一体化绿色科技示范楼是上海建工打造的全产业链投资、策划、设计、建造和运维的绿色工程，旨在打造一栋具有全球影响力的高标准绿色碳中和建筑。通过该项目的承建，实现了建筑全生命周期，全产业链的绿色化、工业化、数字化建造技术从理论研究、探索到实践应用落地，也在提升中国建筑的绿色含量，推动行业绿色低碳转型道路上迈出了坚实的一步。

项目位于上海市普陀区真南路与武威东路交叉口南 200 米，用地面积 3 422 平方米，地上 5 层建筑面积 6 502 平方米，地下 2 层建筑面积 4 809 平方米，总建筑面积 11 311 平方米，容积率 1.86。建筑高度 23.7 米，使用功能为多层科研办公建筑，结构形式为钢管混凝土柱—钢框架结构。该项目于 2021 年 1 月 6 日开工建设，2023 年 7 月 3 日完成竣工验收，目前项目已投入使用，运营阶段体验良好。

本案例为普陀区桃浦老工业基地转型过程中对于绿色低碳发展的探索实践。项目利用土壤污染修复后的老工业地块就地打造建设近零碳排放的公园和办公楼宇（桃浦李子园公园和长三角一体化绿色科技示范楼），将绿色低碳理念贯穿于设计、建造、运营的全过程，既拓展生态空间、还绿于民，又兼顾经济发展，实施了楼、园、城一体化的零碳探索，实现了经济、社会、生态效益三者有效统一，在老工业基地低碳绿色转型方面具有较强示范意义和推广价值。

建筑全生命周期绿色化实践

长三角一体化绿色科技示范楼项目主动探索碳中和建筑实施路径，将绿色理念贯穿于示范楼的设计、建造、运维全生命周期之中。规划先行，设计引领，创新驱动，最大限度地减少能源消耗以及对环境的污染，打造中国绿色建筑三星、中国健康建筑三星、中国近零能耗建筑、美国 LEED 铂金级建筑、美国 WELL 铂金级建筑、英国 BREEAM 杰出等级建筑。

在绿色低碳设计方面，主要包含 12 个方面：

1. 能碳双控设计理念。以"能碳双控"为理念，通过创新技术与成熟技术的应用，为建筑提供科学的节能设计方案，推进绿色建筑不断研发，实现建筑的动态零能耗运行，建设长三角碳中和先行实践项目。

2. 绿色低碳设计体系。基于绿色、零能耗、零碳和健康的四大建筑技术体系，研究形成 16 项指南的超前绿色建造发展理念，发挥科技创新在工程建造过程中的主动作为和引领作用，积极探索、创新研发并实践应用了一系列绿色低碳技术，将绿色科技示范楼打造成为具有全球影响力高标准绿色碳中和建筑。

3. 绿色低碳认证及性能。围绕高品质和绿色低碳发展需求，项目按六大认证进行设计运营，包括中国绿色建筑三星、中国健康建筑三星、中国近零能耗建筑认证、美国 LEED 铂金级认证、美国 WELL 铂金级认证、英国 BREEAM 杰出等级认证；建筑具有 5 大卓越性能：全生命周期碳中和、建筑运营净零能耗、建筑运营极致节水、高效室内空气品质、建筑垃圾减量化运营。

4. 高性能围护结构设计。水平遮阳、垂直遮阳系统的科学合理布局，有效减少夏季阳光直射，并将自然光的漫反射引入建筑内部，大幅增加了建筑的室内采光均匀度；采用玻璃幕墙加岩棉板构造的外墙，降低了 19% 建筑空调负荷。

5. 高品质采光性能设计。采用透光性良好的外窗和幕墙结构，控制建筑进深等，提高了主要功能空间自然采光性能，地上 91% 的空间自然采光满足使用需求；探索在复杂机电管线布置下使用导光管，改善地下空间自然采光性能，节约地下车库照明能耗 10%。

6. 高效低碳机房设计。采用高效空调机组和水泵，采用顺水三通取代 T 型三通；选用 45 度弯头取代 90 度弯头等；优化管路布置，降低管路阻力及压力损失，管道中的流体流动更加稳定，可以减少管道的震动和噪音，提高管道的运行效率和稳定性。实现较高的系统全年综合运行效率，进一步实现降低建筑能耗目标。

7. 智慧高效照明设计。采用高效照明灯具，所有房间照明质量满足要求且功率密度值均小于目标值 22%，办公室、会议室、报告厅等采用分区智能调光控制，走廊、电梯厅、公共车库采用定时集中控制，楼梯间、入口玄关采用人员感应控制，休闲区、大堂、餐厅、机房、卫生间等均采用就地控制，室内空间根据时间采用变色温控制，打造高效、智慧、节能、舒适的室内光环境。

8. 水质处理监控设计。设计浮标式水质在线监测设备，可以同时测量水温、PH、溶解氧、电导率、浊度、COD、氨氮、液位等。数据采集模块通过RS-485总线采集和处理各数字传感器测量得到的数据，并将数据通过无线网络传送到智慧运维平台，同时根据用户需求可以在手机APP等多平台上获取水质测量数据。

9. 极致节水海绵设计。建筑室外场地设置雨水花园、透水铺装、下凹绿地及雨水回收系统，打造高效海绵铺装，同时采用1级节水器具，开源节流，构建建筑生态水循环系统，项目除餐饮用水和皮肤接触用水外全部采用循环水，实现建筑极致节水的目标。

10. 水体循环净化设计。李子园公园内设置一南一北两个中心湖，通过南北高差的水位形成跌水景观，在水位标高最低处设置旋涡水景，增加水体动力，使人工湖水体成为一片灵动的活水水系。引自项目地块南侧的工业河的V类水，通过原位构建水生植被生态系统、水生动物群落以及微生物等复合水生生态系统处理，发挥水生态系统中生物及水体的固碳功能，达到了景观水质要求，实现水体净化。

11. 植物生态固碳设计。李子园公园内设计生境花园，以近自然理念进行植物配置，植物选用彩叶草、多肉、金叶苔草、穗花婆婆纳等80余种形态各异的花境植物，展现出植物自然组合的群体美，以生物多样性保护为导向营造特色化生境的同时实现固碳目的。

12. 可再生能源净零设计。采用浅层可再生地源热泵使得空调节约了11.7%能源消耗；采用高能效冷热源机组和新风热回收，节约了约22.3%能源消耗；采用光伏与建筑遮阳的"跨界"联动，建筑外立面深度融合光伏的技术体系，提高建筑发电量，年发电量约为 48 万 kWh。项目能效指标本体节能率为 51%，本体和周边可再生能源产能量大于建筑年终端能源消耗量，实现了建筑全年净零能耗。

在绿色低碳建造方面，采用了以下 9 个方面的低碳技术：

1. 绿色低碳基坑围护技术。基坑围护采用 PC 工法组合钢管桩结合两道预力型钢组合支撑，该支撑强度较高，刚度较大，可有效解决软土地基基坑变形较大的问题。其施工速度快，可兼做止水帷幕且止水效果好。施工期间噪声低、无泥浆产生。相较传统的围护体系，节约了施工成本 30%，缩短总体工期 1/3，减少建筑垃圾 90%，极大降低施工过程碳排放。

2. 不出筋预制楼板建造技术。本工程地上采用 98 块不出筋开槽型预制楼板。传统预制板端部伸出胡子筋，施工时常出现钢筋打架的情况，且加工制作不便。开槽型预制板端部不出筋，便于工厂全自动流水线生产提高生产效率，同时在运输和吊装过程中也具有更好的便利性。整体减少工期 1/3，降低成本 30%，减少运输成本 40%。

3. 废弃土壤修复利用技术。为保证建筑周围儿童设施和公共景观的安全性能，采用异位土壤淋洗技术针对重金属铅超标土体进行修复，利用洗涤液去除土壤污染物，通过水力学方式机械地悬浮或搅动土壤颗粒，使污染物与土壤颗粒分离，通过处理含有污染物的废水或废液，最终实现废弃土壤和场地换新再利用。

4. 绿色智能化管理平台技术。自工程建设起就搭建所有参建方 BIM 协同管理平台，借助平台实现工程项目的质量、安全、进度和成本等全方位进行高效、精细管理，如在施工过程中对每根钢结构构件的安装状态进行数字化管控，有效地确保了构件安装的有序管理，并将设计施工阶段的数据对接到后续的运维管理，保证项目机电设备按节能状态运营，实现全面感知、广泛互联、智慧决策和卓越执行。

5. 清水混凝土建造技术。为减少装饰材料使用，同时减少因抹灰开裂、空鼓脱落等粗装修质量通病引起的维保费用，本项目在地下室墙面、顶面及汽车坡道大面采用清水混凝土。最终实现了降低建筑隐含碳排放。

6. 静音直流风机盘管技术。研发SDECR-T静音风机盘管产品，通过采用直流无刷电机，PMW连续调速等实现控制精准，采用大焓差除湿低噪音风机盘管设计实现室内静音效果。电机按新晃技术标准定制，实现防尘、防潮、防漏滴和长寿，同时电机自带过载保护、过热保护装置，引出线配采用全密闭柔性金属软管进行安全防护，高精度全密封含油滚珠轴承实现终身免加油免维护，实现设备的安全耐久。

7. 双冷源冷凝热回收新风空调箱技术。研发新晃 SGT 系列双冷源冷凝热回收新风屋顶式空调机。屋顶式空调机将新风、送风、回风、排风集中处理。室外新风先经过水盘管预冷，再通过热回收转轮预进行能量回收后继续降温，然后通过直膨机组蒸发盘管深度降温、除湿，再通过冷凝盘管升温后送入室内，实现双冷源冷凝热回收，降低了新风能耗。

8. 空调通风系统智能控制技术。研发智能控制空调箱，内置传感器、并联控执行器、调节器等，实现空调、通风系统的参数进行自动检测及控制。通过二氧化碳监测器与通风系统、新风风阀、回风风阀联动。通过回风温度，对水量的比例调节，负荷减少时通过变频器，改变风机转速。该系列产品最终实现建筑运营的"高效、节能、环保、绿色"的理念。

9. 机电内装工业化建造技术。采用机电管线模块运输工装和全自动风管生产线预制，通过标准化施工提高施工质量，有效地减少环境污染，节约工程材料，缩短施工工期；采用装配化集成地板、隔墙模块，墙面模块，GRG拦河，免焊接全装配化洗手台模块等实现了装饰工程的装配式干法施工，有效地降低建筑建材的消耗，实现了现场干法施工，显著提高室内环境。

在绿色低碳运维方面，长三角一体化绿色科技示范楼智慧运维平台是基于绿建管理和数字化运维的要求开发智慧建筑运维平台。将基于物联网，形成智慧运维平台，作为建筑管理的"大脑"，统一调配储能设施、智能电网、通风系统等，达到智能感知、智能预测及智能控制。

实现五大极致性能

本项目通过绿色创新技术的研发，以及成熟绿色技术的集成应用，确保项目建成后达到全生命周期碳中和，建筑运营近零能耗，建筑运营极致节水，高品质室内空气环境，建筑垃圾减量化运营。

1. 建筑运营近零能耗。以高效围护结构系统提高建筑的气密性、削减热桥，通过被动建筑设计降低建筑75%的供暖和通风能耗。暖通空调根据使用空间精细化划分冷热系统，利用地源热泵系统吸取地下空间可再生能源，采用高效冷热机组和温湿度独立控制、高效热回收等主动节能技术，实现建筑本体的近零能耗。最终通过建筑外表皮和场地内光伏预计年发电量48万度电，建筑全年用能预计小于40万度电，通过上述综合措施实现建筑运营的零能耗。

2. 全生命周期碳中和。建筑在运营零碳的基础上，通过植物产生的碳汇中和建材和建造过程中的碳排放，最终实现建筑全生命周期零碳。

3. 建筑运营极致节水。室外雨水 100% 收集、室内中水 100% 收集回用，室外绿化浇灌、道路浇洒、室内雨水冲厕等 100% 采用循环水。最终实现除皮肤接触用水外，其他用途全部采用循环水，建筑全年约节水 3 000 吨。综合应用"海绵城市"技术，包括渗、滞、蓄、净、用、排等多种生态化技术，构建低影响开发雨水系统，对雨水进行存蓄，暴雨时不向市政管网排水，减少公共设施压力，避免夏季暴雨时"城中看海"现象的出现。此外，将对周边河水开展生态净化处理，提升水生态质量，为建筑使用者和周边邻里营造良好的环境。

4. 高品质室内空气环境。通过低逸散材料、场地海绵设计、室外绿化遮阴、热岛效应控制、场地噪声控制、室外风环境营造、绿色施工、运营期废弃物有机利用技术等打造具有阻断外排、自我消解的高效生态自循环环保效果。项目优化建筑选材和室内空气品质控制，控制室内 PM2.5，PM10 和 VOC 排放，建筑运营期间实现优质的室内空气品质，打造高品质运营建筑。

5. 建筑垃圾减量化运营。通过施工过程中控制垃圾排放和运营过程垃圾减量化运营，探索实现建筑垃圾碳排放控制手段。

在中国建筑节能协会公布的 2022 年第三批近零能号建筑测评结果中，长三角一体化绿色科技示范楼被测评为零能耗建筑，2023 年 7 月获得健康建筑三星设计标识。通过一座建筑，探索一座城市的发展方向，面向社会，探索创新绿色发展的生态建筑；面向人民，探索突出以人为本的健康建筑；面向企业，强化技术创新，探索数字建筑；面向公众，强化设施共享，探索韧性建筑。

（二）基于 BIM 协同的建筑工程正向设计——以上海建科科创中心宛平南路 75 号 4# 楼为例

上海建科科创中心宛平南路 75 号 4# 楼项目位于徐汇区宛平南路 75 号，是位于徐汇中心密集城区下的城市更新项目，基地北侧为橡胶小区，东侧复旦大学医学院，南侧上海第四中学、新汇公寓，西侧宛平南路。用地性质为科研设计用地。

项目占地面积为 13 199 平方米，总建筑面积 6 727.88 平方米，地上建筑面积 2 423.45 平方米，地下室主要功能包括：食堂、厨房、设备用、下沉庭院等。一层主要功能为门厅、架空层。二层功能为大构件展示中心、三四层功能为科研用房。

BIM 正向设计重难点

相比于传统设计，BIM 正向设计不仅引发了设计方式的全面变革，同时也带来了一系列重要挑战。在该项目中，设计团队面临多重问题：内部使用空间紧凑与紧迫的设计周期使得 BIM 设计效率相对较低；跨多个专业领域的项目协同，提资流程烦琐，导致设计管理难以精准掌控，缺乏有效的过程管理工具和平台；科研项目中，平面布局和机电系统的复杂性，给整个项目的设计和管线综合带来了困难；BIM 正向设计图模校审、打图和出图也面临诸多挑战。

1. BIM 正向设计体系研究

为了应对以上挑战，上海建科建筑设计院基于 ISO19650 建设院级数字化 BIM 正向设计体系。这一体系是公司推动 BIM 技术发展的关键组成部分。

ISO 质量管理的 BIM 正向设计体系，在技术标准上，通过研究融合 ISO19650-1、2 等和地区 / 国家标准，推出企业 BIM 技术标准；在公共数据环境中，基于云的生产环境建设，将设计协同管理平台与现有的生产系统相结合，云端协作与设计工作流程相集成，工作环境与提资环境相区分，文档管理与版本控制相协作，进而推出建设协同管理平台；在协同生产环境的数字资产管理中，基于业务目标的需求定义项目信息管理需求、项目策划及工作任务分解、各专业过程提资内容均在控制着项目的协同方式，项目管理策划人员权限配置，项目进度计划及里程碑管控，项目 MBS 结构树分解，都在影响着 BIM 正向设计管理，后期过程还存在着实施及成果交付管理、BIM 设计成果一键提资、BIM 设计过程校审、BIM 出图打图、设计变更管控、项目看板分析等，最终实现对 BIM 设计成果进行评价。

在此次实践过程中，公司领导层的支持和各部门各专业对 BIM 技术的响应执行至关重要。公司不仅要理解 BIM 的战略意义，还要确立相应的资源投入、建设完善的技术支持和培训体系，确保 BIM 技术在公司内得以广泛应用。通过制定公司级的 BIM 技术标准、构建公共数据环境、开发设计协同管理平台等措施，形成了一个全面的 BIM 应用体系。这些决策和策略为 BIM 技术在公司内的应用提供了战略指导。

（1）技术标准的明确

BIM 正向设计体系首先明确了项目技术标准，包括模型管理要求、正向出图技术要求、全专业互提资料一张表、模型审查要求、设计流程管理等多个技术指导文件。这些标准化有助于确保项目设计的一致性和高质量。

（2）公共数据环境的构建

为了支持全院 BIM 应用，建设了公共数据环境，基于私有云进行了虚拟桌面部署。这个环境统一了生产工具和数据交换，支持全院使用，实现了数据的集中管理和共享，为项目设计提供了便利。

（3）设计协同管理平台的开发

为应对项目设计的协同和管理需求，使用以 Revit 为中心的软件进行协同设计。该平台涵盖了多专业协同、三维校审、成果交付和过程质量管控等多个关键环节，成为正向设计的关键性技术。该模式的应用成果形成了体系文件、项目生产机制、公共数据环境团队建设等一系列可推广、可落地的体系建设成果。设计协同管理平台是 BIM 正向设计体系中的核心组成，为全面实施正向设计提供了技术支持。

2. BIM 正向设计实施

（1）BIM 设计协同

设计协同平台的设计核心以 Revit 端协同设计为主，并辅助使用其他插件，高效完成设计分配和设计工作，提供高度灵活性和便捷性，使设计工作更加顺畅。在这个协同设计中，设计团队可以实时协同工作，确保高质量完成设计任务。同时，团队也注重数据的整合与流通，确保设计过程中各项任务得到准确追踪和管理。

（2）BIM 设计进度管控和设计协同提资环境

在 BIM 策划阶段，在设计协同管理平台上对项目设计人员、协同方式和项目节点进行了策划。将工作任务与设计模型相关联，在平台内进行模型结构树分解，进行设计任务、进度、提资多环节精细化管控。梳理 BIM 全过程正向设计工作流，搭建正向设计的三维协同提资环境。设计人员制定各专业提资时间表，专业负责人严格按照时间表管控提资，标注了各专业各阶段的提资内容，并对各专业提资时间和内容进行约束。考虑模型版本迭代，设计痕迹可追可控，实打实地督促一模到底的正向设计。

（3）同步执行二维和三维校审

创新性使用校审平台系统，并在 Revit 上同步执行二维图纸和三维模型校审。集成了二维图纸和三维模型的校、审、定三级校审流程，校审意见与模型构件和图纸关联，校审和设计人员可以通过平台发送和接收校审意见。设计人员可在平台上快速查找、修改和回复意见，加强正向设计的过程质量管控，保证图模一致性。

（4）正向设计应用场景

应用场景 01—方案阶段多方案数字化比选

在方案阶段，非常规建筑体量的选型过程复杂，表皮单元的选型、模型制作及深化过程繁杂，为此我们利用各种软件进行建模，利用图层、过滤器等设置展示建筑体量，便于推敲；在建模过程中对单个单元进行参数化定义，使模型信息具有可编辑、可传递的能力；同种表皮、不同表皮单元的拼接组合进行参数化定义，使组合信息具有可编辑、可传递的能力。

同时，在方案阶段表皮材质的选择及整体展示效果弱，为此我们使用 BIM 同步软件实时渲染效果模拟，增加对建筑材质、表现形式、物理性质进行详细设定，同时对阳光、天空的效果模拟，加入树、行人、道路、水池等场景化设置。

应用场景 02—多元化的性能模拟

在方案确定中，性能模拟分析取优过程烦琐，且计算过程不可逆性。在人工冷热源热湿环境模拟分析中。利用 PMV 和 PPD 模型，对 1.5 米高度的温度云图、PMV 云图以及 PPD 云图进行分析，最终整合出报告。在进行风环境分析中，我们基于 REVIT 的三维设计，REVIT 与 Ecotect 格式模型互通。在建筑风环境中模拟，对于冬季背风面、迎风面、夏季迎风面和背风面进行分析，在 Ecotect 中对模型材质、建筑多方位的修改，最终直接体现在 REVIT 模型中。在进行日照分析中，我们使用天正日照软件进行日照性能计算。在进行节能、声环境和超低能耗分析中，我们使用 PKPM进行能耗分析计算。在分析后，以最终报告的形式，递交审图机构，进行审核。

应用场景 03—面向施工图交付目标的 BIM 正向设计

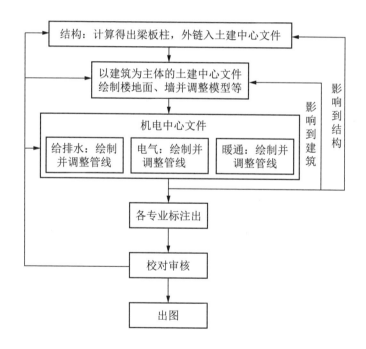

传统设计是在平面或立面上的设计，绘制出来的平面线，缺少三维方向上的可展示性；各专业间的协作，提资设计，图纸比对，需要通过复制参照，不可联动。为提升设计质量，本项目引入 BIM 正向设计方法和流程，确定设计提资时间，进行各专业在三维平台上的协同设计。

同时传统二维设计出图传递依靠文字，速率比较慢，出的图纸仅含平立剖等，表达缺漏有死角，上游设计单位和下游深化单位是两套图纸，内容上难以统一。为解决上述问题，本项目使用 Revit 进行各个构件的建模，附带属性，完成设计模型和信息的完整交付，设计传递一模到底，施工单位在设计模型的基础上直接深化，确保模型和信息能有效传递到施工阶段。

最后，因在设计过程中多专业共同交叉设计施工，协调难度较大，工程管控混乱，责权不清，容易造成业主决策的失误，本项目设计人员在出图前，需做完整管线碰撞检测，以便施工。同时利用 BIM 模型实施对门窗等构件的工程量计算，提供工程量统计表。

应用场景 04—面向可实施目标的数字虚拟建造

在施工现场内构件较多，组合、搭建混乱，顺序不清，造成施工失误，因此我方对构件搭建预模拟。在设计模型的基础上进行模型的拆分及施工场地的部署，实现施工过程的精细化管理。设计和施工阶段的模型及信息为运维 BIM 技术应用奠定基础。同时通过 BIM 专项方案模拟提前识别了工程中潜在的设计和施工风险，减少设计失误带来的变更问题，有效控制了投资概算，节约了运营成本。

在设计阶段将设备运行状态作为必要数据信息与土建图纸联通，初步实现"数字孪生"，模拟设备实时运行状态。随着设备运行状态信息的累积，形成设备运行历史情况登记，掌握设备健康程度在随着节点的推移而发生的变化。

（5）多专业间协同一致，打造多元化科技园区

宛平南路 75 号 4# 楼作为上海市零碳办公园区综合改造技术示范项目，是一项旨在推动建筑领域实现低碳、近零碳、零碳直至净零碳排放目标的综

合性工程。该项目通过分阶段设定目标，逐步引导园区向更加环保和可持续的方向发展。

在近前低碳阶段，项目着重于建筑的围护结构和设备性能的提升，这一阶段的目标是将碳排放强度控制在每平方米 20 千克二氧化碳以下。

随着近期项目进入近零碳阶段，目标变得更加严格，采用高效的围护结构和高性能的设备系统，同时积极引入太阳能等可再生能源的应用，以降低建筑的能源消耗和碳排放，碳排放强度需降至每平方米 12 千克二氧化碳以下。

在中期零碳阶段，园区将建设光伏系统，目标是实现每平方米 5 千克二氧化碳以下的碳排放强度。这要求园区在能源使用上实现自给自足，主要依赖可再生能源，同时在建筑运维管理上采取更加精细化的措施。

在远期净零碳阶段，通过设备更新和动态碳排放调控，进一步提高能源利用效率，减少对化石能源的依赖。园区将实现碳排放的完全中和，即通过碳捕获和存储技术，以及增加碳汇等手段，使得园区的净碳排放量为零。

宛平南路 75 号 4# 楼项目不仅关注建筑本身的节能减排，还着眼于整个园区的能源结构和运营管理的优化。通过这些策略的实施，项目有望成为推动城市可持续发展的典范，为其他城市和园区提供宝贵的经验和参考。

BIM 正向设计实施关键点

1. 高性能建筑表皮

（1）UHPC 高性能混凝土外墙

上海地处我国建筑气候区中的夏热冬冷地区，气候夏季闷热，冬季湿冷，这一气候条件要求建筑的围护结构需要有良好的气候适应性，即建筑围护结构需要具有良好的保温和隔热性能。在窗墙体系为主的建筑围护结构中，外墙面积占比最大，对建筑整体的隔热保温性能起着举足轻重的作用。

建科中心主楼外墙采用 UHPC 超高性能混凝土饰面，内嵌燃烧性能 A 级的保温岩棉板。外墙整体构造为：100 毫米钢筋混凝土 +120 毫米岩棉板 +UHPC 超高性能混凝土饰面，外墙平均传热系数为 K=0.37 W/（m² · K），保温性能较现行国家及上海市节能标准规定的外墙性能提升近 60%。

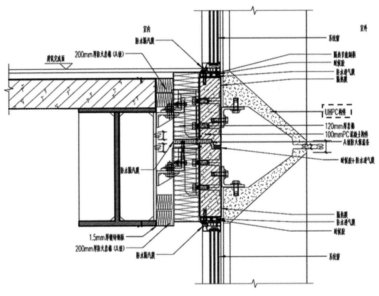

UHPC 外墙构造节点详图

（2）新型高效保温材料屋面

新型高效保温材料——超薄真空绝热保温板（简称"STP 板"）采用不良导热体芯材破坏热量传导、采用超强真空对热对流造成破坏、利用铝箔结构对热辐射进行有效反射，能够将热传导、热对流和热辐射三种热传递方式进行高效阻隔。在制造工艺上采用无机、无毒芯材，低能耗、零排放加工工艺，并采用无机纤维芯材与高强度复合阻气膜通过抽真空、科学封装技术制成，是适应低能耗建筑的高效节能保温材料。

屋面构造根据项目的需求，主要包括两种节能屋面体系，分别为种植屋面和普通屋面，均采用 65 毫米厚的新型保温不燃材料 STP 板用于屋面保温，保温板导热系数为 0.007 W/（m·K）、燃烧性能为 A 级。保温板铺设采用错缝施工工艺，确保 STP 板施工后保温性能不被破坏。经热工计算，种植屋面传热系数为 0.13 W/（m²·K），普通屋面传热系数为 0.14 W/（m²·K），保温性能较现行国家及上海市节能标准规定的屋面性能提升超 70%。

（3）三玻两腔充氩气双银外窗

三玻两腔充氩气双银外窗主要由三层平板玻璃和两个空腔构成，平板玻璃及空腔周边采用高强度高气密性复合黏结剂，将三片玻璃与密封条、玻璃条粘接和密封，两腔内充入惰性气体氩气，玻璃框内充以干燥剂，以保证玻璃片间空气的干燥度；玻璃表面采用真空磁控溅射技术镀上两层含纯银层的功能层，阻挡太阳热辐射。

建科中心采用的三玻两腔充氩气双银外窗，具有低辐射率、低传热系数、低遮阳系数、高可见光透射比、防紫外线、降噪、节能等特点。东向、南向外窗采用隔热铝合金型材、三玻两腔充氩气（5 中透光 Low-E+12Ar+5+12Ar+5）玻璃，西向、北向外窗采用隔热铝合金型材、三玻两腔充氩气双银玻璃（5 中透光 Low-E+12Ar+5+12Ar+5 双银）玻璃，整体外窗传热系数为 1.40 W/（m²·K），玻璃遮阳系数分别为 0.46 和 0.25，外窗热工性能较现行国家及上海市节能标准的规定提升近 40%。

（4）无热桥控制措施

建筑围护结构热桥主要指建筑围护结构中保温隔热性能薄弱区域，该区域的热流相对密集，传热系数高，成为热量流失的主要桥梁。热桥部位包括女儿墙、土建风道出风口、穿屋面管道、屋面落水管、穿外墙管道、外门窗与墙体结合部位、悬挑阳台与主体结构的连接处及围护结构安装电气盒、支架部位等。

建科中心针对围护结构各热桥控制部位，采用多种无热桥控制措施，如隔热膜、A级防火保温条、岩棉板、挤塑聚苯板、发泡聚氨酯、无机保温砂浆等，填充不同围护结构板块交接部位形成的热桥，实现各部位有效断热桥，保障建筑整体无热桥。具体部位的无热桥控制措施如下表所示。

表 104　项目典型部位无热桥控制措施

控制部位	无热桥控制措施
外墙（UHPC饰面）与外墙（UHPC饰面）结合部位	A级防火保温条
外墙（UHPC饰面）与玻璃幕墙结合部位	隔热膜
外墙（UHPC饰面）与外窗结合部位	隔热节能附框隔断热桥，隔热膜粘贴
外墙（钛锌板饰面）与外窗结合部位	节能副框隔断热桥，发泡聚氨酯填缝
外墙（钛锌板饰面）、女儿墙与屋面结合部位	50毫米厚挤塑聚苯板、30毫米厚岩棉板
柱穿架空楼板	吊顶内侧柱采用30毫米厚岩棉包实，与室外接触部位采用25毫米厚防火防锈漆厚涂
柱穿地下室顶板	与土壤接触部位采用30毫米厚挤塑聚苯板
雨水管穿女儿墙接触部位	发泡聚氨酯填充，密封胶嵌缝，并采用硅酮密封胶和预压膨胀密封带粘贴
屋面内排水管道	外侧采用发泡聚氨酯填塞，与室外接触部分用密封胶封严，设置的防水层伸入至发泡聚氨酯
太阳能光伏光热一体化板支架	布置预埋件及采用50毫米厚电木块，两侧采用50毫米厚挤塑聚苯板包覆，上侧采用无机保温砂浆

（5）气密性控制措施

建科中心采用高气密性控制措施，针对围护结构各板块结合部位，在室内侧粘贴防水隔汽膜，室外侧粘贴防水透气膜，并采用耐候胶、发泡聚氨酯、硅酮密封胶等封严措施，能够有效减少冬季冷风渗透，降低夏季非受控通风导致的供冷需求增加，提升办公人员办公品质。

建科中心针对外窗与墙体连接部位、管道穿墙及出屋面部位、预制墙板拼接等部位均有效实施了气密性处理，保证了建筑整体气密性在室内外正负压差 50 帕的条件下，每小时换气次数不超过 1.0 次。具体部位的气密性制措施如下表所示。

表 105　项目典型部位气密性控制措施

控制部位	气密性控制措施
预制墙板（UHPC 饰面）与窗拼接部位	室内侧采用防水隔汽膜，室外侧采用防水透汽膜粘贴，辅以耐候胶粘贴封严
外墙（UHPC 饰面层）与外墙（UHPC 饰面层）结合部位	室外侧采用防水透汽膜辅以耐候胶粘贴封严，室内侧采用防水隔汽膜粘贴
外窗与墙体（钛锌板饰面）连接部位	室内侧采用防水隔汽膜，室外侧采用防水透汽膜，结合面采用密封膏嵌缝，发泡聚氨酯填缝
穿墙管道洞口接触部位	室内侧采用防水隔汽膜，室外侧采用防水透汽膜，预压膨胀密封带及硅酮密封胶密封
柱穿架空楼板接触部位	楼板室内侧采用防水隔汽膜粘贴，楼板室外侧采用防水透汽膜粘贴，预压膨胀密封带及硅酮密封胶密封
柱穿地下室顶板接触部位	地下室顶板室内侧采用防水隔汽膜粘贴，地下室顶板室外侧采用防水透汽膜粘贴

（6）建筑一体化遮阳

上海全年太阳辐射强度较为均匀，太阳辐射得热对于冬季热负荷的降低有所帮助，而在夏季，通过合理的措施可有效降低太阳辐射得热，从而降低空调负荷。因此，需结合冬夏太阳高度角的变化特点，因地制宜进行遮阳设计。

为达到良好的夏季遮阳效果，设计上优先考虑建筑固定遮阳措施，将外窗玻璃内凹嵌入外墙，通过凸出外窗的 UHPC 饰面对窗户透明部分形成固定遮阳效果。建科中心结合室内自然采光的需求，通过数值模拟优化分析的手段，在不同立面采用不同模数的固定遮阳设计，分别为 3.3 米宽度模块和 1.4 米宽度模块，UHPC 饰面相对外窗挑出深度均为 400 毫米。分析结果显示，两种模数的固定遮阳设计均能有效降低夏季太阳直射小时数和太阳辐射得热量。其中，3.3 米宽度模块设置固定外遮阳后，夏季典型日太阳直射小时数从 8 小时降低至 4.5 小时以下，太阳辐射得热量约为 498.98 千瓦时 / 平方米，比无遮阳时降低约 25.0%。1.4 米宽度模块设置固定外遮阳后，夏季典型日太阳直射小时数从 7 小时降低至 4 小时以下，太阳辐射得热量约为 611.61 千瓦时 / 平方米，比无遮阳时降低约 8.1%。

为进一步优化夏季遮阳效果、降低太阳辐射得热，建科中心在夏季辐射量较大的东立面和南立面设置了建筑一体化遮阳，遮阳设施与外窗或幕墙进行一体化设计和安装。建科中心二层及以上的东向、南向外窗采用活动式电动卷帘建筑一体化遮阳措施，外窗夏季综合遮阳系数降至 0.17。活动式电动卷帘遮阳装置内置于 UHPC 构件内部，不仅实现了建筑一体化遮阳功能，且不影响建筑整体美观。

2. 综合能源利用

（1）围护结构光伏一体化系统

在日照和太阳辐射资源方面，上海属于Ⅲ类丰富带，全年辐射量在 3 780—5 040 兆焦 / 平方米。为充分利用可再生能源为建筑供能，建科中心在规划设计阶段首先对太阳能辐射情况进行在地性分析。通过分析结果可以看出，临近建科中心周边高楼遮挡较少，太阳辐射资源禀赋良好。其中，主楼屋面东侧太阳辐射条件最优，可作为屋面光伏系统铺设的最佳位置；南立面中部太阳辐射条件较其他立面区域较优，可优先用于安装立面光伏系统。

建科中心采用立面光伏幕墙集成技术。与传统的薄膜光伏幕墙不同，项目南立面局部外墙采用彩色晶硅发电玻璃，在幕墙单元非透明部分的上、下、左、右侧均安装立面光伏板块，在不影响玻璃透光率的情况下有效利用太阳能辐射能量。根据立面太阳辐射资源禀赋分析，优先在南立面的中部安装太阳能光伏组件，立面光伏有效安装面积约200平方米，安装容量21.6千瓦，年发电量约7 900千瓦时。

（2）PVT光伏热水一体化技术

除立面光伏一体化系统外，建科中心还在太阳辐射资源禀赋最优的主楼东部屋面设置屋面光伏系统，并创新性地采用了常规光伏与光伏光热一体化系统相结合的形式。

光伏光热一体化系统（简称"PVT系统"）主要由PV系统和PT系统组成。PV系统将太阳能通过太阳能电池转换为电能，为建筑供电使用，或者通过逆变器并入电网；PT系统，通常使介质流过太阳能电池板背部，吸收太阳能电池背板的余热并同时提高太阳能电池板发电效率，得到的热量通过太阳能循环泵进行循环，将产生的热量储存于储热水箱中，加热外界流入的水，从而充分利用太阳能以及空气能的热量，供应建筑所需的生活热水。

在屋面设置PVT光伏光热一体化板，光电转换效率≥20%，有效安装面积63平方米，安装容量7.68 kWp；在立面上设置光伏幕墙，有效安装面积360平方米。全年发电量约1.4万度，供电办公直流照明及办公插座。光电光热混合动力系统：光伏电池配套降温设备，输出电量同时释放热量，提供生活用水光电转换率 23%，光热效率 50% 以上。

3. 装配式设计 AAA 级

在结构上，设计涉及的平面不规则项数为 3 项，竖向不规则项数为 1 项，属于特别不规则建筑，经研究并匹配结构超限方面的对应措施，最终通过专项评审。本工程的抗震计算等级及抗震构造措施等级由原来的四级提高至三级。通过静力弹塑性计算分析，结果表明在罕遇地震作用下，结构能够较好地控制塑性铰的出现位置和顺序，具有良好的延性耗能性能；大震作用下结构的层间位移满足规范要求，保证了"大震不倒"的要求。对竖向构件的框架柱以及关键构件的梁进行了中震弹性设计，满足承载力要求。通过动力弹塑性分析，结果表明在罕遇地震作用下，结构大部分构件处于轻微损坏，部分构件达到中等破坏，少数构件钢筋出现严重破坏，但未见有构件钢筋达到倒塌水平，能满足"大震不倒"的要求。

装配式建筑单体评价得分计算报表								
	条目	理论满分	不参评	参评分值	实际得分	最终得分	汇总	标准
上海建科科创中心项目	建筑设计 Q1	100	10	90	78	86.67	86.67	≥ 80 分
	生产与施工 Q2	100	17	83	65	78.31	175.9	≥ 160 分
	项目管理 Q3	100	17	83	81	97.59		

项目采用钢结构设计，1 372 个地上钢结构构件数量，1 123.8 吨地上结构用钢量，148 个地上钢梁管线预留孔，665 根钢梁预留孔管线穿越数，顺利通过装配式建筑 AAA 评价等级评定。

4. 运维智慧化

（1）综合概览

基于 BIM 的智慧运维管理平台首页界面融入了上海市 CIM 轻量化场景，

三维展示建科园区所处地理位置。平台首页的数字看板实现多维度数据监测汇总，包括环境监测参数、车辆进出统计、充电桩使用情况、餐厅实时用餐人数、设备报警维修信息、重点区域安防视频监控画面接入、年月日的碳排放综合指标趋势、设备数量统计等。

（2）智慧餐厅

智慧餐厅管理模块通过可视化展示当日菜单，综合显示食谱健康指数，如热量、脂肪、碳水含量等信息。平台利用数字化手段提供更关注人文健康的餐饮环境，实时客流数据统计，园区人员用餐信息统计，后台获取菜品偏好、高峰时段等信息。

（3）健康调优

通过健康参数实时捕捉和动态监测，平台优化新风系统策略，打造和实现舒适健康的办公环境。接入的环境数据监测包括$PM_{2.5}$、PM_{10}、CO_2、TVOC、温度、湿度及基于 AI 算法的人流计数统计。平台的数字孪生场景可根据各楼层传感器点位位置，使用粒子系统模拟监测动态数值，并以数据可视化形式实现实时反馈和预警。

（4）柔性用电

本项目建设与运营始终关注可再生能源的利用与管理，平台中的光伏发电管理模块汇总并展示光伏发电太阳辐照度、实时发电功率、预期发电功率、光伏板寿命预期信息、发生故障的报警信息、实时用电负荷等数据。光伏系统 3D 展示，包括安装光伏区域和范围、光伏系统各组件详情、系统运行及储能流向，传感器监测点位等。

在太阳能 PVT 集热系统管理中，通过可视化展示，综合掌握系统构造特征、运行状态、系统构造。通过数据采集实时监测 PVT 集热系统进出水温度、光伏组件背板温度。

（5）物联感知

为实现智慧安防、应急指挥与系统联动，智慧运维管理平台将安防设备管理、电梯管理、消防管理进行数据可视化，实现园区多系统高效管控，助力园区安全防范。

安防管理：安防概览，按楼栋和楼层分别统计安防设备数量；重点区域，调取实时监控；汇总安防告警事件，展示处置情况。

电梯管理：展示每台电梯设备详情，监测实时运行状态，电梯故障事件详情列表、事件反馈时间和故障解除时长。

设备管理：消防设施按楼栋和楼层汇总，统一管理；实时监控，及时发现隐患；设备联动三维模型，做到事故追溯、问题定位。

消防管理：暖通、给排水、PVT 系统的设备统计，包括名称、编码、位置、运行状态、厂商等信息；三维场景可分楼层、分专业筛选 BIM 模型，查看各构件 BIM 属性信息。

（6）数字碳汇

智慧运维管理平台数字碳汇模块提供楼宇分层能耗计量，用能漏洞精准定位，实现园区全方位能耗特征展示，实现碳画像可视化、碳汇信息分析预测及碳排自主管理。能源计量功能，包括用能统计、用能结构、能源流向、用电（发电）趋势、用水趋势，能源流向联动三维场景，按楼层和区域可视化表达用能终端。碳排核算功能，统计能源消耗总量、碳排放总量、能耗强度、碳排放强度等指标，实现碳排结构和碳排趋势汇总。

本项目根据"以终为始，数据赋能"的全生命周期管理理念，实现的基于 BIM 的全生命周期的数据共享和交付，通过接收竣工的 BIM 模型，结合运维管理需求，转化成为运维管理模型，为项目运维管理平台的搭建建立数字孪生底座；楼宇部署了 4 大类 11 小类的智能化系统，实现对建筑设施设备的高效管理和维护，同时为运维管理平台提供源源不断的动态数据；通过上海建科徐汇园区四号楼平台的开发，集成静动态各类数据，开发 8 大模块和 20 多场景，持续赋能园区和楼宇运维管理。

BIM 正向设计研究成果

通过上海建科科创中心项目实践，验证并完善了企业 BIM 正向设计体系。上海建科建筑设计院实现在 2 个月内从项目策划到出图的全施工图设计流程管控，相比以往节约正向设计时间 30%。

在设计实践中，建筑专业 BIM 出图比例达 90%，结构 BIM 出图比例：70%，电气 BIM 出图比例：70%，给排水 BIM 出图比例：80%，暖通 BIM 出图比例：90%。

在后期获奖中，本项目先后获得中国绿色建筑三星级、中国超低能耗建筑、美国 LEED 铂金级、英国 BREEAM 首批近零碳等行业最高等级奖项；在健康使用者视角，本项目获得中国健康建筑三星级、美国 WELL 健康建筑铂金级等行业最高等级奖项；在装配式领域，本项目获得装配式 AAA 级建筑；在 BIM 创新应用领域，本项目全过程采用 BIM 正向设计，获得了上海市第四届 BIM 技术应用创新大赛"项目案例奖"房建类一等奖和上海市第一届"数建杯"数字城市建设成果赛房建类一等奖。

结　语

面对上海建科科创中心这种密集城区、功能复杂、设计周期短且专项配合多的城市更新项目，上海建科建筑设计院经历了一场 BIM 设计与时间的赛跑。在此次设计中，BIM 正向设计体系和设计应用创新点在短时间内让设计落地，确保了设计质量和周期。这次实践也展示了公司对于创新技术的敏锐应用，标志着 BIM 不仅是创新设计的催化剂，更是公司项目成功实施的关键工具，为公司在设计领域的未来发展奠定了坚实基础。

二、典型企业

（一）使命担起来　产业立起来——中铁上海设计院集团有限公司

从蓝图到绽放，从憧憬到美景，建于 1953 年的中铁上海设计院集团有限公司（以下简称中铁上海院）发力高质量发展。

逢山凿路、遇水架桥，交通建设勇当"先行官"；塔吊林立、机器轰鸣，场馆建设按下"快进键"。擘画宏伟蓝图，创造领航伟业，中铁上海院蹄疾步稳，增添发展动力，为我国重大工程项目持续推进写下生动注脚。

从内核来看，中铁上海院是国家大型综合甲级勘察设计单位，也是世界 500 强企业——中国铁建旗下的骨干企业。入选国务院"科改示范企业"，通过"国家企业技术中心"认定，获上海市高新技术企业、创新型企业、科技小巨人企业、专利工作试点企业及上海市文明单位、诚信创建单位、平安示范单位等称号。

从外延来讲，中铁上海院秉持"一业为本、两个市场、六大板块、五大领域、高质量发展"的"1265"总体发展思路，坚持以勘察设计为本，发展国内、海外两个市场，打造勘察设计、工程总承包、投融资、全过程咨询、智能制造、运营维管六大板块，开拓铁路、城轨、建筑、市政、战略新兴五大领域，实现高质量发展。

保持"等不起"的紧迫感、"慢不得"的责任感，中铁上海院放大"乘数效应"，锚定永续发展的"未来之城"、驱动创新的"智慧之城"、蓝绿交织的"生态之城"、精细构筑的"人民之城"，对持续推动交通建筑业质的有效提升和量的合理增长，具有重要意义。公司先后获得国家、省部级各类科技奖、四优奖近400项，专利500余项，参编国际、国家及行业标准规范70余项；设立博士后科研工作站，成立长三角交通一体化研究中心—区域铁路与轨道交通联合研究基地、全国工程勘察设计大师工作室，组建交通研究中心、城市发展研究中心、智慧勘测研究中心三大研究机构。

当好探路先锋，为城市建设运营保驾护航

工程动起来，创新热起来，映照出发展建设的澎湃活力。

风雨锤炼70载，中铁上海院一直秉持"建设交通强国，成就美好生活"的企业使命，努力打造"城市群和都市圈基础设施最优服务商"，用精心设计、科学管理、优质服务筑诚信之厦、创精品工程，向着"国内领先、世界一流工程咨询集团"阔步前行。

每一块土地都自成一个世界，如何看透这个小世界，唯有置身其中，感受它的奇妙。而这，正是勘察设计工作的迷人之处。勘察设计是工程建设的先导和灵魂，为了铁路地铁、高楼大厦、工厂公园、道路桥隧、工民建筑的固若金汤，中铁上海院团队摸底岩土性能，为工程设计、施工提供重要基础数据和资料。

在铁路设计方面，身为国家队的中铁上海院掌握了从既有线提速到时速350公里高速铁路建设等不同等级铁路设计的成套技术，包括合蚌高铁、池黄高铁、连镇高铁、淮宿蚌铁路、阜淮铁路、宁启铁路等，是国内最先独立承担时速 350 公里高速铁路总体设计的单位之一；作为长三角市域铁路建设的核心参与单位，开展了从规划至建设验收的全过程技术服务，参与了上海、杭州、郑州、福建等市域铁路网的专项规划，承担了上海嘉闵线、示范区线、金山至平湖线等重大项目。

作为轨道交通的先行者，中铁上海院具备主持整条轨道交通规划咨询、勘察设计、监理运维等全阶段技术，参与了全国 40 余个城市及上海几乎全部线路的轨道交通建设，是上海、天津、南京、成都等 10 余条线路的勘察设计总体单位，总体设计了国内首条城市高架轨道交通——上海轨交 3 号线和我国首条在桥上与高铁并行的地铁线路——南京宁和城际，参建了世界首条商业磁浮运营线——上海磁浮列车示范运营线。

以主力军之势，中铁上海院积极投身工民建、交通建筑、站城融合、片区开发、城市更新及区域园区综合开发等工程建设中。其中，广州白云湖车辆段上盖创造目前场段上盖项目建筑高度的世界纪录，上海申昆路停车场为国内首个市域铁路地下停车场。

中铁上海院积极融入传统市政、公路、新兴城镇化和乡村振兴基础设施建设中，经营范围遍及华东、华南、华中、西南、东北等区域，承担了陆寻高速公路、杭州市西站枢纽疏解通道、海门党史主题公园、文昌国际航天城"三横五纵"路网等一批特色项目。同时，布局战略新兴产业，积极开拓生态环保、新能源、现代化物流等适应经济社会发展需要的战略新兴市场，承揽了郑州航空港高铁多式联运、富源西风电基地一期、宁波北铁路物流中心等一批引领性强的新兴业务。

固根基、利长远。与此同时，中铁上海院在工程总承包、投融资、全过程咨询（监理咨询）、智能制造、运营维管等方面展现勇毅与担当。

中铁上海院是勘察设计行业最早实行工程总承包的企业之一，业务范围涵盖铁路、市政、公路、房建等全领域，承担了东至铁水联运铁路专用线、海门宏伟路跨海门河桥梁、海门府南生态长廊、昭通凤凰广场住宅区等近150个工程总承包项目。

作为投融资领域的优秀企业，中铁上海院大力开拓基础设施、片区综合开发、股权投资、生态环保、乡村振兴、新兴产业等业务板块，参与了洋吕铁路、富罗高速公路、沧州市中心城区城市更新、龙口采煤塌陷区综合整治等项目。

中铁上海院是国内知名的监理、咨询企业，业务涵盖铁路、轨道交通、公路、市政、房建等，承担了京沪高铁、拉林铁路、沪宁沿江高铁等40余条国铁干线，以及上海、南京等近30个地铁项目的监理承担了宁杭客专、连盐铁路、上海虹桥综合交通枢纽、天津地铁8号线等近百个项目的技术咨询。

中铁上海院搭建科技成果产品产业化平台，实现新技术、数字化、智能化产品的产业化转换，已孵化"隧道综合量测机器人""大直径管桩""桥梁健康监测设备""铁路信号集中监测系统""智能建造/运维机器人"等产品，并在连镇高铁、成都地铁10号线等得到应用。

中铁上海院是最早探索业务系统性数字化转型的设计院之一，深耕智慧城市、智慧交通、智慧园区、智慧建筑、智慧物流等重点领域，提供规划、设计、咨询、建设、运维全生命周期一体化服务和综合数字化解决方案，打造出铁路基础设施安全监测平台、智慧建养一体化管理平台、智慧园区双碳平台、多式联运一体化数字平台等行业优势产品。

值得一提的是，中铁上海院是最早"走出去"的设计院之一，业务范围遍布非洲、拉美、欧洲、东南亚等 40 多个国家和地区，参建了中国迄今为止最大的援外成套项目之一的坦赞铁路，承担了安哥拉罗安达铁路、安哥拉本格拉铁路、马拉维马班铁路、尼日利亚莱基自贸区办公综合楼等项目。其中，全长 1 344 公里的安哥拉本格拉铁路是 21 世纪以来中国在海外修建的最长铁路。

释放绿色内核，挖掘"清新"增长极

从浩瀚海边到雾霭山巅，从广袤平原到茫茫烟海，重大工程、重点项目铿锵突进，往往也是各类新装备、新技术的"练兵场"。

从具备无人巡检和自主导航等功能的机器人，到基于区块链技术的生产信息管理系统，推动中国建造、中国制造能力水平进一步提升。

中铁上海院审时度势，在市域铁路、民用建筑等多领域深入贯彻绿色低碳设计，为产业链上下游发展提供机遇，也为区域经济发展带来支持。

超级环线串起都市圈，"轨道上的长三角"加速跑。上海市域铁路示范区线和上海市域铁路南枫线在规划、设计、施工及运营的各阶段，依托《绿色轨道交通标准》，贯彻执行高标准的"绿色轨交"理念，打造绿色低碳发展的轨交示范线。以被动优先、主动辅助、以人为本、因地制宜为原则，采用大量实施便捷、效果显著的绿色技术，将达到健康指标提升 20%—50%，安全指标提升 10%—20%，运行能耗降低 10%—20% 的目标要求。

绿色轨道交通数字化协同管理平台添砖加瓦，囊括设计流程管理功能、绿色轨道交通技术解决方案、下游绿色产品库及增量成本等多模块，实现覆盖全流程全专业绿色设计信息共享和高效协同，打通行业上下游之间信息连通，形成产品数据库，提高绿色轨道交通业务的可操作性和落地性，提升设计工作效率，为类似项目的绿色化建设提供参考和借鉴。

从地平面来到天际线，中国铁建临港大厦项目曾荣获绿色建造一等奖，一份《全生命周期建筑运营成本及能耗分析》报告彰显奖项背后的技术含量，为整个项目从设计、施工到运营全生命周期内建筑成本及能耗提供了前期测算及理论数据依据。细节之处，体现绿色内核，比如：建筑玻璃采用三层低辐射超白钢化夹胶玻璃，并设置多种遮阳措施，保证良好的采光与通风性能，改善室内热舒适环境；设计太阳能热水系统，提供太阳能热水热量占整个项目热水需求总热量 35% 以上等等。

推动形成绿色发展方式和生活方式，是发展观的一场深刻革命。协同推进降碳、减污、扩绿、增长，把绿色发展理念贯穿于经济社会发展全过程各方面，推进产业数字化、智能化同绿色化的深度融合，加快推动发展方式绿色低碳转型，一定能增强发展的潜力和后劲，为可持续发展注入更多"绿色能量"。基于此，中铁上海院还在工程总承包"碳"索绿色建造、数字化智能化、建筑碳排放计算、可再生能源利用等技术方面开辟发展新赛道，以开放的姿态广泛开展合作。

向未来扎实挺进，孕育发展新动能

近年来，中铁上海院勇争先、善作为、谋新策、出实招，扎实推动制造业高质量发展，因地制宜加快发展新质生产力，不断夯实中国式现代化的物质技术基础。

把握大趋势，下好先手棋。经过系列学习讨论，中铁上海院明确着力实现以下转变：从传统勘察设计业务向全产业链、全生命周期延伸的战略转变；由单一的技术服务向统筹性、全局性、高视角的集成服务的理念转变；以科技创新和数智融合发展为关键的路径转变；以新一轮深化改革和精细化管理为动能的驱动转变。

站在新的历史时期，公司从战略引领、机构调整、制度建设、平台搭建等方面积极进行探索实践，六大品牌逐渐擦亮。

市域铁路。坚持规划引领，以城市群、都市圈为重点，抢抓市域铁路先机，承揽了长三角、大湾区等城际和市域铁路网专项规划，以及上海市域铁路嘉闵线、示范区线、南枫线、金山至平湖线等，上海市域铁路调度、运营和技能培训基地工程等一批高含金量项目。

双流行动。在铁路客流业务基础上，大力开展铁路现代物流理念创新，着力由铁路货场向基于铁路物流的多式联运、物流基地转型升级，建立"铁路＋物流＋产业"枢纽经济概念。开展"大型多式联运枢纽现状分析及系统评估"等多项地方委托的课题研究，打造郑州航空港高铁多式联运、合肥国际陆港等一批特色项目，助力地方经济发展。

融合发展。围绕建设宜居、韧性、智慧城市，聚焦站城融合、产城融合、城乡融合等方向，全面提升城市品质。上海虹桥枢纽申昆路停车场，是国内首个市域动车组地下停车场；广州白云湖车辆段上盖开发，创造 TOD 项目建筑综合开发项目高度的纪录，获国家优质工程奖和股份公司优秀工程设计奖一等奖；温州南陆港枢纽是国内首个以产业功能为导向的国铁动车所上盖开发，将打造城市新产业中心。

人工智能。聚焦铁路建设智能化，孵化"铁路测量机器人""隧道综合量测机器人""铁路信号集中监测系统"等产品，并在连镇铁路等中应用。研发铁路信号集中监测系统，是系统内唯一获得 CRCC 认证产品，全国仅 8 家。

数字化。智慧工程建设管理平台应用于洋吕铁路等项目，轨道交通智慧车站平台应用于上海龙阳路地铁站，铁路沿线安全综合监测系统应用于沪蓉线上海铁路局段等项目，"智慧勘察建设方案"入选股份公司智慧建造试点。

参编国家标准《智慧城市基础设施评估和改善成熟度模型》，承担"市域铁路车站元宇宙关键技术研究和应用示范"等国家局和上海市交通运输行业协会多项课题。

运维。打造"上铁智慧"系列智慧运维产品，以新质生产力推动运维从"传统人工模式"到"数智驱动模式"转型，融合物联网、大数据、人工智能、数字孪生等新一代信息技术，深度赋能铁路、轨道交通、物流等行业全生命周期运维，推动交通和城市基础设施高质量、高韧性发展。研发的综合维修管理系统等市域铁路智慧运维产品已应用于上海市首条市域铁路，多式联运物流基地智慧运维平台应用于江都物流基地等项目。

加快发展新质生产力，要掌握科学的方式方法，做到把握发展规律、把握工作关键、把握政策尺度，蕴含"立与破""取与舍""同与异"的科学世界观和方法论。

在大局中找准定位，在共性中寻找个性。为了实现未来目标，中铁上海院准备探索发展地下空间、绿色环保、新能源、新材料四大未来产业。

地下空间，打造集"浅层、中层与深部立体、多元、绿色可持续的地下空间开发与利用"的行业引领者与最优工程咨询服务商。以深层化、规模化、绿色化、智能化为主要方向，统筹协调地上地下一体化发展，以地下空间应用场景为牵引，开展绿智规划、智能建造、智能运维，以及长寿命、高性能、高效修复等新型材料前瞻性技术研究与工程实践。

绿色环保，新型业务领域（固废资源化利用、水环境治理、土壤修复等）和环保咨询领域（声屏障设计、环境影响评价等）水平达到国内领先水平，加速形成绿色环保领域一批标志性产品和项目。

新能源，聚焦以风、光、储、氢为代表的可再生能源，成为国内新能源行业知名企业，成为股份公司新能源领域的骨干企业，打造一批光伏、风电、大规模储能等新能源建设标志性项目，市场份额在同类企业中占据上游。

新材料，立足"两根钢轨"和城市建设市场优势，整合相关产业链资源，在功能提升材料、绿色低碳材料、结构增强材料、能源储备材料取得应用突破，在新型防腐材料、能源材料、自生长材料、超导材料等方向提前进行产业化应用布局，成为中国铁建新材料应用的特色企业，加速形成一批新材料应用示范项目。

深耕优势、布局未来。中铁上海院主动对标世界一流企业推动价值创造落地见效，按照"高质量、优规模、强品牌"三大发展主线，分"三步走"实现发展质量、规模体量、市场地位全面提升的战略目标，到本世纪中叶，成为世界一流现代化工程咨询集团。

（二）以科技之"钥"开启转型之"门"——上海建工一建集团高质量发展透视

从东方明珠到上海中心大厦，标志性建筑彰显着上海建工一建集团（以下简称一建集团）建设者们"事不避难，迎难而上，追求卓越"的奋斗者精神。当城市加快迈向具有全球影响力的科创中心，一建集团紧随步伐，将服务国家战略、城市发展和自身成长结合，积极推动科技转型，开启企业转型发展之路。

追溯过往，"一建集团早在'十三五'期间就提出了转型升级方向，拥有一大批具有行业领先地位的自主核心技术，多次刷新中国乃至世界工程建设新纪录。"一建集团总工程师朱毅敏表示。2024年是实施"十四五"规划的关键之年，作为中国建筑行业的国家队，一建集团始终坚持"勇攀第一"的核心价值观，聚焦重大工程建设，在多个领域利用先进装备锻造一项项关键技术，立足科创，目前已形成"设计、建造、管理、运营"全链条建筑服务生态圈，2023 年合约额突破 570 亿元。

勇攀第一：核心技术奠定行业领先地位

2024 年是一建集团创立 71 周年。71 年来，一批批镌刻着时代印记的超级工程在全面落实中国式现代化进程中拔地而起，也打造了一建集团卓越品牌。

具有行业领先地位的超高层建筑技术，是一建集团的核心竞争力之一，得益于数十年的持续积淀。

1955 年，由一建集团主持建设的中苏友好大厦（现名上海展览中心）是当时上海最高的建筑。建设者们采取先进的箱形基础施工技术和进度管理，创下若干"全国第一"。30 年后，一建集团以上海商城项目刷新上海城市天际线，为我国早期高层施工技术发展作出贡献。

进入 20 世纪 90 年代，一建集团凝心聚力，在全国最早突破 400 米高楼建设。通过东方明珠、金茂大厦、环球金融中心、上海中心大厦、"广州塔"等超高层项目锤炼，逐渐形成了自主化、体系化的超高层建造技术，六创上海城市建设高度。目前，上海中心大厦、广州塔两个超过 600 米的建构筑物都出自一建集团之手。

如今，一建集团聚焦超高层建筑建造的数字化、工业化、智能化建造技术与装备等领域，以实现安全、高效、绿色和智能为目标导向，不断深耕施工技术，步入高质量发展快车道。在宁波中心大厦和徐家汇中心等超高层地标工程中，一建集团不断迭代升级钢平台体系，研发形成新一代大型塔机与液压爬升整体钢平台模架的一体化集成技术，在持续勇攀建筑高度的历程中，一建集团超高层建造技术不断开拓创新，研发出整体模架体系、大体积混凝土、超高层混凝土泵送、超高大跨门式结构等施工技术，形成了超高层施工成套技术，为国内乃至国际超高层建筑施工提供宝贵经验。在上海中心大厦大底板施工中，一举完成了6万立方米超大体积混凝土一次浇筑，并实现超高强度混凝土泵送至620米，刷新了世界纪录。

科技创新不只是攻克一项顶尖技术难题，而是要提高生产效率，赋能传统业务。朱毅敏曾参与上海中心、徐家汇中心的建设，在超高层建造领域具备丰富经验。在他看来，这两栋超高层建筑最能反映中国的超高层建造技术水平。

据介绍，正在建造的徐家汇中心不仅突破了浦西高度，也颠覆了许多传统认知。徐家汇中心370米高的B座办公楼，其基坑面积占地近6万平方米，开挖底板最深达地下37.5米，相当于12层楼的高度。基坑面积和深度均刷新上海地下室内空间建设纪录，在上海超高层建筑的基坑施工中堪称"超深、超难、超快"，多项施工技术均处于国内领先水平。

自主研发核心技术奠定一建集团行业领先地位。据统计，在超高层项目建设领域，一建集团获国家科学技术进步一、二等奖5项，国家级工法16项，詹天佑奖13项，鲁班奖38项。目前，一建集团已建成或在建的300米以上超高层项目18项，其中400米以上超高层项目8项，均为城市地标性精品工程。上海中心大厦为中华第一高楼、世界第二高楼，在建的北外滩91号街坊项目为上海浦西第一高楼。

科技引领，品质为先，一建集团凭借上海世茂国际广场、上海恒隆广场、上海浦东国际机场、杨浦大桥、东海大桥、卢浦大桥等几十余项工程斩获国家优质工程奖金（银）质奖、鲁班奖、詹天佑奖、市政金奖、新中国成立60

周年百项经典暨精品工程和上海市白玉兰奖等，成为上海市建筑施工企业中获工程奖级别最高、种类最多的企业。

转型升级：打造建筑全生命周期服务商

打破传统产业路径，助力产业链转型升级。一建集团在持续做强做优做大主业的同时，大力培育新兴业务，以谋求新的成长空间。

自"十四五"以来，一建集团新兴业务均实现较快增长，其中城市更新、市政工程领域新签合同额均超 100 亿元，建筑节能与智慧运维领域新签合同额近 10 亿元。其背后，有一批与之相对应的新兴业务领域的研发平台，激发企业高质量发展新引擎。

在高质量发展征程中，一建集团成立安装工程公司、装饰工程公司、材料工程公司、机械工程公司、劳务公司等专业单位，持续扩展业务范围，形成了专业齐全、人才齐备的产业布局，从一家建筑施工企业转型成为总承包企业，是国内首批获得建筑业特级总承包资质、上海市第一批工程总承包试点的企业之一。

自 2012 年集团化改制以来，一建集团持续加强自身能力建设，向全生命周期服务商转型。集团先后成立建筑设计院和工程研究院，培养了从设计到施工再到运维的全生命周期服务能力，并发展了设计—采购—施工一体化的 EPC 建造技术，在南岛会议中心、四川交子公园、深圳会展中心等多个项目中提供 EPC 服务。

在超低能耗建筑板块，一建集团积极响应国家绿色建筑政策。朱毅敏说："我们在芜湖建筑科技产业园进行了体型优化、被动式节能和高效能源管理等技术创新，建成了安徽面积最大的超低能耗建筑群，推动了当地绿色建筑的发展。"在智慧建造领域，一建集团深度融合当前最新的互联网、物联网等信息技术，围绕智慧设计、智慧装备、智慧施工和智慧运维等方向持续研发，积极培育智慧建造系统解决方案能力。

2020年底，结合行业发展形势，一建集团成立市政工程公司、城市更新工程公司和建筑节能与智慧运维工程公司，继续加大转型发展力度。通过深耕新兴领域，大力拓展企业核心业务范围，为新常态下企业高速发展增添新动能。近年来，先后承建了轨道交通18号线、龙东大道、昆阳雨水泵站、雷士德工学院修缮、上海市第一妇婴保健院修缮、张园综合改造、西郊百联购物广场改造等一批新业态重点项目。

近年来，一建集团积极探索知识产权、两化融合、碳管理体系的构建，形成"七标六体系"的贯标体系，在"一体化制度"中将新型体系要求予以融合。2022年，一建集团成为全国建筑业首家通过EATNS碳管理体系认证的企业，同时也是地方性施工企业首家两化融合AAA级企业，2023年，一建集团继续在设计、施工、运维全生命周期的数字化转型和服务商转型上探索，获得了施工行业首家"碳管理体系示范单位"和"建设行业碳管理服务促进中心"的荣誉。2023年9月，一建集团服务促进中心为临港大飞机园完成"新建建筑碳足迹评价"。同时，上海市建筑施工行业协会也引用一建集团的企业标准作为绿色施工I类项目的评审依据。通过业内领先的管理体系建设，一建集团不断夯实自身管理基础，提升项目管控水平，让企业发展转型蹄疾步稳。

拓展全国市场：打造区域一体化战略国家队

2023年4月，拥有超高层建造关键技术的一建集团承建的宁波中心项目顺利实现结构封顶，其建筑高度达到409米，为浙江"第一高楼"。2024年5月，高450米的东莞华润置地中心顺利完成大底板浇筑。

近年来，类似案例数不胜数。以建工集团"三全战略"为引领，以世界最大门式结构——苏州东方之门和600米高的世界第三高塔——"广州塔"等一批国内外知名的标志性项目为代表，一建集团凭借"高、大、深、难"项目核心施工技术打造核心名片，让"建筑全生命周期服务商"战略加速落地。

在走向全国的过程中，一建集团积极响应国家号召，围绕长三角一体化、川渝双城经济圈、大湾区一体化等国家发展战略，在成都、重庆、昆明、南京、苏州、无锡、杭州、宁波、合肥、珠海、深圳等地取得业绩突破，成立了11家分公司，逐渐形成了长三角、大西南、粤港澳大湾区的区域布局。一建集团厚植区域文化，大力引进属地人才，并在澳门、成都、南京、苏州、芜湖五地成功注册独立法人企业。自"十三五"以来，一建集团"全国化"市场年合约额平均超百亿元，已经从一家地方企业成长为区域建设的主力军。

在区域市场的开拓中，一建集团时刻秉承建筑施工国家队的身份，发扬"扛红旗、夺金牌、争第一"的精神，坚持发挥企业核心竞争力，以重大、知名工程为主要目标，为多座城市贡献了当地的地标建筑和重点项目。由一建集团施工完成的高301米的苏州东方之门、358米的吴江绿地中心、高349米的昆明恒隆广场等超高层项目，均刷新了所在城市或地区的天际线；另外，以成都天府国际机场旅客过夜用房、合肥工业大学智能建造研究院、苏州财富广场、重庆广阳岛国际会议中心、杭州中心、港珠澳大桥澳门口岸旅检大楼等为代表的一批属地化知名项目，斩获了包括鲁班奖在内的国家级奖项，在当地树立了良好的企业形象。

此外，一建集团还注重以党建引领区域发展。自2016年起，先后在南京、成都、合肥等地通过党组织牵线搭桥，与当地市委、区委组织部对接开展党建联建活动，将企业基层党组织纳入属地管理，形成"一方隶属、两地共管"的党建模式。在党组织发挥龙头作用的基础上，进一步推进工会工作走深走实，为融入当地，服务当地提供更好的组织保障。通过党组织和工会组织的不断努力，一建集团在履行国企社会责任方面走出了属于自己的特色之路。令人感动的是：2020年3月，一建集团仅用9天时间，就完成了成都高新区三岔中心卫生院发热门诊的突击建设；2020年7月，在南京、合肥等地，一建集团各项目部发动千人次建设者投入当地抗洪救灾。这使得企业在工程建设之外得到了社会的广泛认可，充分体现国企担当，在实践中发扬和传承了国家队精神。

创新驱动：争当建筑新质生产力领跑者

一建集团始终置身科技创新的最前沿，着力构建具有创新竞争力的科创体系。作为上海市高新技术企业，一建集团具有上海市级技术中心、企业开放式专有创新平台等资源，于2014年成立工程研究院，打造了一支高学历、高素质、高水平的博士、硕士专业研发团队，始终坚持服务工程与科技创新并重的发展宗旨，在一建集团科技创新工作中发挥重要作用。

一建集团工程研究院于2020年起进行了组织架构优化与调整，目前研究院下设绿色建造、超高层技术、智能建造、清水混凝土等多个研究所，其中绿色建造研究所下设地下空间、现代钢结构、城市更新、双碳大数据、市政工程5个研究室。工程研究院围绕建筑施工绿色化、工业化、数字化的技术发展方向，依托国家级、上海市级、建工集团等各类科研项目，紧密结合集团超高层、深基坑、城市更新等核心业务板块开展技术研发工作，并对智能建造等新兴领域进行深入探索攻坚，以支撑服务工程项目为载体和落脚点，充分整合科技创新优势，不断提升企业科技创新能级。

一建集团在项目建设中攻克了一系列工程难题，积极推进绿色化、数字化、工业化、智能化建造发展，并形成大量创新成果。例如，世博文化公园双子山项目以打造"智慧工地"为目标，成功举办了"智慧工地暨人工智能设备信息化应用观摩大会"，研究基于BIM和信息化、智能化技术的"智慧建造"，构建集"数据采集、信息记录、数据分析、快速反应"一体的"智慧工地"平台系统。临港南岛会议中心项目采用数字化设计的手段，取得工程设计中"正向设计"的突破，真正意义上实现基于三维BIM模型的设计、深化设计和施工管理全专业整体化设计，提高了工程实施效率，将专业优势提升到了新高度。

如今，在建造智慧城市和"碳达峰碳中和"的背景下，一建集团秉承"Eaas"能源管理服务理念，结合合同能源管理（EMC），打造了主动式智慧运维平台，焕新发展建筑节能运维全生命周期服务模式，通过设计、施工、运维一揽子解决方案为客户提供全生命周期一站式服务。同时，无论是自主研发的塔机一体化钢平台模架装备体系、电梯井道液压自爬智能筒架、自动灌浆机器人、自动测垂仪、智能管道巡检机器人，还是应用推广的腻子乳胶漆喷涂机器人、混凝土地坪施工机器人、无人驾驶施工电梯、无人值守智能地磅，建筑机器人的应用都渐入佳境，不仅极大地提高了复杂施工过程中的安全性和效率，而且还持续推动着智能建造技术高质量发展。

与此同时，一建集团布局企业管理、生产运营、数智建造、绿色低碳建造各领域，聚焦数字低碳技术、数字低碳施工和数字低碳管理三个能力单元建设。通过体系赋能，两年来，完成重点课题"建筑工程建造过程碳排放核算研究"，形成双碳专利技术3项，建立企业标准的低碳技术20项。其中："基于施工阶段能耗控制的低碳施工技术"4项；"基于建筑产品碳足迹控制的低碳总承包管控技术"11项；"基于建筑价值链碳排放控制的低碳施工技术"5项。首创新建建筑的全生命周期低碳建造"菜单式的解决方案"。

一路走来，一建集团秉持建工集团"和谐为本，追求卓越"的企业核心价值观，在实践中不断实现创新性发展，全面助力推动建筑行业实现国家高质量发展战略目标，以科技为导向，成为行业打造新质生产力的践行者与领路人。

（三）砥砺奋进促蝶变　高质量发展天地宽——从"同济监理"到"同济管理"转型之路纪实

30年前，中国改革开放的春风吹拂申城，一段激情燃烧的岁月从此载入史册。站在改革开放最前沿，上海同济工程项目管理咨询有限公司（以下简称同济管理）站上了历史舞台，励精图治后逐渐成为上海咨询行业排头兵与先行者。

30年踔厉奋发，30年风雨兼程。同济管理始终恪守"与国家战略同行、与时代共生、与城市共奋进"的初心，实现了从无到有、从小到大的历史性跨越。历经资质分立、股份划转、业务延拓、品牌提升等全方位跨越式发展，在实践中逐步实现由"同济监理"到"同济管理"的质变，如今已形成拥有多平台、多资质、多领域的综合性咨询服务公司，整体实力稳居上海市国资委咨询行业前列，据不完全统计，截至2024年第一季度，同济管理资产总额、营业收入、利润总额继续保持快速增长态势。

砥砺前行　铸就同济监理辉煌

回首过往，1988年建设部发布《关于开展建设监理工作的通知》，提出要建立具有中国特色的建设监理制度，1990年10月，同济管理作为上海市第一批监理试点单位诞生了。

从 1986 年同济大学教师们最早参与上海商城项目（又名上海展览中心北馆工程）施工管理（监理）开始，同济管理上演了一场跨越世纪的接力赛。同济管理故事，是上海故事中最蓬勃的力量、最精彩的篇章之一。

30 年来，同济管理始终坚持从时代大势中找"坐标"，在服务国家战略中不断提高自身发展水平，紧扣高质量发展主线，全力服务城市建设和实体经济发展，在不断努力下，参与监理了上海多个第一的项目：第一座跨越黄浦江的大桥——"盘龙昂首"的南浦大桥、世界第一斜拉桥杨浦大桥、第一栋超高层钢结构智能化商务办公楼——期货大厦、中国高架第一环——上海内环线、1995 年上海市的一号建设工程——上海市南北高架路、上海市延安高架路、上海轨交 1—10 号线、中船长兴岛造船基地一期工程等。这些标志性工程犹如明珠般闪烁在浦江两岸，成为上海市实现人民城市的生动写照。

2012 年，同济管理获得建设部监理综合资质，为业务进一步扩张注入新活力。从地理区位上看，同济管理实现从上海扩展至江苏、浙江、福建、内蒙古等全国 20 多个省、市、自治区，用如椽大笔在祖国大地上绘就梦想的蓝图；涉及的领域扩展到各类商办楼、各类工业厂房、市政、公路、轨道交通、通信工程、航空工程、港口码头工程、石化电力工程等。例如上海轨交 11—23 号线、苏州国际快速物流通道——春申湖路快速化改造项目、昆明恒隆广场、三亚海棠湾亚特兰蒂斯酒店及水上乐园、全球第一家深坑酒店——世茂深坑酒店、上海迪士尼乐园"梦幻世界"、中国梦大飞机梦——中国商飞客户支援中心和技术交流中心工程项目、中芯国际临港 12 英寸晶圆代工生产线等，都是同济管理从弱小走向强大的力证。

"从上海世界第一斜拉桥杨浦大桥，从苏州国际快速物流通道到昆明恒隆广场，三十余年来，同济管理承接工程监理项目达 6 000 项，工程总投资约 1

万亿人民币，业务覆盖全中国，客户遍及政府机构、医院学校等公益事业单位、银行证券金融机构、世界500强和中国500强工商企业财团等，这些项目都是从一张白纸起步，构筑路网、建重点项目和配套工程，推动一片又一片的城市价值洼地跃升为产业发展高地，为留住人才提供更具竞争力的环境，间接推动了区域经济发展。"同济管理董事长卢本兴对此深有感触。

作为同济管理"造城"的建设者和见证者，十几年来他一直在工地、设计机构和工程方之间奔走，和团队一起监理钢筋水泥砌成城市地标建筑群。也正是在这一过程中，同济管理逐渐实现了自身价值，取得了长足进步。

30年过去了，春天的故事书写至今。同济管理，正用热火朝天的生动实践、高质量发展的步步向前。截至目前，同济管理累计获得鲁班奖、国家优质工程金奖、国家优质工程银奖、詹天佑奖、中国市政金奖、中国金钢奖等国家级奖项70余项，获上海市白玉兰奖、上海市金钢奖、上海市政金奖、浙江钱江杯、重庆三峡杯、示范监理项目部等省市级奖项500余项。成为上海实现高质量发展征途上的中坚力量。

业务延拓 "监理"向"管理"转型

2017年，国务院办公厅《关于促进建筑行业持续健康发展的意见》、住房城乡建设部《关于促进工程监理行业转型升级创新发展的意见》出台，鼓励投资咨询、勘察、设计、监理、招标代理、造价等企业采取联合经营、并购重组等方式发展全过程工程咨询业务，这预示着工程咨询行业向集成化、专业化、协同化、标准化、信息化、国际化发展转型。

在此背景下，同济管理聚焦"全过程、全方位、全产业链综合服务"业务发展模式，制定"业务延拓、品牌提升"的发展战略，目标是将同济管理打造成为拥有多项资质、跨越多个行业、整合多个领域，以数字化、信息化、网络化和智能化为技术手段，从事现代服务业的高科技综合性大型管理咨询集团。

2017 年，同济管理正式组建全过程咨询板块，全面系统地拓展全过程咨询业务。同济管理领导班子制定了新一轮战略发展规划，群策群力开启了"转型升级、跨越发展"战略。设定了代表可持续发展方向的"X"板块——而他们当时并不知道这个"X"是什么。

同济管理董事长卢本兴表示：同济管理并不急于确定这个"X"是什么，而是决定从业务着手，通过布局造价咨询、项目管理咨询、TIS、检验检测板块，审慎研究，以"淘沙烁金"的方式，逐步筛选出具有成长空间、契合自身优势与上海产业发展的领域，再择机进行战略布局。

2020 年，同济管理通过收购的方式取得了造价资质，从而正式组建造价咨询板块，全面系统地拓展工程造价。同时，同济管理借助于扎实的高技术人才基础，将监理延伸至管理咨询。在 TIS（质量、安全）板块领域同样"星光璀璨"。2017 年 1 月，同济管理成为上海市首批 13 家"建设工程质量安全风险管理"机构之一，2020 年 8 月，成为上海市首批 11 家"建设工程安全责任保险风险管理"机构之一，在"TIS 服务"领域中，从服务流程、管理、创新、交流等角度总结质量风险、安全风险管理技术服务，充分展现了同济管理在上海"TIS"工作推进中的使命担当。

为适应市场需求，实现公司由"同济监理"提升至"同济管理"的转型，同济管理在原有基础上积极优化业务板块。

在 2016 年进军检验检测板块后，同济管理蹄疾步稳，2020 年，积极响应国家创新驱动发展战略，启动"咨询＋"战略，组建全过程咨询产业集群，全力推进实体产业布局，逐渐把"X"锁定为以"全过程咨询"为主体的核心平台、以"咨询投资＋咨询设计＋咨询运营＋"等多方协同联动，相互支撑的全过程咨询产业生态。"X"对内咨询创新是同济管理加速转型的"突破口"，对外则通过整合全社会、全行业资源"以战代练"，为政府、企业的成长壮大、新兴产业的加速发展提供解决方案。

跨界整合　形成五大业务板块

在前期策划领域，同济管理以战略为引领，以高质量发展、核心竞争力和核心功能为中心，立足前期策划、运营策划和价值创造，开展策划咨询板块业务。面向政府和企业，提供项目综合开发的全生命周期咨询服务；整合优势资源打造综合开发全产业价值链，构建价值策划、策划规划、投融资咨询、产业导入、招商运营、资产运营等全产业链体系。同时，创新价值投资新模式，培育产业发展新动能，为区域发展注入强劲动力。目前，同济管理已承接黄石科技城绿色智慧园区建设综合配套项目节能减碳方案及申报咨询服务项目、上海市益善殡仪基地生态提升工程建设现状调查及研究目的项目前期咨询服务、上海市颛桥寝园规划改建项目现状调查及节地葬建设研究前期咨询服务等项目、上海国际赛车场赛事物流仓库策划咨询等项目。如今，同济管理前期策划领域在短短两年内实现从 0 到 1、从无到有的飞跃，向上海最强、全国领先目标又迈出坚实的一步。

2023 年 8 月，同济管理通过吸收合并的方式进入建筑设计领域，这也是其布局建筑设计领域的关键一环。近年来，同济管理锚定航向，聚焦城市建设、城市更新、设计牵头 EPC 工程总承包三大核心赛道。目前，同济管理旗下的同济管理设计院已完成上海市青浦区西虹桥潘东路西侧 18-01 地块新建项目、上海市张园二期项目设计咨询服务、济南市济阳区新市镇国土空间规划编制和报批项目等。通过外延式并购的方式打造具有同济管理特色、契合上海产业方向的业务生态。

此外，同济管理打造了同济同培板块。同培依托同济、复旦、上海财大、上海社科院等高校及科研机构的教育资源优势，开展多层次、多形式、高质量、高品位的培训项目。目前已开展职业技能培训、专业技术培训、高端商务培训和团建活动等。作为上海市建筑安全生产保险预防三家定点培训机构之一，2023 年已培训 16 个班次，累计培训 1 248 人，全方位的人才培训课程助力同济管理加快构建现代化产业体系。

与此同时，同济管理在防腐蚀金属材料领域，以同济大学为依托，研发柔性搪瓷复合材料，根据不同客户的应用场景提供化工防腐技术改造、防腐课题研发、化工综合应用场景防腐施工技术等一系列服务。目前，同恒海泰已开展复兴岛船台公园（原中华造船厂旧址）内南侧 4# 塔吊及 115# 行吊防腐维护等项目。

"一日千里"的发展成果，离不开"千日如一"的谋篇布局。同济管理在全过程咨询舞台的大放异彩，得益于同济管理对咨询产业的持续深耕以及对咨询引领战略的长期坚守。如今，"咨询+"已成为驱动同济管理高质量发展的核心引擎。

2023 年半年度工作会议上，同济管理宣布："经过三年的努力，同济管理咨询产业集群对集团的利润贡献首次超过 20%，当初为该集群确立的转型'突破口'定位得以初步实现，同济管理前期投融资咨询、规划与设计、EPC 工程总承包（设计主导）、教育培训、绿色建材"五轴支撑业务延拓的格局基本成型，"转型升级、跨越发展"战略取得阶段性成果。

不仅如此，同济管理在海外事业板块同样"光彩夺目"。2022 年 9 月，同济管理获得商务部对外援助项目实施企业资格，标志着公司拥有了参与国家层面对外援助的"准入证"，为了适应市场需求，同济管理于 2023 年成立了海外事业部，主要负责海外事业拓展，目前已承接了塞内加尔儿童医院第四期技术援助项目工程管理、巴哈马国家体育维修改造项目、援津巴布韦灾后打井项目管理、澳门国际机场扩建工程全过程项目管理及技术支援服务等项目。

管理再造　迎接新的挑战

2023年9月6日，同济管理发布了自己的品牌logo和党建品牌slogan，市场（Market）、专业（Master）、管理（Management）成为其内涵。同时，昭示了"忠诚顾问，同济同行"的决心和意志。这是"同济监理"向"同济管理"提升拓展和转型的标志性事件。

站在新起点上，同济管理对管理流程进行了再造，以企业的战略管理为核心，将企业的党建、人力资源管理以及企业信息化管理等融入到企业的战略管理之中，深化了企业自身的转型拓展。

同济管理充分发挥党建引领作用，制定了《贯彻落实"三重一大"决策制度实施细则》《股东会议事规则》《董事会议事规则》《总经理办公会议事规则》等法人治理与规范运作制度，为同济管理规范运作、科学决策提供了制度支撑和操作指引。随着企业的发展和扩张，原有的组织架构可能无法适应新的需求和挑战。为了提高效率、优化资源分配以及实现战略目标，同济管理将组织架构同步进行了调整优化，进一步增强企业竞争力。

2021年，同济管理启动协同办公信息系统更新项目，通过管理信息化建设，逐步实现建立企业内部统一工作平台、网上信息平台、协作办公平台、沟通交流平台、综合事务管理平台，为企业的基层日常管理运行提供保障。

此外，同济管理还一直重视与各高校、科研机构进行产学研合作，发挥科研与产业链优势，将产学研用深度融合。同济管理分别与同济大学经济与管理学院合作成立了"智慧城市研究中心""IDI & TIS 联合研究中心"；与上海自主智能无人系统科学中心联合成立了"同济智能监造工程研究中心""上海自主智能无人系统科学中心创新实践基地";与土木信息技术教育部工程研究中心、中国节能协会碳中和专业委员会共同成立"同碳·碳中和研究中心"。

踔厉奋发,勇毅前行。同济管理将不断秉承同济科技使命,在由"同济监理"提升至"同济管理"的自我超越中不断实现企业的高质量发展。

(四)打造中国混凝土行业发展的领跑者——上海建工建材科技集团股份有限公司

新质生产力拔节生长的时期,正是企业品牌创新发力的季节。作为我国基建最大宗的建设材料,混凝土与水泥制品在长足发展的进程中,已成长出一批品牌领跑者。

1953年,上海建工建材科技集团股份有限公司(以下简称建材科技),应城市发展需求而生,由其生产的高品质混凝土、预制构件,曾用于南浦大桥、东海大桥、东方明珠、金茂大厦、环球金融中心、F1赛车场、上海磁浮等各大地标的建设当中,被上海市重大办誉为城市发展的"建设先行官"。

岁月更迭、向新而行,建材科技从传统产业"突围",通过科技创新引领产业发展,混凝土年生产量位居上海第一、全国第三、世界第五。2023年,预拌混凝土年产量突破5 000万立方米,具有超高泵送混凝土、特种混凝土等各类高性能功能化混凝土的研发生产能力。与此同时,其预制构件年产量突破80万方,位居全国前列,拥有先进的预制构件生产装备及地铁管片、大型市政构件、建筑PC构件等各类预制构件产品的研发生产能力。

品牌,是企业一切无形资产总和的全息浓缩,是一种识别标志、一种精神象征、一种价值理念。建材科技在培育和创造品牌的过程中，强主业、精专业、立产业，得以在激烈的竞争中发挥优势特色。

作为上海地区预拌混凝土、预制构件生产销售的龙头企业，建材科技的业务范围辐射江苏、浙江、安徽、江西、海南等省份的多个重点城市，配套有建材石矿、外加剂、泵车运输等产业链。

在研发方面，建材科技拥有完善的科技研发三级体系，技术和产品广泛应用于超高层建筑、地铁隧道、市政建设、公共建筑、工业建筑和民用建筑等领域，拥有全国建筑业科技进步与技术创新先进企业证书和上海科委颁发的"高新技术企业"证书，一批小众精品混凝土引领行业技术新风尚。

技术创新为企业带来累累硕果。建材科技先后荣获"全国五一劳动奖状"、"上海市重点工程实事立功竞赛金杯公司"、9届"上海市文明单位"，连续34次获得"上海市重点工程实事立功竞赛优秀公司"，被特色命名为"建设先行官"，所参建的工程多次获得国家科技进步奖、中国土木工程詹天佑奖、国家鲁班奖和上海市白玉兰奖。

有机整合、深度扩展，打造新的核心竞争力。未来，建材科技将紧跟上海城市建设和国家发展步伐，传承和发扬上海建工"执行力、诚信、工匠"三大文化基因，强化"国家队意识"，塑造"工程师气质"，培育"服务商文化"，弘扬"奋斗者精神"，践行"和谐、包容、务实、卓越"的核心价值观和"感恩、责任、担当"的企业精神，建设科技型现代化建材工业集团，致力于成为中国混凝土行业发展的领跑者。

科技创新，行业垂范

2023年，建材科技保供了191项上海市重点工程建设项目中的128项，重点工程保供参与率67%，累计供应混凝土达546万方。

在上海，建设者们顺利完成轨道交通市域线机场联络线、上海东站综合交通枢纽、国家儿童医学中心、虹口区北外滩街道91街坊项目、浦东机场四期扩建工程、上海大歌剧院等一大批重大工程项目预拌混凝土和预制构件生产服务保障工作。

在全国化战略的推动下，建材科技紧跟长三角一体化发展、长江经济带等国家战略，积极参与南京金鹰世界、江苏省妇幼保健院总部、宁波中心大厦、苏州S1交通轨道线、湖州南太湖CBD、南昌市绕城高速公路等一大批沪外重点项目建设，在区域城市建设中打响了上海建工品牌，赢得了市场口碑。

预拌混凝土挑战不可能，创出了"高大难深"纪录。2023年，由建材科技市政构件公司生产制作的首片静安区垂直掘进（盾构）地下智慧车库管片顺利出厂。该管片外径达22.6米，是普通管片外径的4倍，单个管片重达28吨，是目前为止世界最大直径的预制管片。

静安区垂直掘进地下智慧车库地上占地286平方米，地下占地面积836平方米，深度约50米，共19层，有停放车位304个，是同等面积地上停车场停放车位的10倍。作为世界最大直径垂直掘进地下智慧停车库，有效缓解上海市停车难问题和路面交通压力，为国内智慧城市建设提供更多发展路径。据悉，该项目共生产管片44环，总计方量约4 900方。

面对体积大、埋件多、吊装难、拼装精度要求极高等难点，建材科技依托上海市职工创新工作室、BIM技术团队，不断技术创新，破解生产难题，在超大直径预制管片的生产工艺上实现了新突破。

由于该项目是地下停车设施，管片配备了大量不同种类的预埋件，管片预留钢筋与埋件的"碰撞冲突"是一个难点。

在前期设计阶段，专项工作组运用 BIM 技术充分研究策划，不断模拟钢筋骨架焊接和埋件安装中的各种可能性，优化钢筋骨架固定、预埋钢板锚筋搭接、钢筋接驳器定位等各个环节，确保了预埋件安装精度，提高了隐蔽工程的质量。

在生产过程中，配备了 9 个附着式振动器，是一般振捣能力的 3 倍，极大提高了整体振捣能力，确保整体浇筑密实、振捣均匀，进一步提高垂直掘进地下智慧车库管片的产品质量。

由于该管片超长、超宽、超重，为解决管片的厂内起吊问题，专项工作组经过数次试验，设计出适用于超大管片的水平夹具和垂直吊具。水平夹具利用夹具与管片间的静摩擦力将管片从模具中脱模平稳起吊。垂直吊具通过固定连接螺栓控制管片重心，精准控制钢架上的吊耳位置，保证管片吊运时的稳定性。该吊装设备的运用既满足了受力需求和吊具的完整性，又确保了管片在吊运过程维持竖直状态，提高了后续现场作业的效率。

巨大白色阶梯螺旋上升，延伸到空中，恰似打开的折扇，尽显国风之美，这就是重大文化设施项目——上海大歌剧院。"中国扇"徐徐打开，建造难度也随之而来。"扇柄"是最大的难点：中心蜿蜒而上的双螺旋楼梯，轻薄且无支撑的结构形态，用传统建设方法无法实现。

为此，UHPC 攻关小组采用了两项世界首创的施工工艺——核心区外圈的 15 米超长、强度达 150 兆帕的 UHPC（超高性能混凝土）悬挑预应力梁板。在以往，这种新型材料从未在建筑结构中作为大规模受力构件使用过；核心区内圈厚 1.5 米的现浇双螺旋自由曲面混凝土厚壳，这项工艺在业内同样没有任何经验可借鉴。从 2021 年 6 月成立 UHPC 攻关小组到 2023 年 7 月实现核心区封顶，共历时两年完成攻关和建设。建材科技用 62 根 UHPC 预制梁全力保供，共计方量约 300 方（立方米），向着建成"世界级城市文化地标、专业级国际歌剧艺术重要舞台、高品质城市公共文化客厅"这一目标再进一步。

重实践，战略引领是关键，建材科技始终树立着与时代同步、与市场同步、与项目同步的理念，见证着大上海的变迁。

上海中心大厦使用的超高泵程混凝土，被一次性泵送到 620 米，是当时世界超高层混凝土泵送高度之最；上海中心大厦主楼大底板，一次性浇捣 6.1 万立方米大体积混凝土，创下当时世界民用建筑底板浇捣体积之最；东海大桥主塔采用 8216 立方米海工耐侵蚀混凝土，是当时海上大体积混凝土生产浇捣难度之最；预拌混凝土还用在了上海铁路南站交通枢纽南北广场的地下 42 米处，创下当时国内大体积混凝土浇捣深度之最。上海漕河泾新洲大楼，在复杂的空间异性劲性钢结构中，大规模使用了清水混凝土浇筑，在国内尚属首例。这些纪录全部来自建材科技。

挑战"之最"，靠的是科技含量和质量。高精尖的"小众"混凝土，正在为钢筋水泥城市增添温度，混凝土"玩"出了"七十二变"。上海迪士尼乐园，彩色混凝土 13 种颜色打造梦幻般的路面景观；有"空中花园"之称的上海天安阳光广场，140 根清水混凝土立柱，保留了本身纹路和色泽；上海临港产业区，耐热混凝土能轻松应对高温环境；上海市质子重离子医院内，防辐射混凝土墙可以屏蔽感生放射性的量；国泰君安大厦使用的陶粒轻质混凝土，能让关键结构部位在降低自重时，又能提高承重能力；新江湾城滑板公园采用的喷射混凝土，可以制造出光滑多曲率的圆弧，满足滑板爱好者的需求。

建材披绿，产业含金

绿色低碳是时代的主旋律，绿色建筑是世界建筑的发展趋势。加快节能降碳先进技术的研发和推广应用，让建筑"绿"起来，才能更加全面建设人、建筑、城市、自然和谐共生的环境，共创低碳、绿色、可持续的未来。

聚焦高质量发展、新质生产力，建材科技大力推进"智慧场站"建设工作，以"智慧化混凝土搅拌站"和"智慧化预制构件厂"改造升级为抓手，通过在关键节点部署先进数字化技术，支撑生产质量和安全管控能力提升，助力节能降耗和清洁生产，有效增强了生产作业点的综合运营效率。目前，上饶上建同源、合肥上建国骏、材一江川、材七跃港、材九宏成等混凝土搅拌站和市政构件公司黄楼基地完成了相关升级改造，已投入使用。2023年，建材科技下属材九科技有限公司荣获"上海市市级智慧工厂"，是国内首家荣获该等级"智能工厂"荣誉称号的混凝土企业。

据了解，"智慧工厂"数字化管理平台，以三维建模的形态将人工智能、物联网、机器视觉、AI算法深度学习、大数据分析等新一代信息技术进行整合，通过可视化的管理方式，实时、动态、直观地对搅拌站内建筑、设备、生产从宏观到微观进行全方位管理。

在政策鼓励引领、行业转型驱动的大趋势下，"智慧场站"建设工作已成为建材科技提升精细化管理水平的内生需求。通过对生产运作流程进行升级整合，结合物联网、大数据、AI智能识别等技术应用，将相关管理规范与内控要求融入了改造升级工作。建材科技"智慧场站"建设内容涵盖了集团级、子公司、搅拌站及构件厂的三级数字化管理运营体系下的商品混凝土及预制构件的绿色环保生产工艺与装备技术、全流程数字化生产系统、数字化监管系统和数字化运营管理系统。

绿色环保生产工艺与装备技术方面，集团通过优化生产组织流程、生产工艺布局及物料运输路径，应用高效的除尘、降噪技术措施和设备，以及废水、废渣的高效回收利用措施，做到废水零排放，有效识别并通过数字化监管系统介入，主动控制生产过程中所产生的粉尘、噪声、废水三大污染源，实现了商品混凝土和预制构件产品的绿色环保、高效节能生产，建立了符合混凝土产业发展需求的绿色工厂评价模型和方法。

全流程数字化生产系统方面，建材科技开发的基于原材料库存量和产品需求量实时分析的原材料数字化管控、生产任务智能分配和自动化生产系统、基于车辆自助排队和车联网自动排程的混凝土拌车物流调度系统、基于电子签收的生产数据实时统计分析技术已在不少场站有效运行，通过物流跟踪管控效率及全流程生产管理水平的提升，实现了全流程数字化高效生产与质量管控。

数字化监管系统方面，建材科技研发、部署了场站生产环境监控、产品质量监控、安全生产监控、混凝土生产设备状态数字化监控技术，集成了污染源实时识别与反馈系统，能够通过生产设备的能耗监测、生产场景安全智能预警提示、堆场智能喷淋降尘等措施，实现场站的数字化实时监管，有效提升安全生产、清洁生产管理效能。

除搅拌站智能场站外，建材科技下属湖州新开元碎石有限公司聚焦智慧绿色矿山建设，在原来国家级绿色矿山的基础上，通过传感器设备、监控定位设备、统计分析系统等智能化技术的应用，实现了矿山的数字化和智能化；通过与科研院校、科技企业紧密配合，进行了多方位、多角度的探索研究，提出了"四量四率"概念，探索了粒径在线分析仪的运用等，具有一定的开拓性、创新性及前瞻性。

展望未来，建材科技正持续聚焦综合竞争力的提升，在"智慧场站"建设工作中进一步引入先进理念、融汇前沿技术，围绕加快全国化发展、深化降本增效、促进环保绿色及碳中和发展、提升运行管理智能化而不懈努力，不断培育数字化、信息化工作能力，为建材科技顺利达成"十四五"发展规划、实现"建设科技型现代化建材工业集团，致力于成为中国混凝土行业发展的领跑者"战略目标贡献应有的力量。

党建引领，人才赋能

立足上海，辐射全国。近年来，建材科技党委紧跟上海建工全国化发展步伐，发挥"将支部建在项目上"的光荣传统，始终做到"外埠区域公司开到哪里，党组织就覆盖到哪里"，积极推动党组织的全覆盖、党建工作全覆盖、党建考核全覆盖的"三个全覆盖"，筑牢基层党组织堡垒，激发基层党组织活力，发挥基层党组织在推动全国化发展中的引领作用和组织保障作用，把发挥党的领导作用落实到"三重一大"具体决策中，贯穿于日常经营中，统筹推进建材科技战略实施、运营管理、项目建设、风险管控等各个方面。

值得一提的是，面对全国化拓展过程中原材料价格波动、资金回笼压力大等一系列困难挑战，建材科技党委坚持以问题为导向，围绕做大产量规模、提升盈利水平、强化风险管控等方面着力解决制约企业改革发展的薄弱环节，以一以贯之的决心和韧劲，抓住突出矛盾与问题，强化工作力度，优化工作措施，保障发展质量，为全国化的可持续发展夯实坚实基础。

建材科技党委充分发挥"党管干部、党管人才"的原则，打造一支勇于担当、善于作为的干部职工队伍，着力选拔优秀年轻干部和全国化骨干团队，加大全国化骨干纳入建材科技人才储备力度，通过建立完善员工职业发展通道，强化政策导向，将全国化骨干作为干部选拔和党员发展的重点，不断完善全国化发展的激励机制和政策保障，自"十三五"中期评估以来，越来越多的青年职工对于投身全国化市场，已经从"不愿去，不想去"转变为"自愿去，主动去"，投身全国化干事创业的氛围不断增强。

企业发展，核心在人。要打造"百年老店"，需要软实力支撑。以建材科技"十四五"发展战略为指引，积极推进人才招募、选用、培训、激励等工作，激发企业发展内生动力。在"SCG—E"计划的框架下，与各单位及业务条线充分沟通，深入推进实施每个业务条线培训计划，以 SCG 分级制课程体系为基础，依托上海建工研修总院建材科技分院平台，整合内外部培训资源，协同各专业条线优势，提升各专业条线人才队伍综合素质。

"十四五"以来，累计培训 22 609 人次，培训人次屡创新高，每年组织开展的培训课程覆盖党群、消防安全、安全生产、生产管理、技术质量、市场营销、财会、法务、信息化管理等各专业条线。

附录四 行业协会子报告索引

1.《2023 年度上海市建筑施工企业综合实力数据统计工作总结》

………………………………………上海市建筑施工行业协会

2.《2023 年度上海市勘察设计行业统计分析报告》

………………………………………上海市勘察设计行业协会

3.《上海市建设工程咨询行业发展报告（2023 年）》

………………………………………上海市建设工程咨询行业协会

4.《2023 年上海钢结构行业报告》

………………………………………上海市金属结构行业协会

5.《2023 年度上海市建筑节能材料行业调研报告》

………………………………………上海市建筑材料行业协会

6.《上海市水泥行业发展报告 2023—2024 年》

………………………………………上海市水泥行业协会

7.《2023 年度上海市化学建材行业发展报告》

………………………………………上海市化学建材行业协会

18.《上海市建设协会2023年度工作报告》

　　　　　……………………………………上海市建设协会

19.《上海市装饰装修行业协会年度工作报告》

　　　　　……………………………………上海市装饰装修行业协会

20.《上海市地下管线协会2023年度工作总结暨2024年度工作计划》

　　　　　……………………………………上海市地下管线协会

21.《上海市城市更新促进会2023年度工作总结》

　　　　　……………………………………上海市城市更新促进会

　　备注：本报告直接吸收了上述大部分行业协会编制的子行业发展报告的精华内容，由于篇幅限制，本部分仅对报告名称和编写单位进行索引。由于上述各子行业发展报告全面收集了本子行业年度发展情况，统计了主要经济数据，分析了行业存在的问题，并对子行业的发展提出了建议和对策，内容精彩，有兴趣的读者可以登录上海市住房和城乡建设管理委员会官方网站① 获取或直接联系相关协会索取。各行业协会报告具体名称以网上发布为准。

---

① http://zjw.sh.gov.cn/hyfzbg/index.html，部分报告因版权考虑，仅提供摘要版。

后记

经过参编人员逾十个月的共同努力，广受业内关注和期待的《上海市建筑业行业发展报告（2024年）》（以下简称2024版报告）终于面世了。

2024版报告从行业发展环境、基本情况、特点分析、发展展望及重点专题等五个方面，全面呈现了上海市建筑业2023年的发展情况。为进一步增强报告的时效性，在重要行业政策及行业展望方面还包括了2024年上半年的行业信息。与此同时，2024版报告不断追求准确与完善，基于十年数据分析的经验积累，对数据指标进行精简，并不断加强对不同渠道数据信息的筛选、分析和研判。在相关行业协会的支持下，以专家咨询的方式对行业基本数据分析结论进行了论证和校核，力争能够客观反映行业发展现状，并对上海市建筑业的发展提供方向指引。

在2024版报告编制过程中，我们得到了诸多单位、个人的大力支持和无私帮助，在此深表感谢！上海建科集团股份有限公司为本报告的编纂提供了人力、物力和财力支持，旗下的上海建科工程咨询有限公司具体承担了报告的编写任务；上海市住房和城乡建设管理委员会行政服务中心、上海市建筑建材业市场管理总站、上海市建设工程安全质量监督总站、上海市建设工程勘察设计管理事务中心、上海市住宅建设发展中心等提供了相关管理数据资料；上海市勘察设计行业协会、上海市建设工程咨询行业协会等提供了相关行业的统计数据资料和发展报告；鲁班软件股份有限公司下属鲁班研究院提供了本市上市建筑企业的相关分析报告；市发展改革委、市统计局、市规划资源局提供了大量建筑业相关发展资料和统计数据；市住房城乡建设管理委、市房屋管理局相关业务处室也积极提供了专业资料。同时，特别感谢《文汇报》史博臻女士、《中国建设报》丁玲女士对典型企业的采写，为 2024 版报告提供了生动的企业发展案例支撑。

图书在版编目(CIP)数据

上海市建筑业行业发展报告. 2024 年 / 上海市住房
和城乡建设管理委员会, 上海建科集团股份有限公司编.
上海 : 上海人民出版社, 2024. -- ISBN 978-7-208
-19248-5

Ⅰ. F426.9

中国国家版本馆 CIP 数据核字第 20247B5A30 号

责任编辑　李　莹
装帧设计　零创意文化

上海市建筑业行业发展报告(2024 年)

上海市住房和城乡建设管理委员会
　　　　　　　　　　　　　　　　编
上 海 建 科 集 团 股 份 有 限 公 司

出　　版	上海人民出版社	
	(201101　上海市闵行区号景路 159 弄 C 座)	
发　　行	上海人民出版社发行中心	
印　　刷	上海商务联西印刷有限公司	
开　　本	720×1000　1/16	
印　　张	20	
插　　页	3	
字　　数	235,000	
版　　次	2024 年 12 月第 1 版	
印　　次	2024 年 12 月第 1 次印刷	

ISBN 978 - 7 - 208 - 19248 - 5/F・2896

定　　价　78.00 元